OEUVRES
complètes
DE BERQUIN.

5

PARIS, IMPRIMERIE DE E. POCHARD,
RUE DU POT-DE-FER, N. 14.

Tome 1. **L'AMI DES ADOLESCENS.** Page 135.

willaeys del sculps

De vingt noms à rebours que j'ai gravés dans toute ma vie, il n'en reste que trois qui serviront longtems d'exemples.

OEUVRES
COMPLÈTES
DE BERQUIN.

NOUVELLE ÉDITION
REVUE ET CORRIGÉE
PAR M. F. RAYMOND

AVEC UNE NOTICE SUR BERQUIN
PAR
M. BOUILLY
Auteur des *Conseils à ma Fille*, etc.

Ornée de quarante jolies Gravures.

AMI DES ADOLESCENS.
TOME I.

PARIS
MASSON ET YONET, LIBRAIRES,
RUE HAUTEFEUILLE, N° 14.

1829

L'AMI

DES

ADOLESCENS.

LE PROCÈS.

Le fermier Basile en mourant avait laissé deux fils, dont l'un se nommait Étienne, et l'autre Nicolas. Sa mort les mettait en possession d'un héritage assez considérable pour leur procurer une aisance honnête. Il manquait si peu de chose à leur bonheur ! Ah ! pourquoi ne pas vivre dans cette bonne intelligence que la nature a voulu faire régner entre des frères, puisqu'elle les forma du même sang ?

Parmi les biens qui leur étaient échus en partage il y avait un fort beau jardin. Leur père avait passé sa vie à le planter d'arbres choisis. Comme il rendait tous les ans une quantité de fruits prodigieuse dont le débit était accrédité par leur renommée, chacun des deux frères imagina de l'avoir dans son lot, et aucun ne voulut le céder à l'autre.

Cette obstination réciproque jeta dans leurs cœurs les premières semences de haine. Ils ne se parlaient plus que pour se tenir des discours injurieux. Tu es un méchant homme, disait Étienne à Nicolas, et tu ne mérites pas de posséder une si bonne terre. Nicolas, outré d'indignation, lui répondait : Que veux-tu dire, paresseux que tu es? N'as-tu pas causé des chagrins à mon père par ton ivrognerie? Que deviendraient ces arbres dans tes mains fainéantes? ils ne rapporteraient plus que des feuilles en moins de trois ans.

Le curé du village fut informé de leur querelle. Il courut les trouver, et leur dit : Que faites-vous, mes amis? Pourquoi cesser de bien vivre ensemble? Faut-il que ce jardin, au lieu de vous unir, vous divise? Que ne le faites-vous valoir en société pour en partager les fruits?

Ce n'est pas comme je l'entends, répondit Etienne; je veux l'avoir à moi tout seul. Je veux l'avoir à moi tout seul, répliqua Nicolas.

Eh bien! reprit le curé, que le plus raisonnable de vous deux cède à l'autre, sauf à reprendre sa valeur sur les autres terres que vous possédez.

A la bonne heure, s'écrièrent-ils à la fois; que mon frère me l'abandonne! J'y ai plus de droits, dit l'aîné. Et pourquoi donc? répliqua le plus jeune. —Oh! tu me le céderas, je l'ai mis dans ma tête. —Tu n'as qu'à l'en ôter. Je te céderais plutôt l'air que je respire.

Puisque vous êtes si opiniâtres, leur dit le curé,

et que vous ne pouvez vous arranger ensemble, voulez-vous que le sort en décide?

Je ne veux pas le risquer, répondit Etienne. Ni moi non plus, dit Nicolas.

Enfin le curé leur proposa de vendre le jardin et d'en partager le prix; mais cette proposition fut également rejetée des deux côtés.

Je vois bien, leur dit le digne pasteur, que rien ne peut vaincre votre obstination. Vous sentirez bientôt combien la haine fait éprouver de maux à des cœurs que la nature avait formés pour se chérir.

Les deux frères ne se mirent pas en peine de la prophétie. Chacun d'eux alla choisir l'homme de loi qu'il crut le plus fertile en expédiens, pour donner un bon tour à ses prétentions. Ainsi s'établit un procès dont le jugement semblait facile, mais qui dura pendant deux années entières, par les chicanes fourrées de nos plaideurs. Si l'un faisait une estimation du jardin, l'autre ne manquait pas de la contredire. C'était chaque mois une nouvelle descente de juges et de nouveaux rapports d'experts. La culture, comme on peut le croire, était bien négligée dans cet intervalle. C'était assez que l'un voulût planter un pommier, pour que l'autre voulût avoir des noisettes. La discorde qui régnait dans leurs esprits faisait aller aussi leurs bras tout de travers. Ces beaux arbres leur rendaient à peine la moitié du produit ordinaire; et ce peu encore, au lieu de reposer dans leur bourse, ne faisait qu'y passer à la hâte, pour s'engouffrer dans celle des sergens.

Ils avaient tous les deux une belle femme et des enfans nombreux qui auraient pu faire leur bonheur, si leur âme avait été plus tranquille.

Leurs femmes venaient quelquefois les embrasser, et leur disaient : Mon cher homme, pourquoi es-tu si chagrin ? Nous avons tout ce que notre cœur peut désirer. Vois donc ; tu as de la santé ; je me porte bien aussi ; notre petite famille se conduit à ravir. Pour nos terres, elles sont bonnes, et tu sais qu'il ne tient qu'à toi de te voir bientôt riche par ton travail. Pourquoi ne veux-tu pas être heureux ? Chacun murmurait entre ses dents, et répondait : Comment puis-je être heureux, tant que j'aurai un si indigne frère ? il me fera mourir par sa méchanceté.

Lorsqu'au retour du travail ils voyaient leurs enfans accourir vers eux pour se jeter dans leurs bras, ils leur criaient de loin : Que me voulez-vous ? Laissez-moi tranquille. Je ne puis pas me réjouir ; je suis trop en colère. Et si les pauvres enfans cherchaient à les adoucir par d'innocentes caresses, ils les repoussaient durement et leur donnaient quelquefois des coups terribles.

A table, rien ne pouvait flatter leur goût, parce qu'ils avaient le cœur plein de fiel ; et, la nuit, il leur était impossible de dormir, parce que leur esprit ne songeait qu'aux moyens de se nuire l'un à l'autre.

Vous croyez peut-être que je vous ai dit tout le mal ? Oh ! certes, non. C'était entre eux à qui raconterait de plus vilaines choses sur le compte de son frère. Nicolas se trouvait-il avec d'autres paysans, il cherchait à leur persuader qu'Etienne était un méchant homme, qui ne travaillait à le ruiner que pour faire des procès à tout le village. Et comme Etienne de son côté, ne manquait pas de tenir les mêmes propos sur Nicolas, on finit bientôt par les croire tous deux. Chacun les fuyait comme de malhonnêtes gens; et il n'était pas un de leurs voisins qui n'eût voulu les envoyer à l'autre bout de la terre pour s'en débarrasser.

Après deux ans entiers de troubles et de querelles, la justice décida enfin que le jardin serait vendu, et que l'argent resterait entre ses mains pour acquitter les frais du procès.

Je vous laisse à penser quelle fut la confusion de nos plaideurs en entendant cette sentence! Ils se regardaient la bouche béante, sans pouvoir exprimer leur étonnement.

Ah! dit enfin Nicolas, nous l'avons bien mérité. Il ne dépendait que de nous d'éviter ce malheur. Nous aurions encore notre jardin et notre argent. Au lieu de tous les chagrins que nous nous sommes causés l'un à l'autre, nous aurions fait notre joie, celle de nos enfans et de nos femmes, et il nous resterait l'estime et l'amitié de nos voisins.

Voilà, dit Etienne, tout ce que nous avons perdu par notre folie. Ah! si nous étions à recommencer!

Soyons au moins désormais plus sages, reprit Nicolas. Viens, mon frère, voici ma main; je ne veux plus te haïr.

Ni moi non plus, répondit Etienne en se jettant à son cou. Ils s'embrassèrent, versèrent des pleurs, et la haine sortit de leurs âmes.

Ils ne tardèrent pas à se trouver beaucoup mieux de savoir bien vivre ensemble. Mais ils eurent long-temps à ressentir la peine de leurs premières erreurs. Ils voyaient leur jardin fructifier en des mains étrangères, tandis que leurs propres terres avaient peine à se rétablir de la négligence de leurs travaux. La raillerie les suivait d'un pied léger dans le village ; mais la confiance et l'amitié revenaient avec une extrême lenteur. L'avidité des gens de loi avait épuisé leur bourse. Les fatigues et les chagrins avaient flétri leur santé. Ils ne trouvaient plus dans leurs enfans la gaîté naturelle de cet âge. Et leurs pauvres femmes ! elles ne purent de si tôt les aimer avec la même tendresse qu'auparavant.

LE TEMPS PERDU ET REGAGNÉ.

Les parens de Lucien étaient engagés dans des affaires de commerce si considérables, qu'il leur fut impossible de s'occuper eux-mêmes de son éducation. Ils avaient entendu parler d'une école célèbre, d'où il était sorti un grand nombre de jeunes gens distingués par les connaissances qu'ils y avaient acquises, et par les principes d'honneur qu'on leur y avait inspirés. Quoiqu'elle fût éloignée d'environ cent lieues de sa demeure, le père de Lucien y envoya son fils, en le recommandant avec les plus vives instances au directeur. Celui-ci, qui regardait chacun de ses élèves comme son propre enfant, n'épargna rien pour le corriger de ses défauts, l'exciter au travail, et faire naître en son âme des sentimens élevés. Les personnes qu'il avait associées à ses travaux cherchèrent aussi, de tout leur pouvoir, à le seconder dans ses louables dispositions.

Des soins si tendres n'eurent pas le succès qu'on en devait espérer. Lucien était d'un caractère inquiet et volage, qui lui faisait oublier dans l'instant même les sages conseils qu'on lui donnait. Pendant les heures destinées à l'étude, il laissait tellement égarer ses pensées, qu'il ne lui restait aucune attention pour les leçons de ses maîtres. Tous ses devoirs étaient sacrifiés aux plus frivoles amusemens. Il apportait la même négligence dans le soin de sa personne et de ses livres. Ses vêtemens étaient toujours en désordre; et, malgré la douceur de sa figure, on ne pouvait l'approcher qu'avec un mouvement de dégoût.

Il est aisé de sentir combien cette légèreté fut nuisible à son avancement. Tous ses camarades le laissaient loin derrière eux dans leurs progrès. Il n'y avait pas même jusqu'aux plus petits, reçus long-temps après lui dans l'école, qui ne l'eussent bientôt surpassé, et qui ne le regardassent avec mépris. Lorsqu'il venait quelques étrangers de distinction, on avait grand soin de l'écarter de leurs yeux, de peur qu'il ne fît tort à ses camarades par son air sauvage et sa malpropreté. Jamais il n'avait paru dans les exercices que l'on fait ordinairement en public à la fin de l'année. Son ignorance eût suffi pour décréditer la pension.

Toutes ses disgrâces humiliantes ne faisaient aucune impression sur lui. C'était toujours la même inconséquence, la même dissipation et le même désordre.

Ses précepteurs ne le voyaient qu'avec une tristesse secrète, et leur zèle pour son avancement se refroidissait de jour en jour. Ils se disaient souvent l'un à l'autre : Le Pauvre Lucien ! combien il se rend malheureux ! Que vont dire ses parens, en le voyant revenir dans la maison paternelle avec si peu de connaissances et tant de défauts.

Deux années entières s'étaient ainsi écoulées sans le moindre fruit pour son éducation, lorsqu'il reçut un paquet fermée d'un cachet noir. Il l'ouvrit, et y lut la lettre suivante :

« Mon cher fils,

» Tu n'as plus de père, le ciel vient de le ravir à
» notre amour. J'ai perdu dans mon époux mon pro-
» tecteur et mon ami. Il n'est plus maintenant que
» toi sur la terre qui puisse apporter quelque soula-
» gement à ma douleur, par des sentimens dignes de

» ma tendresse. Mais si tu trompais mon attente,
» s'il fallait renoncer à la douce espérance de voir
» revivre un jour dans ton cœur les vertus de celui
» que j'ai perdu, je n'aurais plus qu'à mourir de
» mon désespoir. Je t'envoie le portrait de ton père,
» et je te conjure de le suspendre au chevet de ton
» lit. Regarde-le souvent pour t'exciter à devenir
» aussi honnête homme que lui. Je te laisserai passer
» le reste de cette année dans ta pension, afin que
» tu achèves de t'instruire et de te former. Songe
» que tu tiens en tes mains le destin de ma vie, et
» que ta tendre mère ne peut plus avoir un moment
» de bonheur que par toi. »

La dissipation de Lucien n'avait pas étouffé en lui les sentimens de la nature. Cette lettre les réveilla tous à la fois dans le fond de son âme. Il fondit en larmes, se tordit les mains, et s'écria d'une voix entrecoupée de mille sanglots : Ah! mon père, mon père, tu m'es donc ravi pour toujours! Il prit le portrait, le porta sur son cœur et sur sa bouche, et lui adressa ces paroles : O cher auteur de ma vie, tu as fait tant de dépenses pour mon instruction, et je n'en ai pas profité! Tu étais un si brave homme, et moi... Non, je ne suis pas digne de me nommer ton fils.

Il passa toute la journée à pousser ces plaintes amères. Le soir il se mit au lit; mais il eut beau se tourner d'un côté et de l'autre, le sommeil ne vint point fermer ses yeux. Il lui semblait voir l'image de son père, qui lui disait d'une voix terrible : Indigne enfant, j'ai sacrifié mon repos et ma vie pour te rendre heureux, et tu déshonores mon nom par ta conduite!

Il pensait ensuite à sa mère, et à la tristesse qu'il allait lui causer, au lieu de la consolation qu'elle s'attendait à recevoir de son retour. Lorsque je paraîtrai devant ses yeux, et que je n'aurai que de tristes témoignages à lui présenter de mes instituteurs! lorsqu'elle voudra se faire honneur dans le monde de l'éducation qu'elle m'a donnée, et que je la forcerai de rougir! lorsqu'elle voudra m'aimer! et que je ne mériterai que sa haine! ô ciel! ma pauvre mère! je serai peut-être la cause de sa mort! Ah! si j'avais mieux profité des instructions qu'on m'a prodiguées! si je pouvais reprendre le temps précieux qui m'est échappé!

C'est ainsi qu'il se tourmentait : c'est ainsi que toute la nuit il baigna son lit de ses larmes.

Aussitôt que le jour eut commencé à paraître, il se leva précipitamment, courut à la chambre du directeur, se jeta à ses pieds, et lui dit : O monsieur! vous voyez le plus malheureux enfant qui soit au monde. Je ne vous ai pas écouté. Je n'ai rien appris de ce que je devrais savoir. Prenez pitié de moi. Je ne veux pas faire mourir ma mère de douleur.

Le directeur fut vivement attendri par ces paroles touchantes. Il releva Lucien et l'embrassa. Mon cher ami, lui dit-il, puisque vous sentez votre faute, vous pouvez encore la réparer. Vous éprouvez combien il est cruel d'avoir des reproches à se faire. Avant d'en être si bien persuadé, vous n'étiez que blâmable; vous seriez désormais criminel. Deux années entières ont été perdues pour vous, et il ne vous reste que six mois pour les regagner. Jugez combien d'efforts vous aurez à faire. Il ne faut pas cependant vous décourager : il n'est rien dont on ne puisse venir à bout avec de la constance. Commencez dès ce moment. Venez me trouver chaque jour; il ne tiendra pas à mon zèle que vous ne soyez bientôt aussi content de vous-même, que vous avez sujet d'en être mécontent aujourd'hui.

Lucien ne put le remercier qu'en lui baisant les mains, et en sautant à son cou.

Il court de ce pas s'enfermer dans sa chambre pour répéter sa leçon. Il en fut de même les jours suivans. Ses maîtres, étonnés d'une application si soutenue, se mirent, dès ce moment, à cultiver avec plus de soin ses dispositions naturelles. Ses camarades, auxquels il avait inspiré tant de mépris, furent bientôt obligés de concevoir pour lui de l'estime. Encouragé par tous ces succès, Lucien redoublait chaque jour de vigilance et d'ardeur. Ce n'était plus cet enfant qui abandonnait ses devoirs pour se livrer à de folles dissipations; il fallait maintenant l'arracher à l'étude pour lui faire goûter quelque délassement. L'ordre et la propreté succédèrent à la négligence. Il lui survenait bien quelquefois des retours vers ses premiers défauts; mais il n'avait besoin que de jeter un coup-d'œil sur le portrait de son père pour reprendre toute la fermeté de ses résolutions.

Les six mois que sa mère lui avait accordés pour

perfectionner ses études s'avançaient vers leur terme ; et il les voyait s'écouler avec une extrême rapidité, parce qu'il savait en remplir tous les instans.

Enfin le moment de partir arriva. Le changement qui s'était opéré dans son caractère lui avait attaché si tendrement ses amis, que l'idée d'une cruelle séparation fit naître dans tous les cœurs les regrets les plus sensibles. Ses maîtres avaient de la peine à voir s'éloigner un sujet qui commençait à faire tant d'honneur à leurs soins ; et il n'en avait pas moins à s'éloigner de ses maîtres, dont les sages conseils avaient si bien soutenu ses dispositions. Le directeur, en particulier, qui se félicitait de ses progrès comme de son propre ouvrage, ne pouvait se consoler de son départ ; et ce sentiment se répandit avec abondance dans la lettre qu'il écrivit à la mère de Lucien, pour lui rendre le compte le plus avantageux de la conduite de son fils.

Pendant tout le voyage, Lucien ressentit les émotions les plus vives. Son cœur agité s'élançait vers la maison paternelle. Il ne craignait plus tant de se présenter aux yeux de sa mère, parce qu'il pouvait se rendre témoignage que depuis six mois il n'avait rien négligé pour son instruction. Cependant il se disait toujours : Insensé que je suis ! ne pouvais-je pas faire la même chose il y a deux ans ? Je serais aujourd'hui bien plus avancé. Combien de choses que j'ignore n'aurais-je pas apprises dans cet intervalle ! Ah ! je me serais épargné bien des chagrins et des regrets !

Sa mère était allée à sa rencontre. Quelle joie pour elle de le revoir! Les lettres du directeur l'avaient instruite de son heureuse réforme. Celle qu'il lui apportait était encore plus flatteuse. Une mère ne demande qu'à se composer de nouvelles raisons d'aimer davantage son fils. Elle les trouvait dans l'idée qu'il n'avait entrepris de se corriger que par un sentiment de tendresse pour elle; et le plus doux avenir se dévoilait à ses regards maternels.

Lucien ne démentit point cette espérance. Après avoir employé les premiers jours à visiter ses parens et ses amis, il se remit au travail avec une nouvelle ardeur. L'habitude de s'occuper ayant développé son esprit, il eut bientôt acquis les connaissances dont il avait besoin pour se mettre à la tête des affaires de sa maison. Elles avaient un peu décliné depuis la mort de son père. Leur poids était au-dessus des forces d'une tendre veuve déjà trop accablée de sa douleur. Son activité, son exactitude et son intelligence les eurent bientôt rétablies. Un riche établissement qu'il forma, et l'ordre avec lequel il sut le conduire, le mirent en état de travailler lui-même à l'éducation de ses enfans nombreux. Il s'attacha surtout à leur faire bien sentir le prix inestimable du temps, pour leur épargner, par son expérience, le regret de l'avoir mal employé.

FRANÇOIS ET ANTONIN.

M. DE CERNEUIL, retenu long-temps hors de son pays par un emploi distingué qu'il remplissait dans les Indes, venait enfin de se réunir à sa famille, pour jouir en paix avec elle du fruit de ses travaux. Il n'avait qu'un fils, âgé d'environ douze ans, en qui reposaient ses plus tendres espérances. C'était pour lui ménager les avantages d'une brillante fortune, qu'il avait consacré sa vie aux devoirs les plus pénibles, loin de sa patrie et de ses amis. Ses vues, à cet égard, avaient été remplies au-delà de ses vœux. Il revenait chargé de richesses : mais, hélas ! il ne tarda guère à s'apercevoir combien le temps qu'il lui en avait coûté pour les acquérir aurait été mieux employé auprès de son fils pour le bonheur qu'il lui voulait procurer.

Madame de Cerneuil, d'un caractère d'esprit aussi faible que l'était la constitution de son corps, avait livré le jeune Antonin aux soins d'un gouverneur mercenaire, qui, pour se maintenir dans sa place, ne s'était étudié qu'à servir les caprices de l'enfant, et à tromper la tendresse aveugle d'une mère qui l'idolâtrait. Enivré des flatteries de toutes les personnes dont il était environné, Antonin s'était insensiblement fortifié dans les mauvaises habitudes qu'on lui avait laissé contracter dès l'enfance. Son gouverneur, d'une ignorance profonde, mais qui égalait à peine sa bassesse, lui faisait souvent entendre qu'avec les trésors qu'il devait posséder un jour, il n'avait pas besoin de consumer sa santé dans une étude opiniâtre, et que le sort par le soin qu'il avait pris de sa fortune, l'avait trop bien distingué du reste des mortels, pour l'assujétir aux mêmes travaux. Ces perfides insinuations, qui s'accordaient si bien avec la lâcheté naturelle de son élève, avaient achevé de corrompre son cœur et son esprit. Antonin était devenu faux, paresseux, insensible aux affections de ses semblables, et d'une vanité si révoltante, qu'il méprisait comme des bêtes de somme tous ceux qui n'étaient pas aussi riches que lui. De toutes les histoires dont son gouverneur amusait son oisiveté, il ne prêtait l'oreille qu'à celles qui portaient un caractère d'effronterie et d'orgueil. Les traits de courage, de grandeur d'âme et d'humanité, ne faisaient aucune impression sur lui ; et jamais ses yeux ne s'étaient baignés de ces douces larmes que le récit d'une bonne action fait couler au fond des cœurs généreux.

Cet odieux caractère ne se cacha pas long-temps aux regards de M. de Cerneuil. Quelle funeste découverte pour un père tendre, qui, revolant du bout de la terre vers son fils, dans l'espérance de trouver un jour en lui la consolation et la gloire de sa vieillesse, n'y voyait déjà qu'un sujet de honte et de désespoir ! Son premier soin fut de chasser de la maison l'indigne gouverneur. Malgré les infirmités dont il commençait déjà à ressentir l'atteinte, il résolut de se charger seul de remédier au vice de l'éducation de son fils. Il crut cependant qu'il réussirait mieux dans cette entreprise en plaçant auprès de lui un enfant de son âge et d'un heureux caractère, dont la conduite pût lui inspirer une noble émulation. Le choix d'un pareil sujet ne lui parut pas devoir être remis au hasard. Depuis plusieurs semaines il faisait des recherches infructueuses, lorsqu'en se promenant un jour dans la campagne pour mieux rêver à son projet, il aperçut, à l'entrée d'un village, de jeunes enfans qui s'exerçaient à la course. L'un deux avait une figure si heureuse, qu'au premier aspect elle captiva la bienveillance de M. de Cerneuil. Il s'approcha de lui, le questionna avec douceur, et en reçut des réponses naïves et touchantes, qui fortifièrent dans son cœur le tendre intérêt que sa physionomie y avait fait naître. Il apprit de lui qu'il était l'aîné de six enfans du médecin du village dont les moyens suffisaient à peine à l'entretenir lui et sa famille dans la plus étroite médiocrité. Ces détails ayant fait concevoir à M. de Cerneuil quelques espérances, il pria le jeune garçon, qui se nommait François, de le conduire chez son père. Celui-ci était un homme sage, que son habileté aurait pu faire jouir dans la capitale de toute la considération de son état. Modeste et calme dans ses desirs, il préférait à l'éclat bruyant de la ville la douceur d'une vie retirée à la campagne, le plaisir d'y faire du bien à ses malheureux habitans, et le devoir de consacrer ses soins à sa nombreuse famille. Sa femme, jeune encore, avait embrassé tous ses goûts; et la sagesse semblait partager avec le bonheur l'empire de leur maison. M. de Cerneuil, après les avoir quelque temps entretenus de leurs enfans, pour mieux reconnaître les principes qu'ils avaient suivis dans leur éducation, trouva bientôt qu'ils se rapportaient à toutes ses idées. Dans le transport de sa joie, il prit la main du médecin, et lui fit part des vues qu'il avait formées sur son fils, en l'assurant qu'il l'éleverait lui-même comme le sien, et qu'il prenait, dès ce moment, sur lui le soin de sa fortune. La probité reconnue de M. Cerneuil, la renommée de son crédit et de ses richesses, auraient fait accepter ses offres sans balancer à des parens moins tendres et plus ambitieux. Mais eux, comment consentir à l'éloignement d'un fils qui faisait leurs plus chères délices! et François lui-même, comment se séparer de ses parens, qu'il chérissait avec tant d'amour! Plus ils lui opposaient de résistance, et plus M. de Cerneuil, excité par de nouveaux sentimens d'estime, s'attachait à son dessein. Enfin il redoubla ses instances avec tant de force, qu'il parvint à les ébranler. La facilité de voir souvent leur fils, l'espoir que son avancement, devenu plus rapide, pourrait un jour servir à celui de ses frères et de ses sœurs, achevèrent de les vaincre; et M. de Cerneuil les quitta, emportant dans son cœur la plus douce satisfaction.

Au bout de trois jours que les parens de François avaient demandé pour mettre leur fils en état de se produire à la ville, M. de Cerneuil parut à la porte de leur maison. Je ne chercherai point à vous peindre tous les regrets qu'y fit naître le départ d'un enfant si chéri. François, qui avait eu la force de retenir ses pleurs en présence de sa mère, de peur d'augmenter sa tristesse, ne se vit pas plutôt emporté par la voiture, qu'il laissa échapper de ses yeux un torrent de larmes. M. de Cerneuil ne chercha d'abord à en interrompre le cours que par de muettes caresses. Puis, lorsqu'il les vit un peu s'arrêter, il prit François dans ses bras; et, le serrant contre son sein : Ne t'afflige point, mon ami, lui dit-il; tu vois en moi un second père, qui veut te chérir aussi tendrement que celui que la nature t'a donné. Sois doux, honnête, laborieux, et rien ne manquera jamais à ton bonheur.

Le cœur de François, fut un peu soulagé par des marques d'affection si touchantes. Il embrassa M. de Cerneuil à son retour. Eh bien! oui, s'écria-t-il, soyez mon autre père. Je veux me rendre digne de toute votre amitié.

M. de Cerneuil établit François dans sa maison comme un enfant qu'il aurait reçu au retour d'un long voyage. Il prescrivit à ses gens d'avoir pour lui les mêmes égards que pour son propre fils. L'humeur douce et sensible de François ne tarda pas à concilier l'affection de tous ceux qui l'approchaient. Antonin fut le seul qui ne put le voir sans un sentiment de dépit. Il comprit bientôt que la présence de cet émule lui imposait la nécessité de changer de conduite, et de devenir plus studieux. Ne pouvant trouver dans son cœur aucune juste raison pour motiver sa haine, il croyait François assez digne de ses mépris, parce qu'il était né au village, et que son origine n'était pas aussi élevée que la sienne. Cependant la crainte qu'il avait de son père le forçait de cacher ces sentimens au fond de son cœur, et de les déguiser même sous une apparence d'amitié. François, qui ne pouvait soupçonner dans les autres une fausseté qui lui était si étrangère, s'attachait tendrement à lui. Il cherchait à le soutenir dans ses efforts, à lui faciliter ses travaux; et il supportait ses caprices et ses hauteurs comme on supporte les défauts de ceux que l'on aime.

Son intelligence, déjà exercée par les soins de son père, ne trouvait rien dans l'étude qui fût capable de le rebuter. Doué d'une pénétration vive et d'une mémoire prodigieuse, animé surtout par le désir de répondre aux encouragemens de M. de Cerneuil, il faisait des progrès si rapides, que ses maîtres avaient peine à les concevoir. Il ne se livrait pas avec moins d'avantage aux exercices du corps. Ses manières prenaient de la grâce en même temps que son esprit recevait des lumières et que son âme s'ouvrait à de nobles sentimens. M. de Cerneuil l'aimait tous les jours avec une nouvelle tendresse. Il en était de même des étrangers. On ne le voyait point deux fois sans prendre secrètement un vif intérêt à sa personne. Poli sans affectation, empressé sans bassesse, enjoué sans étourderie; il semblait que sa présence répandait la joie et le bonheur dans toute la maison. Au milieu de tant de succès, François, loin de se laisser surprendre aux illusions de l'orgueil, n'en devenait que plus modeste. Quoiqu'il ne pût se dissimuler sa supériorité sur Antonin, il aurait voulu pouvoir en douter lui-même, et bien plus encore la dérober aux regards des autres, de peur d'humilier son ami. Il était le premier à le faire valoir ou à le défendre. Ah! se disait-il en secret, si mon protecteur n'avait eu tant de bontés pour moi, s'il ne m'avait donné tant de facilités pour acquérir des connaissances, malgré les tendres soins de mon père, je serais encore bien loin de savoir le peu que je sais. D'autres enfans, à ma place, auraient peut-être mieux profité des faveurs du ciel. Antonin lui-même m'aurait déjà surpassé, s'il se fût trouvé dans ma situation, et moi dans la sienne. Il peut se passer d'instruction plus que moi. C'est le besoin où je suis de m'instruire qui a tout fait.

Huit années s'écoulèrent ainsi, pendant lesquelles François acheva d'acquérir toutes les qualités qui sont le fruit de l'éducation la plus distinguée. Le temps et la place manqueraient à mes désirs, pour vous présenter le tableau des connaissances dont il avait orné sa raison. Mais, pour Antonin, il serait encore plus long de vous détailler toutes celles qu'il n'avait pas. Sa suffisance naturelle lui avait persuadé qu'avec les mots de quelques sciences qui lui étaient restés de ses leçons, il en savait autant que les maîtres les plus habiles. A l'égard de son naturel, le fond n'en était guère changé. La crainte de son père avait bien un peu retenu l'impétuosité de ses vices; mais, en revanche, elle lui en avait donné un de plus, c'est-à-dire l'hypocrisie, pour les masquer.

M. de Cerneuil, dont l'œil pénétrant les démêlait à travers ce voile, aurait déjà succombé sous le poids de ses chagrins, si la bonne conduite de François n'eût porté dans son âme de douces consolations. Cependant, lorsque Antonin eut atteint sa vingtième année, elles ne purent tenir contre l'effroi des travers où il prévoyait que ce fils allait se précipiter à son entrée dans le monde. Au milieu de ces cruels déchiremens de son cœur, il fut attaqué d'une maladie violente, dont il mourut au bout de quelques jours, malgré les soins affectueux qu'il reçut de François jusqu'au fatal moment qui les sépara pour jamais.

Antonin n'eut pas plutôt rendu les derniers devoir à M. de Cerneuil, que, libre du frein de ses passions, il se livra tout entier à son caractère. Ingrat à la mémoire d'un père respectable dans la personne du second fils qu'il avait adopté; oubliant ce qu'il devait lui-même à son émule, il lui ferma outrageusement sa porte, et courut s'établir sur ses terres, pour s'y dédommager de la contrainte qu'il avait éprouvée par la licence d'une vie tumultueuse et sauvage.

Que le cœur de François était agité de mouvemens bien différens ! Rentré dans la médiocrité de la maison paternelle, ce n'était point sur le changement de sa situation qu'il poussait des gémissemens. M. de Cerneuil avait pourvu pour l'avenir aux besoins de sa vie. Eh ! pouvait-il s'occuper de lui-même lorsqu'il venait de perdre son bienfaiteur ? C'était lui seul qui faisait naître ses regrets, cet homme généreux qui avait pris soin de ses jeunes années, qu'il s'était accoutumé à regarder comme son père, et dans lequel il en avait trouvé tous les sentimens. Une maladie, causée par la douleur de sa perte, le conduisit jusqu'aux portes du tombeau, qu'il voulait s'ouvrir pour le rejoindre. Dans les plus violens accès de son délire il ne lui échappait que le nom de M. de Cerneuil. Il le donnait même à son père, lorsque, sans le reconnaître, il le voyait assis au chevet de son lit. On craignit long-temps pour sa vie ; et il ne fut redevable de sa guérison qu'aux vœux et aux soins redoublés d'une famille qui semblait toute entière ne respirer que pour lui.

Après avoir donné quelques mois au plaisir qu'elle avait de le voir rétabli, et de jouir du charme de ses talens et de ses vertus, François retourna à Paris, et reprit ses études ordinaires avec plus d'ardeur et de fruit que jamais. Toutes les personnes dont il s'était concilié l'amitié dans la maison de M. de Cerneuil se réunirent pour lui procurer une place avantageuse. Le duc de ***, après le cours de ses études, se disposait à parcourir l'Europe : François fut présenté aux parens de ce jeune seigneur pour l'accompagner. Quoiqu'il parût bien jeune lui-même à leurs yeux, il sut les prévenir d'une manière si favorable sur sa conduite, qu'ils crurent ne pouvoir donner à leurs fils un gouverneur plus intelligent et plus sûr. Les connaissances qu'il avait acquises par ses lectures trouvèrent dans ses voyages mille occasions de s'étendre et de se développer. Les grâces de son esprit et de ses manières le firent rechercher avec empressement dans toutes les cours. Plusieurs princes étrangers voulurent même l'attacher à leur personne avec des distinctions flatteuses; mais les engagemens qu'il avait pris avec la famille du jeune seigneur le rendirent insensible aux propositions les plus brillantes. Il ne fut pas long-temps sans recevoir le prix de sa fidélité. A peine avait-il ramené son élève dans les bras de ses parens, que l'un d'eux, ayant été envoyé dans une des principales cours étrangères, le fit nommer secrétaire d'ambassade. Pendant une longue maladie de l'ambassadeur, François le remplaça dans ses fonctions, et il sut les remplir avec tant d'habileté, que, de l'aveu du ministre, il fut chargé d'une négociation très-délicate, où il eut le bonheur et la gloire de rendre le service le plus important à sa patrie.

Antonin, dans cet intervalle, avait eu un sort bien différent. Nous l'avons laissé sur ses terres, passant honteusement ses journées à chasser ses lièvres et à tourmenter ses vassaux. L'oisiveté d'une semblable vie avait achevé d'abrutir ses mœurs, et son esprit était devenu de la plus grossière rusticité. Une querelle qu'il eut avec un gentilhomme voisin l'ayant forcé d'abandonner son château, il revint dans la capitale. Sa mère, pour donner plus de faveur à son établissement, voulut le placer dans la maison d'un prince, qui avait eu beaucoup d'attachement pour son père; mais il y fut à peine reçu, qu'au milieu d'une fête il se comporta d'une manière si insolente envers une dame du plus haut rang, que le prince fut dans la nécessité de la chasser honteusement de son palais.

Antonin, après cette aventure, se vit rebuté de toutes les sociétés honnêtes où le nom de son père l'avait fait accueillir. Incapable de trouver aucune ressource ni dans ses réflexions ni dans l'étude, il se laissa emporter au torrent des mauvaises compagnies. Comme il ne pouvait remettre le pied sur ses terres, après l'affront qu'il avait reçu, il engagea sa mère à les vendre, sous le prétexte spécieux d'en acheter d'autres plus à sa bienséance; mais avec le dessein secret d'en employer le prix à fournir à ses dissipations. Le jeux ruineux auquel il se livra l'eut bientôt dépouillé de ses richesses, et la débauche en même temps porta le désordre dans sa santé. Après avoir réduit sa mère à se contenter d'une modique pension, afin de faire honneur à ses dettes, il prit un jour ce qui lui restait pour aller cacher sa honte dans l'étranger. Le hasard le conduisit dans la ville où François, à son insu, jouissait de la plus haute considération. La passion du jeu avait suivi le malheureux Antonin. La fortune lui fut d'abord assez favorable, et sa grande dépense lui procura du crédit; mais ses affaires ne tardèrent pas long-temps à se déranger. Dans l'impuissance où il se trouva bientôt de satisfaire à ses créanciers, qu'il avait trompés indignement, ils le firent traîner en prison. Ce fut par l'éclat d'une si honteuse disgrâce que son nom parvint aux oreilles de François. Le fils de mon bienfaiteur dans une prison! s'écriat-il, oubliant tous les outrages qu'il en avait reçus. Il vola soudain dans son cachot. Mais, hélas! dans quel horrible état il le trouva! pâle, défiguré, exténué par la misère, rongé de maux cruels, bourrelé de remords, et livré à toutes les convulsions de la rage et du désespoir. Il brise aussitôt ses fers, l'arrache de cet affreux séjour, le fait transporter dans sa maison, et s'empresse de lui prodiguer les soins les plus touchans. Il aurait sacrifié sa fortune pour le rappeler à la vie, et devenir l'auteur de sa félicité; mais le coup vengeur était déjà porté dans les arrêts du ciel. Antonin ne survécut que quelques jours à cet événement. François fut touché de sa mort, comme s'il eût perdu l'ami le plus tendre. Il ne pouvait se consoler de n'avoir pu rendre au fils de son bienfaiteur tous les secours qu'il en avait reçus. Cette pensée accabla long-temps son esprit. Il n'avait que de tristes images devant les yeux. Elles le détournaient de tous ses travaux. Mais l'amour du devoir, et l'empire qu'il s'était accoutumé à prendre sur lui-même, le rendirent enfin aux fonctions de sa place; et il continua de les remplir avec un zèle et une intégrité qui le portèrent bientôt au poste éminent que nous lui voyons occuper aujourd'hui.

L'ORGUEIL PUNI.

Roger, fils d'un honnête laboureur, avait montré de bonne heure le goût le plus vif pour le métier des armes. On le voyait sans cesse espadonner avec sa faucille; et il s'était fait l'ami de tous les gardechasses, pour avoir occasion de manier leurs fusils. A l'âge de dix-huit ans, il s'enrôla dans des recues qu'on levait près de son village. Comme son père l'avait fait instruire avec soin dès son enfance, et qu'il savait parfaitement écrire et chiffrer, il se rendit si utile à ses supérieurs, que, dès la seconde année de son service, il fut fait caporal, puis sergent.

La guerre fut bientôt déclarée, et il obtint une lieutenance peu après l'ouverture de la campagne. Il se comporta fort bien dans toutes les occasions. On avait soin de le choisir pour les entreprises les plus hasardeuses; et il s'en tirait avec autant d'intelligence que de courage. On remarquait, à sa louange, que jamais un soldat n'avait plié sous son commandement.

Le général, qu'il l'avait distingué dans plusieurs

rencontres, venait de lui donner une compagnie pour exciter l'émulation des soldats par l'exemple de sa fortune. Une action éclatante, qu'il fit dans une bataille où tous les anciens capitaine furent emportés, le fit monter tout-à-coup au grade de major.

Son nom avait été mis souvent avec honneur dans les nouvelles publiques; et, toutes les fois que le curé de son village l'y rencontrait, il courait chez ses frères pour leur en faire le récit. On imagine aisément combien ceux-ci étaient fiers de lui tenir de si près. Ils n'en parlaient qu'avec des larmes de joie. Leur tendresse semblait les associer à sa gloire; et ils ne songeaient qu'à l'heureux moment où ils pourraient serrer dans leurs bras un frère qui faisait tant d'honneur à la famille.

Cependant, au milieu de toutes ses bonnes qualités, Roger avait un vice bien odieux. Il était dominé par un orgueil insupportable. Il n'y avait personne au monde qui, à l'en croire, fût aussi prudent et aussi brave que lui. Il parlait de ses propres actions comme un flatteur aurait parlé de celles d'un prince en sa présence. Il s'en attribuait plus de gloire qu'il ne devait naturellement lui en revenir, et il ne paraissait pas remarquer les autres officiers lorsqu'ils se comportaient aussi bien que lui-même.

A la fin de la guerre, son régiment se mit en marche vers une ville de garnison. Il devait passer à une petite distance de son village. A peine ses frères en eurent-ils appris la nouvelle, qu'ils accoururent sur le chemin, accompagnés de tous leurs amis.

Ils le joignirent au moment où il allait commander quelques évolutions à ses soldats.

O mon cher Roger, lui dit l'aîné, si notre père vivait encore, qu'elle joie ce serait pour ses vieux ans! Ah! j'ai bien soupiré après ce jour. Dieu soit loué de ce que je puis enfin te revoir! Je ne me possède pas de plaisir. En disant ces mots, il ouvrit tendrement les bras pour se jeter à son cou et l'embrasser.

Le major, indigné de ce qu'un homme qui n'avait pas de plumet au chapeau osât le nommer son frère, repoussa d'un air dédaigneux ses caresses. Je vous trouve bien insolent, lui dit-il, de prendre ces familiarités. Eh quoi! s'écria le plus jeune, est-ce que tu ne me reconnais pas non plus? Regarde-moi bien, je suis Matthieu. Tu m'aimais tant autrefois! C'est toi qui m'apprenais à travailler à la terre quand j'étais tout petit.

Le major écumait de dépit et de rage. Il les menaça de les faire arrêter comme des imposteurs s'ils ne se retiraient tout de suite hors de sa présence.

Les deux tendres frères, qui s'étaient promis tant de joie de cette entrevue, s'en retournèrent accablés de tristesse. Ils gémissaient de ce que Roger ne voulait plus les reconnaître, eux qui trouvaient tant de plaisir à l'aimer.

Les soldats, qui furent témoins de cette scène scandaleuse, n'osaient faire éclater tout haut leurs murmures; mais ils se disaient à l'oreille : il faut avoir un bien mauvais cœur pour rougir de ses honnêtes parens. Est-ce que notre major a honte d'avoir été ce que nous sommes? Il devrait bien plus s'honorer d'avoir fait son chemin à force de mérite, que d'être né d'une grande maison.

Roger n'avait pas l'âme assez élevée pour penser avec tant de noblesse. Au lieu de se souvenir qu'il avait été autrefois dans la classe des soldats, il croyait, par ses dédains, le leur faire oublier à eux-mêmes. Il les traitait avec le dernier mépris; mais il paraissait à leurs yeux bien plus méprisable. Son élévation, qui leur avait donné autrefois tant d'orgueil, ne faisait plus que les humilier. Ils n'obéissaient à ses ordres qu'avec répugnance; et chacun souhaitait qu'il fût éloigné du régiment.

Un jour qu'il en faisait la revue devant l'inspecteur général, celui-ci lui ayant fait quelques observations sur sa manœuvre, Roger poussa l'audace jusqu'à lui répondre dans les termes les plus insolens. Ses hauteurs avaient déjà révolté plus d'une fois les officiers-généraux. Cette nouvelle atteinte à la subordination militaire fut poursuivie avec une extrême sévérité. Les propos injurieux auxquels il se livra devant le conseil de guerre achevèrent sa ruine. Il fut condamné à se démettre de son emploi, et renvoyé honteusement du corps sans aucune retraite.

Dans l'accablement où le jetait sa disgrâce, réduit au choix de périr de misère ou de subsister du travail de ses mains, il se vit dans la nécessité de retourner au village qui l'avait vu naître.

C'est alors que les paysans lui rendirent bien ses

mépris. Comme il ne rechercha l'amitié de personne, croyant peu convenable à un homme de son importance de fréquenter des laboureurs, personne aussi ne rechercha son amitié; et il se vit privé de l'un des plus grands biens de la vie, le seul qui fût capable d'adoucir les regrets de son infortune.

Il ne lui restait plus d'autre ressource que dans ses frères, qu'il avait si durement offensés. Vous craigniez peut-être qu'ils ne le méconnaissent à leur tour. Il méritait sans doute d'en être abandonné. Heureusement pour lui, ceux-ci avaient dans leurs âmes la véritable élévation qui manquait à la sienne. Ils ne voulurent prendre d'autre vengeance que celle de leurs bienfaits. Roger avait depuis long-temps reçu la portion qui lui revenait de l'héritage paternel. Ses frères eurent la générosité de lui céder chacun quelques parties de leurs terres. Il fut réduit à les cultiver à la sueur de son front, pour en recueillir sa subsistance. Chaque jour, en s'occupant de ses travaux, qu'il avait tant dédaignés, il songeait à la haute fortune qui l'attendait s'il avait su conserver de la modestie. Combien il souffrait de de se voir à la charge de ceux qu'il aurait pu lui-même enrichir! Maudit orgueil, s'écriait-il, dans quelle bassesse tu m'as précipité!

Ce triste sentiment remplit sa vie d'amertume; et il mourut bientôt dévoré de regrets, pour servir à éclairer un jour ceux que cet aveugle passion aurait peut-être égarés sans la terreur de son exemple.

L'ACCROISSEMENT DE FAMILLE.

Le bon fermier Thomas était allé rendre une visite à sa sœur, mariée depuis quelques années à trois lieues de son village. Un soir, après souper, il était assis avec elle et son mari devant leur porte, et ils s'entretenaient de leurs affaires, lorsqu'il vint à passer une petite fille âgée d'environ cinq ans, à peine couverte d'habits tout déchirés. Thomas remarqua l'air de misère qui était répandu sur toute sa personne; et il dit à sa sœur : Voilà une petite fille bien à plaindre. Elle n'a pas un de ses haillons qui lui tienne sur le corps. Cela fait honte à votre village. Il faut que son père soit bien paresseux, et sa mère bien insensible.

Hélas! lui répondit sa sœur, elle n'a plus ni père ni mère, et il y a encore deux autres enfans dans le même état. Depuis trois mois ils ne font qu'errer çà et là dans le pays, sans trouver personne qui veuille les retirer. Ils couchent la nuit dans des granges ou sous les arbres. Lorsque la faim les tourmente, ils vont s'asseoir devant la porte des paysans. Si quelqu'un leur donne un morceau de pain, ils le prennent avec une grande joie; mais ils n'en demandent jamais. Leur père, qui avait de l'honneur, mais qui a été ruiné par des maladies, leur a défendu en mourant de mendier.

Ce récit toucha jusqu'au vif le cœur du brave Thomas.

Il est affreux, s'écria-t-il, que de pauvres créatures soient ainsi abandonnées. Il faut que je les prenne avec moi pour en avoir soin, puisque personne ici ne veut s'en charger.

Sa sœur et son mari crurent devoir lui faire les plus fortes représentations pour le détourner de ce projet. Ils lui dirent qu'il avait lui-même des enfans ; qu'il ne connaissait pas ceux-ci ; qu'ils étaient accoutumés, depuis trois mois, à une vie fainéante et vagabonde, et qu'il était à craindre qu'il ne dussent jamais se tourner au bien. Pense donc, mon frère ajoutaient-ils, qu'elle surcharge ce sera pour ta femme et pour ton ménage.

Thomas n'était pas un de ces hommes faibles qui se laissent détourner d'un dessein généreux pour quelques difficultés. Il ne se donna pas la peine d'entendre toutes leurs objections, et encore moins d'y répondre.

Il se leva, et s'alla mettre au lit. L'attendrissement où le jetait son projet de bienfaisance ne lui permit pas de s'endormir de long-temps ; et des larmes étaient encore dans ses yeux lorsqu'ils se fermèrent enfin pour un doux sommeil.

Le lendemain, de bonne heure, il fit venir la fille aînée qui était âgée de douze ans.

On m'apprit hier, dit-il, que tu n'as plus ni père

ni mère, et je vois à tes vêtemens qu'ils ne t'ont pas laissé grand'chose.

LA JEUNE FILLE.

Hélas ! oui. Nous sommes bien misérables.

THOMAS.

Est-ce que tu n'as point de parens pour te prendre chez eux ?

LA JEUNE FILLE.

Nous en avons bien quelques-uns; mais ils sont trop pauvres, et nous aussi.

THOMAS.

Eh bien ! voudrais-tu venir avec moi, et être ma fille ?

LA JEUNE FILLE.

Ah ! si vous vouliez avoir cette bonté !

THOMAS.

Allons ! voilà qui est fait. Mais je m'en retourne à cheval, et je ne pourrai pas vous emmener tous les trois ensemble. C'est ta petite sœur que j'ai vue la première; c'est par elle que je veux commencer. Fais-moi venir cet enfant, que je fasse connaissance avec elle.

Le petite fille ne tarda pas à venir. Elle avait une physionomie si douce, et elle fit tant d'amitiés à Thomas, qu'il se regardait déjà comme son père.

Il la prit avec lui sur son cheval, et ils arrivèrent à la ferme.

Sa femme lui demanda à qui était cette enfant.

Il est à toi, Madeleine, répondit-il.

Il se mit alors à lui raconter comme, la veille, il

avait vu la petite fille, comme il avait appris la misère et l'abandon où elle était, comme il en avait eu pitié, et comme il l'avait prise avec lui pour la mêler parmi ses propres enfans.

Pendant tout ce récit, la petite fille s'était attachée à ses habits, et ne cessait de pleurer.

Madeleine, qui avait un aussi bon cœur que Thomas, s'approcha doucement en essuyant ses yeux, prit l'enfant sur son sein, et tâcha de la consoler par ces paroles : Puisque mon mari t'a promis d'être ton père, je veux être ta mère aussi, moi. Allons, mon enfant, ne pleure donc pas d'avantage.

THOMAS.

Mais, ma femme, il y en a encore deux autres. Il y a le frère et la sœur de cette petite fille, qui sont aussi dignes de notre compassion.

MADELEINE.

Ah! mon cher Thomas, je vois bien ce que tu penses. Eh bien! il faut les aller chercher.

Le lendemain Thomas mit le cheval à sa carriole, et alla chercher les deux autres orphelins.

Va, lui dit sa femme en l'embrassant à son départ, va, mon ami. Le bon Dieu, qui nous envoie ces enfans, ne manquera pas de nous envoyer aussi du pain pour les nourrir.

Cependant le comte de ***, seigneur de la terre où étaient nés ces petits malheureux, avait appris leur aventure. Le vilain homme! Il fit aussitôt courir son régisseur dans le village. Celui-ci, ayant trouvé Thomas au moment où il faisait entrer la jeune fille et le petit garçon dans sa carriole, arrêta le cheval par la bride, en criant à Thomas : Tu n'emmeras point ces enfans. Leur père est mort redevable de cinquante écus à monseigneur. Il faut qu'ils restent ici pour lui répondre de la dette.

Gardez-les donc, lui dit Thomas indigné, mais jusqu'à demain seulement. S'il ne tient qu'à cinquante écus pour les avoir, je vais retourner chez moi, et je vous apporte la somme. Les pauvres petits! je ne les aime que davantage pour ce qu'ils me coûtent.

Il s'en alla, revint, apporta les cinquante écus, paya la dette, et cette fois on lui laissa prendre les enfans : ils étaient bien à lui !

Il vous tarde sûrement, mes chers amis, de savoir ce qu'ils sont devenus dans la suite. Heureusement je puis vous en donner des nouvelles, en vous rapportant l'entretien qu'un voyageur eut avec Thomas quelques années après.

Toute la petite famille dansait un soir devant la porte de la ferme, pendant que Madeleine leur apprêtait à souper. Thomas était au milieu de la ronde. Le voyageur vint à passer, et s'arrêta pour être témoin de la fête.

Est-ce que tous ces enfans vous appartiennent? dit-il au fermier?

Oui, monsieur, lui répondit celui-ci. J'en ai dix biens vivans : sept que le ciel m'a donnés pour rien, et trois que j'ai achetés.

Achetés ! reprit le voyageur avec surprise.

Vraiment oui, monsieur, et à beaux deniers comptans.

Il lui raconta toute l'histoire; et, lorsqu'il l'eût achevée, il lui ajouta : Grâces à Dieu, ma femme ni moi nous ne nous en sommes jamais repentis. C'est le meilleur marché que j'aie fait de ma vie.

LE VOYAGEUR.

Mais comment faites-vous pour subvenir à tout cet entretien?

THOMAS.

Cela paraît d'abord inquiétant, parce qu'il semble que l'on a besoin pour soi de tout ce que l'on gagne. On ne croirait jamais pouvoir y suffire avant de l'avoir essayé. Je dois peut-être ma bonne conduite à cet embarras. Mais avec une vie sobre et laborieuse, il reste toujours quelque chose à donner aux malheureux.

LE VOYAGEUR.

Et vos enfans ne sont point jaloux de ces étrangers?

THOMAS.

Des étrangers? Il n'y en pas ici. Tout cela pêle-mêle est de la famille. C'est à qui s'aimera le plus tendrement. Je vous donne à deviner ceux que j'ai fait naître. Je m'y trompe quelquefois moi-même.

LE VOYAGEUR.

Mais je ne vois pas la jeune fille dans la troupe.

THOMAS.

Je le crois bien. Elle a d'autres affaires en tête à présent; ne faut-il pas qu'elle veille à son ménage?

LE VOYAGEUR.

Elle est donc mariée?

THOMAS.

Oui, sans doute. Elle a été prise par un pêcheur qui gagne bien ses filets, je vous en réponds. Elle est fort à son aise. Il est vrai que je l'ai pourvue assez richement pour cela.

LE VOYAGEUR.

Comment donc! est-ce que vous lui avez donné une dot?

THOMAS.

Il le faut bien, quand on marie sa fille. Allez voir s'il manque rien à son trousseau.

LE VOYAGEUR.

Mais enfin ce n'était point votre sang.

THOMAS.

Que dites-vous? je lui dois une joie qu'aucun des miens n'est encore en âge de me donner. Elle a déjà une petite fille qui m'appelle son grand-papa. Cela me paraît si drôle.

Thomas apprit ensuite au voyageur toute la satisfaction qu'il recevait des deux autres orphelins.

La petite fille, dit-il, est déjà devenue assez grande pour aider Madeleine dans les soins du ménage. Pour le petit garçon, il n'a pas son pareil à conduire habilement un troupeau. Si vous saviez combien ils me sont attachés, et combien je les aime!

Son cœur s'était attendri dans ce récit; et de douces larmes coulaient de ses yeux. Il les essuya tout-à-coup, et s'écria avec un malin sourire : Ah! monsieur le comte! vous pourriez avoir toute cette joie, et vous me l'avez cédée pour cinquante écus; vous voilà bien attrapé.

ANTOINE ET SON CHIEN.

Antoine était fils d'un malheureux journalier fort honnête homme, mais si pauvre, si pauvre, qu'il ne possédait rien au monde que les outils dont il se servait pour gagner sa misérable subsistance. Une longue maladie, qui venait de conduire sa femme au tombeau, l'avait entièrement ruiné. Il serait mort de chagrin lui-même après tous ces malheurs, s'il n'avait pas eu besoin de vivre pour son enfant qu'il aimait beaucoup, parce qu'il était honnête, docile et du caractère le plus heureux.

Le jeune Antoine passait un jour devant la porte d'un château. Un domestique l'aperçut, et, l'ayant fait entrer dans la cour, il lui demanda s'il voulait gagner une pièce de douze sous. Bien volontiers, lui répondit le pauvre enfant. Que faut-il faire pour cela?

LE DOMESTIQUE.

Prendre un de nos chiens, lui mettre une pierre au cou, et le jeter dans la rivière.

ANTOINE.

Pourquoi donc voulez-vous le faire périr? est-ce qu'il aurait mordu quelqu'un?

LE DOMESTIQUE.

Non, ce n'est pas cela. Tu vas en savoir la raison.

Il conduisit aussitôt Antoine sous la remise, et lui fit voir dans un coin, sur la paille, un petit chien qui ne paraissait plus avoir qu'un souffle de vie. Son poil était tombé, et une rogne affreuse couvrait tout son corps.

ANTOINE.

Oh! le pauvre malheureux! il est dans un bien triste état.

LE DOMESTIQUE.

C'est pour cela que madame veut s'en défaire. Il y a d'autres chiens dans la maison, et elle craint qu'ils ne prennent son mal. Si tu veux gagner tes douze sous, tu n'as qu'à le prendre et le noyer. Je ne voudrais pas y toucher pour six francs, moi.

ANTOINE.

Mais est-il besoin que je le jette à la rivière? Peut-être pourrait-il guérir.

LE DOMESTIQUE.

Il n'y a pas d'apparence qu'il en revienne. Le médecin de madame l'a condamné.

ANTOINE.

N'importe. On peut toujours essayer.

LE DOMESTIQUE.

A la bonne heure. Fais-en ce que tu voudras, pourvu que tu nous en débarrasses.

ANTOINE.

Aurai-je toujours les douze sous?

LE DOMESTIQUE.

Ah! tu es intéressé?

ANTOINE.

Ce n'est pas pour moi, c'est pour lui que je vous les demande. Si j'étais riche, il ne me faudrait rien; mais je suis pauvre, je n'ai pas toujours du pain pour moi-même, et il ne doit pas en manquer pendant sa maladie.

LE DOMESTIQUE.

Allons, c'est une affaire terminée. Voici tes douze sous.

Antoine vit sous un hangar un mauvais panier qu'il demanda. Il y mit le chien sur une couche de paille, et il se hâta de partir pour aller joindre son père qui travaillait dans une pièce de terre assez éloignée.

En marchant il jetait quelquefois les yeux sur le panier, la vue dégoûtante de son malade lui faisait soulever le cœur; mais elle excitait en même temps sa pitié. Pauvre petit, lui disait-il, tu dois bien souffrir! Que je te plains! Ah! si j'étais assez heureux pour te rendre à la vie! Va, tu peux m'en croire, je ne me serais jamais chargé de te jeter à l'eau.

Son premier soin, en traversant le village, fut d'acheter un petit pain mollet. Il obtint, par grâce, du boulanger, de le tremper dans sa marmite, pour lui donner un goût plus appétissant. Tout ce que le pauvre chien put faire fut de le lécher du bout de la langue; mais encore cela soutenait-il un peu les forces du malade et les espérances du médecin.

Le père d'Antoine fut prêt à le gronder en le voyant arriver plus tard qu'à l'ordinaire. Mais, lorsqu'il eut appris ce qui l'avait retenu, au lieu d'en vouloir du mal à son fils, il fut charmé de voir qu'il avait un cœur si sensible, et il l'embrassa pour sa récompense.

Auprès du champ où il travaillait s'étendait une verte prairie. Antoine y porta le chien grelottant sur le gazon, et le mit au pied d'un arbre pour qu'il se réchauffât au soleil. Son mal ne lui venait que d'une surabondance d'humeurs produites par la quantité de viandes dont on avait coutume de le nourrir. Aussitôt que le soleil l'eût un peu ranimé, il se traîna dans la prairie, cherchant du bout de son museau les herbes que son instinct lui indiquait pour sa guérison. Il en eut à peine mangé qu'il se trouva beaucoup mieux. Antoine venait de quitter un moment son travail pour savoir comment il se portait. Il fut surpris de ne pas le trouver à la place où il l'avait mis, et plus joyeux encore de le voir sur ses pieds. Il eut soin de le porter dans la prairie pendant huit jours de suite, au bout desquels le pauvre animal se trouva entièrement rétabli. Jamais il ne s'était vu de si bon appétit. Antoine avait déjà employé ses douze sous à le nourrir pendant sa convalescence; mais, lorsqu'il le vit en parfaite santé, il n'eut pas de regret à partager avec lui son propre pain. Il lui avait donné le nom de *Chéri*. Chéri embellissait de jour en jour. Ses yeux, presque éteints, s'étaient ranimés. Ses membres avaient repris leur souplesse. Bientôt son poil devint doux comme de la soie, et d'une blancheur aussi éblouissante que celle de la neige lorsque le soleil y darde ses rayons.

Le bruit de sa beauté ne tarda guère à parvenir jusqu'à la dame du château à laquelle il avait d'abord appartenu. Elle envoya son vallet-de-chambre offrir deux louis au petit Antoine pour le ravoir de ses mains. Oh! non, non, répondit Antoine au messager; madame le condamnerait encore à mourir dans la rivière s'il venait à tomber malade, mais moi je ne l'abandonnerai jamais. Que sont vos deux louis en comparaison du plaisir que son amitié me donne? Nous sommes trop attachés l'un à l'autre pour nous séparer. Antoine avait raison. Il n'aurait pas cédé son chien pour un empire; mais en revanche son chien ne l'eût pas quitté pour le plus grand prince de la terre. Il était fidèle à suivre ses pas, ou bien il courait devant lui, faisant mille gentillesses pour l'amuser. Lorsque, après avoir aidé son père à cultiver la terre, Antoine quittait un moment sa bêche, et s'asseyait sous l'ombrage pour prendre un léger repas, il n'avait besoin que de faire un signe; Chéri oubliait ses affaires, accourait à toutes jambes, s'élançait sur lui, et debout sur ses pieds de derrière, la queue frétillante de plaisir, il lui prenait sur les lèvres la moitié de chaque bouchée de son pain. Antoine avait souvent à souffrir de mille nécessités; mais il n'en était pas plus triste parce que son ami lui donnait chaque jour une nouvelle joie.

Hélas! il devait bientôt survenir un grand malheur. À la fin de l'automne le petit garçon tomba dangeureusement malade. Son père employa le peu d'argent qu'il avait mis en réserve de ses journées, pour procurer les premiers remèdes à son enfant. Ces tristes épargnes furent bientôt consumées. Il se souvint alors du prix considérable que la dame du château avait offert pour racheter son chien. Deux louis étaient pour lui tout l'or du monde dans cette circonstance. Il résolut de renouveler la proposition à son fils. Mais à peine celui-ci l'eut-il entendue : Jamais, jamais, s'écria-t-il; et sa fièvre redoubla de l'agitation qu'une idée si triste avait portée dans ses esprits.

Cependant son mal empirait tous les jours. De violentes coliques vinrent se joindre à la fièvre pour augmenter ses tourmens. On le voyait se tordre et se rouler sur son grabat en poussant des cris aigus. Alors venait son petit chien qui s'accroupissait près de lui, et le regardait d'un air pitoyable, comme s'il eût voulu lui dire : Ah! mon cher maître, que je te plains! Antoine, à son tour, le regardait avec attendrissement; et, lorsque ses douleurs lui permettaient de parler : O mon pauvre Chéri, lui disait-il, il faudra donc que je te quitte bientôt! Hélas! je t'ai sauvé la vie, et toi, tu ne peux me secourir. En disant ces mots il lui échappait un torrent de larmes, que Chéri venait lécher sur ses joues brûlantes.

Il y avait dans le voisinage un homme riche et compatissant, nommé M. d'Orfeuil, qui entendit parler de la maladie du petit garçon, et de l'indigence où se trouvait son père. Il vint aussitôt pour s'assurer par ses propres yeux de la vérité de ces récits, et pour chercher les moyens de donner des secours à ces pauvres malheureux.

Lorsque ce brave homme se présenta devant la cabane, le petit Antoine était dans l'accès le plus violent de la crise. Son père était près de lui, abandonné à une profonde désolation. Ce n'était pas la faim qui le tourmentait dont il souffrait le plus, quoiqu'il n'eût pris depuis plusieurs jours qu'une faible nourriture, à peine suffisante pour le soutenir. L'aspect des maux de son enfant l'empêchait de s'occuper des siens. Il cherchait à le consoler par ses caresses, et soutenait sur un bras sa tête défaillante, tandis que le petit chien, ayant les deux pates de devant appuyées sur le grabat, tantôt poussait des cris plaintifs, et tantôt cherchait par mille agaceries à faire tomber sur lui quelques regards de son maître.

Ce tableau touchant arrêta long-temps les regards de M. d'Orfeuil, sans qu'il pût faire un mouvement pour entrer dans la cabane. Il prit enfin sur lui de s'avancer; et il était déjà au pied du lit avant qu'on l'eût aperçu, même avant que le chien se fût détourné pour aboyer à sa rencontre; et, lorsque Antoine et son père levèrent sur lui leurs yeux étonnés, ils virent les siens déjà pleins de larmes.

O mes chers amis, s'écria M. d'Orfeuil, dans quelle triste situation je vous vois ! On m'a dit, Antoine, que tu n'étais pas en état de fournir aux frais de la maladie de ton fils. Ce n'est que depuis deux jours, lui répondit Antoine. Mon pain y avait suffi jusqu'alors ; mais à présent il ne me reste plus rien dont je puisse me priver pour mon enfant, à moins de vendre ce misérable grabat sur lequel il repose.

Le petit Antoine, à ces mots, étendit sa main tremblotante sur son chien, et laissa échapper un profond soupir.

Pauvre enfant, lui dit M. d'Orfeuil, ne sois pas en peine; je veux prendre soin de toi. Antoine, ajouta-t-il en s'adressant à son père, ta cabane est humide, et le séjour n'en vaut rien à ton fils pendant sa maladie. Veux-tu me le confier ? Je le recevrai chez moi pour le faire guérir. Si je le veux ! lui répondit Antoine en se précipitant à ses genoux. Oui, mon brave monsieur, vous nous rendez à tous deux la vie par cette charité.

M. d'Orfeuil le releva, tendit la main au petit garçon, et sortit aussitôt, sans rien dire, pour aller ordonner les premiers préparatifs. Une demi-heure après vint un domestique robuste, qui enveloppa le petit Antoine dans une bonne couverture de laine, et l'emporta sur ses bras vers la maison de M. d'Orfeuil. Son père marchait à son côté, laissant voir sur son visage un combat où l'espérance et la joie semblaient dissiper peu à peu de longues traces de tristesse. Pour le fidèle Chéri, sa contenance n'était pas équivoque. Il marchait par gambades et le nez au vent, les yeux constamment fixés sur son jeune maître, qui de temps en temps entr'ouvrait sa couverture pour le regarder.

Grâces à la générosité de M. d'Orfeuil et aux soins d'un médecin habile, la maladie du petit Antoine fut bientôt arrêtée dans ses progrès. Pendant tout ce temps Chéri lui tint fidèle compagnie. C'est en vain qu'on voulut l'engager à sortir de la chambre de son maître pour prendre un peu l'air dans les champs. Toute la cérémonie qu'il faisait pour le père d'Antoine était de l'accompagner, lorsqu'il se retirait, jusqu'à la première marche de l'escalier; puis tout-à-coup il rebroussait chemin, et rentrait précipitamment dans la chambre, en faisant mille cabrioles autour du lit.

Au bout de quinze jours, le petit Antoine fut en état de se mettre en route pour retourner auprès de son père. M. d'Orfeuil l'avait fait habiller de neuf de la tête aux pieds. Tout autre aurait eu de la peine à le reconnaître sous sa nouvelle parure; mais les yeux de Chéri ne s'y trompaient point; et l'on devine sans peine quelle fut sa joie lorsqu'il vit son maître marcher dans la campagne, et qu'il put tout à son aise caracoler autour de lui.

La première parole qui s'échappa de la bouche du vieux Antoine, en recevant son fils dans sa cabane, fut le nom de M. d'Orfeuil. O mon cher enfant, dit-il à son fils, sans ce digne homme je te perdais pour toujours. Tu vois comme il vient de nous reudre heureux. Que pourrons-nous faire pour lui témoigner notre reconnaissance ?

O mon père! j'y ai déjà pensé, mais je ne pourrais jamais vous le dire aujourd'hui ; et il détourna la tête pour cacher les pleurs qui vinrent tout-à-coup baigner ses yeux.

Il se coucha de fort bonne heure : cependant le sommeil ne descendit point sur ses paupières. Durant toute la nuit, il ne fit que s'agiter sur sa couche et soupirer.

Le lendemain, son père lui demanda quel était le moyen qu'il avait imaginé pour s'acquitter envers M. d'Orfeuil. Le pauvre petit n'eut pas la force de répondre, et il se contenta de lui montrer Chéri du bout de son doigt.

Il prit aussitôt son habit neuf, et sortit avec un effort si violent, que l'on voyait bien qu'il lui avait coûté tout son courage. Chéri le suivit. Jamais il n'avait été si fringant que ce jour-là. Il faisait des gambades et des culbutes qui attiraient les regards de tous les passans. Chacun enviait le bonheur de posséder un petit animal si gentil. Mais plus il était joyeux, et plus Antoine avait de tristesse. Hélas! lui disait-il, tu ne serais pas si réjoui si tu savais que nous allons nous séparer pour toujours. J'ai mieux aimé souffrir faute de remèdes, que de te vendre pour en avoir : on m'aurait plutôt arraché la vie. Et maintenant il faut que je te cède à un autre, si je ne veux pas être un ingrat. Ah! mon pauvre Chéri! mon pauvre Chéri!

Au milieu de ces tristes pensées il arriva devant la maison de M. d'Orfeuil : il traversa la cour, monta l'escalier; mais, lorsqu'il fut à la porte de l'appartement, le cœur lui battit si fort, qu'il eut besoin de se recueillir quelques instans pour retrouver son courage. Enfin il prit Chéri dans ses bras, et frappa doucement à la porte. A peine M. d'Orfeuil fut-il venu lui ouvrir, que l'enfant se précipita à ses pieds. O mon brave monsieur! lui dit-il en sanglotant, je vous dois la vie. Je n'ai que mon pauvre chien pour m'acquitter envers vous. Tenez, je vous l'apporte. Hélas! ce n'est pas sans regret que je vous le donne; mais vous me feriez encore plus de peine de me refuser.

M. d'Orfeuil avait un cœur tel que tous les hommes devraient l'avoir pour leur bonheur et pour celui des autres. Le discours naïf du petit garçon le fit sourire; mais il n'en fut que plus touché de la grandeur de son sacrifice, parce qu'il savait la force de son attachement. Il le prit dans ses bras, et lui dit : Non, mon cher Antoine, je ne veux point te refuser. J'accepte ton cadeau de grand cœur, et, à ce prix, je me tiens payé de tout ce que j'ai fait pour toi; mais, à présent que nous voilà quittes l'un envers l'autre, je te donne Chéri, pour le plaisir que tu viens de me causer par ta reconnaissance.

Quoi! monsieur! s'écria le petit garçon; et il ne put achever.

Oui, mon enfant, reprit M. d'Orfeuil. Je ne te demande qu'une chose, c'est de ne pas insister davantage. Va, je suis plus satisfait que tu ne peux l'être, en trouvant encore un moyen de te rendre heureux.

Antoine, qui, peu de minutes auparavant, avait été sur le point de s'évanouir de tristesse, fut près en ce moment de succomber sous l'excès de sa joie. Il regardait son bienfaiteur d'un air étonné. Il pressait tour à tour sur son cœur et sur ses lèvres la main de M. d'Orfeuil et Chéri. Il pleurait ; mais ses larmes étaient douces : c'étaient des larmes d'attendrissement et de plaisir.

M. d'Orfeuil ne s'en tint pas à ces premiers bienfaits. Il venait de vaquer un emploi dans sa maison. Il en revêtit le vieux Antoine. Pour son fils, il le fit élever avec soin, il lui donna un bon métier. Chéri vécut heureux dans la famille. Ah ! lui disait quelquefois Antoine en le caressant, c'est à toi que je dois peut-être tout mon bonheur. Il ne fit que l'aimer de plus en plus chaque jour ; et, lorsque l'on voulait parler de deux bons amis dans le village, il ne fallait pas chercher bien long-temps. Leurs noms venaient d'eux-mêmes à la bouche : c'étaient *Antoine* et *Chéri*.

LA RENTE DU CHAPEAU.

Un paysan entra un jour dans une boutique; et, mettant son chapeau sur le comptoir, il pria le marchand de lui prêter six francs sur ce gage. Me prends-tu pour un sot? lui répondit celui-ci. Je ne te prêterais pas deux sous sur une pareille guenille. Tel qu'il soit, répliqua le paysan, je ne vous le donnerais pas pour vingt écus; et j'ai pourtant bien besoin de l'argent que je vous demande. Il y a huit jours que je vendis ici du blé. Je devais en recevoir le montant aujourd'hui, et je comptais là-dessus pour payer demain ma taille, si je ne veux voir saisir mes meubles. Mais le pauvre homme qui me doit vient d'enterrer son fils. Sa femme en est malade de chagrin, et ils ne peuvent me payer que dans huit jours. Comme j'ai pris souvent de la marchandise chez vous, et que vous me connaissez pour un honnête homme, j'ai pensé que vous ne feriez pas difficulté de me prêter les six francs dont j'ai besoin. Ce n'est rien pour vous, et c'est beaucoup pour moi. En tous cas, voilà mon chapeau qui vous en répond. C'est une caution plus sûre que vous ne pensez. Le marchand ne fit que ricaner en haussant les épaules, et lui tourna le dos sans pitié.

Le comte de*** se trouvait alors par hasard dans la boutique. Il avait écouté avec attention le discours du paysan, et avait été frappé de l'air de probité que respirait sa physionomie. Il s'approcha doucement de lui; et lui mettant six francs dans la main : Voilà ce que vous demandez, mon ami, lui dit-il. Puisque vous trouvez des gens si durs, c'est moi qui aurai le plaisir de vous obliger. Il sortit brusquement à ces mots, en lançant un regard d'indignation au marchand; et son carrosse était déjà loin avant que le paysan, immobile d'étonnement et de joie, fût revenu un peu à lui-même.

Un mois après, le comte de*** traversait le Pont-Royal dans sa voiture : il entendit une voix qui criait inutilement au cocher d'arrêter. Il mit la tête à la portière, et vit sur le trottoir un homme qui courait à toutes jambes, en suivant le pas de ses chevaux. Il tira le cordon pour retenir la bride dans la main du cocher. Aussitôt l'homme s'élance à la portière, et lui dit : Excusez, je vous prie, monsieur. Je me suis mis hors d'haleine pour vous attraper. N'est-ce pas vous qui me glissâtes, il y a un mois, six francs dans la main chez un marchand? — Oui, mon ami, je m'en souviens. — Eh bien! monsieur, voici votre argent que je vous rapporte. Vous ne m'aviez pas laissé le temps de vous remercier, et encore moins de vous demander votre nom et votre adresse. Le marchand ne vous connaissait pas. Je suis venu me poster ici tous les dimanches pour voir si je vous verrais passer. Heureusement je vous trouve. Je n'aurais jamais été tranquille si je ne vous avais pas rencontré. Que Dieu vous récompense, vous et vos enfans, du service que vous m'avez rendu ! Je me félicite, lui répondit le comte, d'avoir obligé un si honnête homme; mais je vous avoue que je ne m'attendais pas à me voir rentrer cet argent. C'était un petit présent que j'avais intention de vous faire. — Je n'en savais rien, monsieur : et puis je ne reçois point d'argent que lorsque je le gagne. Je n'avais rien fait pour vous, et vous aviez assez fait pour moi de me le prêter. Daignez le reprendre, je vous en supplie. Non, mon ami; il n'appartient plus ni à vous ni à moi. Faites-moi le plaisir d'en acheter quelque chose pour vos enfans, et de leur présenter ce petit cadeau de ma part. — A la bonne heure, monsieur, j'aurais mauvaise grâce de vous refuser. — Voilà qui est fini, n'en parlons plus. Mais éclaircissez-moi une chose qui n'a pas cessé de tourmenter ma curiosité depuis l'autre jour. Par quelle confiance osiez-vous demander six francs sur votre chapeau, qui vaut à peine six sous? — C'est qu'il vaut tout pour moi, Monsieur. — Et comment donc, je vous prie, mon ami ? — Je vais vous en faire l'histoire.

Il y a quelques années que le fils unique du seigneur de notre village, en glissant sur les fossés du château, tomba sous la glace. Je travaillais près de là; j'entendis des cris, j'accourus, je me jetai tout habillé dans le trou, et j'eus le bonheur d'en retirer l'enfant, et de le porter vivant à son père,

Monseigneur ne fut pas ingrat de ce service. Il me donna quelques arpens de terre, avec une petite somme pour y bâtir une cabane, monter mon ménage, et me marier. Ce n'est pas tout, comme j'avais perdu mon chapeau dans l'eau, il posa le sien sur ma tête, en me disant qu'il aurait voulu y mettre une couronne à la place. Vous voyez à présent si je ne dois pas aimer beaucoup ce chapeau. Je ne le porte guère aux champs. Tout m'y rappelle assez la mémoire de mon bienfaiteur, quoiqu'il soit mort; mes enfans, ma femme, ma chaumière, ma terre, il n'est rien qui ne me parle de lui. Mais, lorsque je viens à la ville, j'y porte toujours mon chapeau, pour avoir sur moi quelque chose de son souvenir. Je suis fâché seulement qu'il commence à s'user. Voyez-vous? il s'en va; mais, tant qu'il restera un morceau, il sera toujours sans prix à mes yeux.

Le comte avait été vivement attendri de ce récit. Il prit son portefeuille, en tira une lettre, et, donnant l'enveloppe au paysan : Tenez, mon ami, lui dit-il, je suis obligé de vous quitter; mais voici mon adresse. Faites-moi le plaisir de venir me voir dimanche au matin.

Le paysan ne manqua point au rendez-vous. Aussitôt qu'il fut annoncé, le comte courut au-devant de lui; et, le prenant par la main, il lui dit : Mon cher ami, vous ne m'avez point sauvé un fils unique; mais vous m'avez rendu un service, c'est de me faire aimer davantage les hommes, en me prouvant qu'il est encore des cœurs pleins d'honnêteté et de reconnaissance. Puisque les chapeaux figurent avec tant d'honneur sur votre tête, en voici un. Je ne demande point que vous quittiez celui de votre bienfaiteur. Seulement, lorsqu'il ne vous sera plus possible de le porter, je vous demande la survivance pour le mien ; et, chaque année, à pareil jour, vous en trouverez ici un autre pour le remplacer.

Cette fondation n'était qu'un honnête prétexte dont se servait le comte pour ménager la fierté du paysan. Il savait trop bien qu'on ne doit chercher qu'à élever les sentimens de ceux qu'on oblige. Après avoir gagné son cœur par cette première liaison, il prit assez d'empire sur lui pour avoir le droit de répandre l'aisance dans sa famille, que des malheurs avaient presque ruinée; et il eut la joie de la voir presque aussi heureuse de sa reconnaissance qu'il l'était lui-même de ses bienfaits.

LA PREMIÈRE ÉPREUVE DU COURAGE.

Mme DULIS.

Il me tarde bien de savoir lequel de mes deux enfans va montrer aujourd'hui le plus de courage lorsque M. Jourdain arrivera.

MARCELLIN.

Quoi, maman! est-ce qu'il doit venir?

Mme DULIS.

Je l'attends.

LAURETTE.

Celui qui arracha l'autre jour une dent à mon papa?

Mme DULIS.

Oui, ma fille, c'est un fort habile dentiste. Je l'ai fait prier de passer ici ce matin pour visiter votre bouche.

MARCELLIN.

C'est apparemment pour ma sœur; car, pour moi, j'espère bien qu'il ne m'arrachera pas de dents.

LAURETTE.

Ni à moi non plus.

Mme DULIS.

Je crois cependant, mes amis, qu'il sera obligé de vous en ôter à l'un et à l'autre. Vous en avez une toute branlante, Laurette. Et vous, Marcellin, je vous en ai vu deux qui s'embarrassent. Il faut jeter à bas la plus avancée.

MARCELLIN.

Que me dites-vous, maman? Je n'en ai pas trop, je vous assure.

Mme DULIS.

C'est à M. Jourdain à le décider.

LAURETTE.

Mais cela me fera mal?

Mme DULIS.

Je le crains, ma chère amie. Il ne faut pourtant pas t'effrayer. L'opération est bientôt faite; et, quand elle serait douloureuse, il est de toute nécessité qu'elle se fasse.

LAURETTE.

Je ne vois pas de nécessité à ce qu'on me fasse du mal, maman. Je ne m'en soucie pas du tout.

Mme DULIS.

Je le crois. Personne au monde ne s'en soucie. Mais, lorsqu'il est pour nous d'un grand avantage de souffrir une douleur passagère, il serait ridicule de ne pas s'y résigner tranquillement.

MARCELLIN.

Oh! je tiendrai ma bouche si fermée que M. Jourdain sera bien fin s'il y regarde.

Mme DULIS.

Je vous conseille, monsieur, de prendre un ton moins leste et plus sensé. Vous fermerez votre bouche; voilà un grand effort de raison. Voulez-vous que je vous regarde comme un lâche qui ne sait pas supporter la plus légère douleur? Je serais bien honteuse, à votre place, qu'un étranger n'eût que cette opinion à prendre de moi.

MARCELLIN.

Je serais honteux aussi, maman, mais....

Mme DULIS.

Ecoute-moi, mon fils. Crois-tu qu'il n'en coûte pas beaucoup à mon cœur de te voir souffrir? Lorsque tu étais si malade, n'as-tu pas observé que j'en avais perdu le sommeil et l'appétit, et que j'étais encore plus tourmentée que toi-même? Tu peux donc penser que, si je me décide à te faire supporter une opération douloureuse, je dois avoir un motif fort pressant; et ce motif, le voici. Je serais au désespoir que mes enfans eussent les dents de travers dans leur jeunesse, et qu'on fût obligé de les arracher ensuite dans un temps où il ne leur en viendrait plus de nouvelles. Cet intérêt est bien vif pour une mère qui vous aime; mais il me semble que pour vous il doit l'être encore davantage, puisqu'il vous touche de plus près. Il ne s'agit pas moins que d'avoir pour le reste de la vie une bouche difforme, ou de l'avoir bien ornée. Laurette, comprends-tu ce que je viens de dire à ton frère?

LAURETTE.

Oui, maman. Mais combien de mal cela me ferait-il?

Mme DULIS.

Je ne puis te dire précisément le mal que cela te ferait. Ce que je sais, c'est qu'il ne tiendra qu'à toi de le rendre beaucoup plus supportable. Veux-tu que je t'en apprenne le moyen?

LAURETTE.

Si je le veux, maman; oh! je t'en prie.

Mme DULIS.

C'est de ne pas faire une résistance inutile, et de laisser de bonne grâce opérer M. Jourdain. Ton frère parlait de tenir sa bouche fermée. Si tu voulais t'aviser de fermer aussi la tienne, penses-tu que

M. Jourdain ne viendrait pas à bout de l'ouvrir? Tu peux être sûre d'avance que plus tu ferais de contorsions, et plus il serait obligé de te faire de mal. Si les plaintes et les larmes pouvaient adoucir la douleur, quoiqu'elles soient des marques de faiblesse, elles auraient encore une excuse; mais, lorsqu'elles ne servent à rien du tout, et qu'elles peuvent rendre le mal plus sensible, il me semble que c'est une grande honte et une extrême folie que de s'abandonner à de pareilles lâchetés.

MARCELIN.

Eh bien! maman, voyons. Dis-nous comment il faut nous comporter.

Mme DULIS.

Rien de plus facile. Je ne vous demande que de rester tranquillement assis une minute, et tout sera fini. Vous étiez l'autre jour dans l'antichambre de votre papa lorsqu'on lui ôta une dent. Je vous fis entrer un instant après : l'entendîtes-vous se plaindre?

LAURETTE.

C'est que mon papa a cent fois plus de force que nous.

Mme DULIS.

Il est vrai; mais aussi sa dent tenait cent fois plus fortement que les vôtres. Un grand chêne est bien plus difficile à déraciner qu'un chêne tout petit.

MARCELLIN.

Quel plaisir prend donc ce monsieur Jourdain à vous démantibuler les mâchoires?

Mme DULIS.

Ce n'est pas son plaisir, c'est son état, et c'est un état fort utile, puisqu'il a pour objet de nous épargner des souffrances cruelles.

MARCELLIN.

Mais, puisqu'on le paie pour arracher des dents, plus il en arrache et plus il gagne. S'il allait me les arracher toutes, les unes après les autres ?

Mme DULIS.

Il gagnerait bien d'avantage à te laisser même les mauvaises; car alors tu serais souvent obligé d'avoir recours à lui, soit pour les nettoyer, soit pour les tenir en ordre; au lieu qu'avec un peu d'attention chaque jour, tu n'auras peut-être jamais plus besoin qu'il y touche. Vois si, par mes propres soins, je n'ai pas su conserver les miennes.

LAURETTE.

Est-ce qu'on t'en a arraché lorsque tu étais aussi petite que moi ?

Mme DULIS.

Sans doute. J'avais une mère qui veillait tendrement sur tout ce qui pouvait m'intéresser. Elle me parla comme je vous parle aujourd'hui.

LAURETTE.

Tu t'en souviens donc. Crias-tu beaucoup ?

Mme DULIS.

Non, ma fille; je puis me rendre cette justice.

LAURETTE.

Et comment fis-tu pour t'en empêcher ?

Mme DULIS.

Je compris tout de suite que mes lamentations ne serviraient qu'à désoler ma mère, à me faire passer dans l'esprit du dentiste pour une petite fille sans courage, et à me rendre ainsi méprisable à moi-même.

MARCELLIN.

Eh bien! maman, j'espère que je ne pleurerai pas.

Mme DULIS.

Je suis persuadée que, si tu en prends la résolution, tu sauras la soutenir, en te souvenant que tu dois être homme un jour.

LAURETTE.

Mais moi qui ne dois être qu'une femme?

Mme DULIS.

Les femmes n'ont pas moins besoin de constance pour supporter la douleur. Peut-être même la faiblesse de leur constitution demande-t-elle un plus haut degré de courage et de patience. Afin de retrouver cette force dans les grands maux de la vie, il faut l'avoir mise à l'épreuve dans les plus petits. J'ai pris soin de vous endurcir de bonne heure contre les accidens ordinaires à votre âge, tels que les meurtrissures, les chutes et les entorses. Il est temps de vous endurcir de même contre des douleurs plus aiguës. Au reste, je ne crois pas que dans cette occasion vous ayez beaucoup à souffrir. Vos dents ne sont pas assez affermies pour qu'il soit nécessaire d'employer un grand effort à les détacher. C'est comme un brin d'herbe menue qui ne tient à la terre que par de faibles racines, et qu'on enlève sans les endommager. J'ai cru devoir vous parler de la douleur de cette opération, telle qu'elle puisse être, de crainte que, si vous la trouviez plus vive que vous ne vous y seriez attendus, vous n'eussiez le droit de m'accuser d'avoir voulu vous tromper.

LAURETTE.

Tu sais bien que je me fie toujours à toi.

MARCELLIN.

Maman, je te connais; je n'ai plus de peur à présent.

Mme DULIS.

Je suis enchantée de vous avoir inspiré de la confiance, et de vous trouver si raisonnables. Aussi ne veux-je pas vous traiter comme ces faibles enfans à qui l'on promet des biscuits ou des joujoux pour une dent inutile dont on les débarrasse. Je vous réserve une récompense plus digne de vous et de moi : le plus courageux et le plus ferme aura le plus tendre baiser.

MARCELLIN.

Tu verras, maman, que j'en mérite deux.

LAURETTE.

Va, je n'en aurai pas moins que toi, mon frère.

MARCELLIN.

Eh bien ! nous verrons. Monsieur Jourdain peut maintenant venir quand il lui plaira.

L'INCONSTANT.

Zéphirin de Saint-Léger était né avec une mémoire facile, un esprit vif et pénétrant, une imagination souple, active et féconde. La fortune semblait promettre de couronner de si belles espérances, en lui donnant des parens dont le plus tendre désir était de cultiver, dans leur fils, les heureuses dispositions qu'il tenait de la nature. Une promptitude extrême à saisir les élémens des premières connaissances l'avait avancé de très-bonne heure, et il brûlait déjà de joindre des talens agréables à son instruction.

Un jour qu'il était allé voir un de ses camarades, il le trouva occupé à dessiner une tête romaine, dont le grand caractère le frappa vivement. A mesure que son ami en formait les traits sur son dessin, Zéphirin les sentait s'animer dans son imagination. La vue de quelques morceaux du même genre, dont le cabinet était tapissé, acheva de le pénétrer d'un enthousiasme tel que Raphaël dut le sentir la première fois qu'on lui donna des crayons.

Il revint en courant au logis; et, ayant rencontré son père sur l'escalier, il se jeta à son cou, en le priant de redescendre pour aller tout de suite lui chercher un maître de dessin. Son père, enchanté de l'ardeur qu'il témoignait, se rendit sans peine à ses instances. Ils allèrent ensemble chez le plus célèbre. Zéphirin aurait bien voulu que le maître eût abandonné tous ses élèves pour ne s'occuper que de lui seul depuis le matin jusqu'au soir. Comme il ne put le décider à ce sacrifice, il insista du moins pour que la leçon fût de deux grandes heures par jour. Il ne pouvait concevoir comment on n'employait pas chaque instant de sa vie entière à cultiver un art si plein de génie.

Son maître ne devait venir que le lendemain. Je ne vous dirai pas combien il avait tracé de figures avant la fin de la soirée. Tous ses cahiers étaient déjà couverts de têtes de caractère. Vous lui pardonnerez sans doute de n'y avoir pas mis du premier coup cette correction qui décèle une longue pratique. Il y avait, par exemple, un grand œil pour répondre à un petit. Le nez partait quelquefois du milieu du front, et l'oreille venait écouter la bouche, ou la bouche allait mordre l'oreille à travers la rondeur de la joue : mais, à ces petits défauts près, son trait avait toute la pureté qu'on pouvait en attendre.

Il avait préparé lui-même un cahier énorme du plus grand papier qu'on eût trouvé dans la ville. Bientôt cet espace se trouva trop étroit pour loger le nombre d'yeux, d'oreilles, de bras et de jambes, qu'il figurait sous la direction de son maître. L'hôtel des Invalides y aurait trouvé d'excellens modèles pour se remonter de tous les membres qui manquent à ses respectables habitans. Son impatience naturelle était peu contrariée par la monotonie de ces premières études, auxquelles on le tenait rigoureusement asservi dans ses leçons, pour assurer sa main. Aussi, dès qu'il était seul, s'affranchissait-il de la lenteur de cette marche, en cherchant déjà dans ses idées à former de grands tableaux. On venait de recrépir les murs du grenier : il imagina d'y retracer l'histoire romaine, dont il avait achevé la lecture. En effet, au bout de huit jours, il y eut charbonné une très-belle suite de tribuns, de bustes, de consuls, de dictateurs en pied, d'empereurs à cheval ; et je ne doute pas que si les noms eussent été sous les figures, pour les rendre tout-à-fait ressemblantes, un antiquaire n'eût trouvé le secret de composer sur cette galerie une foule de mémoires fort intéressans.

Il se proposait de tracer dans le même esprit les progrès de l'histoire de notre monarchie, lorsqu'il trouva un jour son ouvrage effacé par les domestiques, qui prétendaient que ces héros romains faisaient peur aux chats, et n'intimidaient point les souris. Cette infortune avait un peu ralenti son penchant : le dépit de se voir encore si loin de son ami, qu'ils s'étaient flatté de surpasser dès les premières tentatives, aliéna encore plus son goût. Il craignit bientôt de salir ses doigts avec son crayon, et d'ébrécher son canif à le tailler. Son maître, qui avait eu d'abord tant de peine à modérer son ardeur, en éprouvait maintenant bien davantage à la faire renaître. En vain il lui racontait les effets merveilleux de la peinture, et les anecdotes intéressantes de la vie des grands artistes. Il lui avait amené un jeune élève qui revenait de Rome, pour l'entretenir des superbes tableaux qu'il avait étudiés en Italie. Celui-ci, en exprimant son admiration, employait des mots italiens, selon qu'ils lui semblaient plus prompts ou plus heureux pour rendre sa pensée. Ces sons nouveaux pour l'oreille de Zéphirin l'eurent à peine frappé, qu'il jugea tout de suite qu'il était bien plus agréable de parler une langue vivante que de faire des têtes, qui, tout expressives qu'elles fussent, ne parleraient jamais. Il courut faire part de cette réflexion à son père, qui le vit, avec peine, renoncer à un talent agréable qu'il avait désiré avec tant de passion; mais il ne voulut point contrarier ce nouveau goût; et, le jour d'après, Zéphirin eût un maître de lange italienne pour remplacer le maître de dessin.

Je lui dois publiquement cette justice, que ses progrès furent, dans les premiers jours, aussi soutenus que sa constance. Toutes les difficultés de la grammaire cédaient à la facilité de sa pénétration. Il raffolait d'un langage si plein de douceur et d'harmonie. On l'entendait sans cesse le parler à tous les gens de la maison, sans s'inquiéter s'ils pourraient le comprendre. Il appelait *vostra signora* la cuisinière, et *Cor mio* le portier. La traduction italienne de Télémaque commençait à lui devenir presque aussi familière que l'original. En cherchant un livre plus difficile dans la bibliothèque de son papa, Don Quichotte espagnol lui tomba sous la main. Don Quichotte! l'ami de ses premières lectures! Oh! quel plaisir de pouvoir goûter les admirables proverbes de son naïf écuyer, assaisonnés de tout le sel de leur langue naturelle! Les graves discours de Mentor valaient-ils les plaisantes reparties de Sancho? Et Calypso, abandonnée par Ulysse, malgré les plaisirs de son île enchantée, pouvait-elle inspirer autant d'intérêt que l'incomparable Dulcinée, pour qui son amant allait conquérir des royaumes? Cette entreprise demandait du courage. Il fallait sans cesse batailler contre des mots inconnus, comme le chevalier de la Triste-Figure contre les troupeaux et les moulins. Il se tira cependant avec autant de gloire que lui de cette première campagne. Mais, vous le dirais-je? avant la seconde sortie du héros de la Manche, Zéphirin était déjà sorti de l'espagnol pour entrer dans l'anglais, qu'il abandonna bientôt pour l'allemand; en sorte qu'au bout de l'année il parlait déjà quatre langues vivantes, mais si peu de chacune, et les mêlant de telle façon dans ses discours, qu'il aurait fallu lui composer un auditoire de députés de ces quatre nations, pour s'interpréter l'un à l'autre ce que chacun aurait pu saisir par lambeaux dans le décousu de ses périodes.

L'adresse dans les exercices du corps semble prêter un nouveau charme à la culture de l'esprit; et les connaissances les plus étendues ne peuvent, aux yeux de la société, faire pardonner les gaucheries. Zéphirin en avait fait une épreuve assez désagréable. On avait donné un petit bal le jour de la fête de son papa, où, malgré son érudition, il avait brouillé toutes les danses. Il voulut s'instruire à y figurer suivant les principes de l'art. Mais à peine commençait-on à lui montrer les pas du menuet, que les entrechats lui tournèrent la tête. Ce qu'il désirait le plus vivement d'apprendre dans chaque leçon était précisément ce qu'on ne devait pas encore lui enseigner. Toujours avide de ce qu'il ignorait, et mécontent de ce qu'il avait appris, rien ne pouvait s'arranger dans sa mémoire. Il s'avisait quelquefois de vouloir faire des *chassés* dans les rondes. Un rigodon ne lui coûtait rien à figurer pour un pas grave, ni un balancé quand il était question du moulinet ; et il n'avait jamais besoin que le violon changeât d'air pour commencer à lui seul un *pot-pourri ;* ce qui le rendait insupportable aux jeunes demoiselles.

Pour se remettre un peu dans leur esprit, il mit dans le sien d'apprendre la musique, afin de pouvoir les accompagner dans leurs chants, ou à leur clavecin. Mais par quel instrument commencer ? A l'en croire, rien n'était si aisé que de s'exercer sur tous à la fois. Néanmoins son père ne jugea pas à propos d'en risquer l'épreuve, et ne lui laissa que la liberté de choisir. Au milieu de ses incertitudes il crut devoir prendre par forme d'essai le violon ; et il ne se décida pour la flûte que six mois après, lorsqu'il commençait passablement à connaître son manche, et à manier légèrement son archet.

Cependant l'instabilité de ses idées et l'inconstance de ses goûts donnaient de vives alarmes à son père, quoique l'aveuglement d'un cœur paternel ne lui fit attribuer ces défauts qu'à la seule jeunesse de son fils. Dans la vue d'en avancer plus promptement la maturité, par l'observation et l'expérience, il résolut de lui faire visiter une partie de l'Europe. Zéphirin ne demandait pas mieux que de se déplacer. Les relations des voyageurs avaient toujours été sa lecture favorite; et son imagination l'avait mille fois transporté dans les contrées qu'ils avaient parcourues. Le récit que je lui avais fait, à mon retour d'Angleterre, de l'accueil gracieux que j'y avais reçu; les tableaux que je me plaisais, par reconnaissance, à lui retracer de ce pays célèbre par sa culture, ses fabriques et son commerce, où l'on jouit du spectacle si touchant de voir toutes les vertus royales et humaines assises sur le trône, avec la beauté, la jeunesse et les grâces à l'entour; les lettres que je lui offrais pour mes dignes amis, madame de la Fite, MM. de Luc, Wilk et Hutton, et la famille de Burney * si favorisée de la nature, par la

---

* On ne sera peut-être pas fâché d'apprendre que la maison habitée autrefois par Newton, et dans laquelle on voit encore son observatoire, est occupée aujourd'hui par miss Burney, auteur d'*Évélina* et de *Cecilia*. Cette demeure semble être le temple du génie, d'où, après nous avoir éclairés

réunion des qualités aimables et des grands talens; enfin les vœux ardens qu'il m'entendait former pour voir cette nation et la nôtre, unies aujourd'hui par la paix, ajouter à ces nœuds une étroite alliance, pour s'enrichir mutuellement par un libre échange de leurs productions et de leurs lumières, et forcer au repos, par l'image de leur bonheur autant que par la terreur de leurs forces, le reste de la terre : toutes ces peintures et ces sentimens enflammant son enthousiasme naturel, lui firent désirer de commencer par cette île fameuse le cours de ses voyages; et ce fut une joie difficile à vous exprimer qu'il vit arriver le moment fixé pour son départ, sous la conduite d'un gouverneur aussi sage que plein de dévouement pour sa famille.

Il faudrait avoir parcouru ces belles routes du comté de Kent, semées de jolis villages, et bordées de terres en riche culture ou de jardins délicieux, pour se former une idée de l'impression que cette vue produisit sur notre jeune voyageur. La rapidité de ses pensées ne pouvait suffire à tout ce qui le frappait dans cette succession de tableaux intéres-

---

sur les mystères des grands mouvemens de l'univers, il revient, après cent ans, nous éclairer d'une aussi vive lumière sur les mouvemens les plus profonds du cœur humain.

M. le docteur Burney, père de miss Burney, est connu dans toute l'Europe savante par une excellente *Histoire de la Musique ancienne et moderne*, où les agrémens du style et l'intérêt des anecdotes se trouvent réunis à des idées ingénieuses et à des vues utiles.

sans. Le noble spectacle du travail et de l'industrie élevait son esprit autant que les douces images de l'aisance et de la fertilité attendrissaient son âme. Une extase continue le conduisit jusqu'aux portes de Londres, où il entra vers la nuit, pour jouir d'un coup d'œil encore plus ravissant pour son âge, dans le concours nombreux du peuple, la largeur imposante des rues, et l'éclat de leur illumination. Il employa les premiers jours après son arrivée à parcourir les différens quartiers de cette ville superbe. La magnificence des places publiques qui l'embellisent à l'une de ses extrémités; la multitude innombrable de vaisseaux rassemblés à l'autre, sur la rivière majestueuse dont elle est baignée; la masse fière des ponts qui la traversent, pour aboutir à des dehors d'un aspect enchanteur; dans l'intérieur, la décoration brillante des boutiques, ces larges trottoirs, où vous rencontrez toujours en foule autour de vous les deux objets les plus intéressans de la nature animée, de beaux enfans et de belles femmes parés de la fraîcheur et de la propreté d'un habillement simple, mais élégant; quelles sensations toutes ces beautés réunies durent produire, dans leur premier effet, sur une âme ardente et facile à s'exalter, puisqu'elles ont été pendant plus d'un an le sujet continuel de mon admiration, et qu'elles se représentent encore sous des couleurs si vives à mon souvenir!

Leur impression ne fut pas de si longue durée sur Zéphirin. Son avide curiosité une fois satisfaite, il n'éprouva plus que la de langueur et de la satiété. Son gouverneur s'en aperçut, et lui proposa de visiter les endroits les plus remarquables des provinces. Zéphirin, dans l'excès de sa joie, ne lui répondit qu'en le pressant d'envoyer arrêter des chevaux de poste pour le lendemain.

Je ne les suivrai point dans toute l'étendue de leur course, de peur de vous fatiguer. Je ne m'arrêterai un instant avec eux qu'à Richemond et à Windsor, parce que ces deux noms seront un jour précieux à votre mémoire, par les vers admirables qu'ils inspirèrent à deux grands poètes (Thomson et Pope) qui les ont célébrés. Ils ont encore un charme de plus pour la mienne, en me rappelant un bon roi, l'ami éclairé de toutes les sciences et de tous les arts, qui a formé les rians jardins du premier de ces beaux lieux, et une reine auguste, qui passe la plus grande partie de l'année dans le second, occupée à couronner par sa tendresse la félicité de son époux, et à mériter, par ses soins maternels, par ses vertus et sa bienfaisance, les adorations de ses enfans et de tout un peuple qui sait apprécier le bonheur de la posséder.

Des tableaux aussi intéressans que ceux qui avaient tant charmé Zéphirin dès son arrivée, se retraçaient bien toujours devant lui : partout il retrouvait des objets aussi dignes de remplir son esprit que de captiver ses regards ; mais il était dans son génie de ne désirer jamais que ce qui était hors de sa portée, et de ne se plaire que dans les lieux dont il était éloigné. Ce qui l'occupait le plus vivement en Angleterre était, ainsi qu'il s'extasiait à la nommer, la céleste Italie. Il n'avait cherché que le Capitole au milieu de la Tour de Londres : il poursuivait maintenant la Calabre dans le comté de Cornouailles. Son gouverneur avait épuisé toutes sortes de moyens pour le guérir de cette inquiétude : il craignit bientôt que son élève ne gagnât à ces remèdes que la consomption, et il appuya ses instances auprès de son père pour obtenir la permisssion de courir après cette Italie, le dernier terme de ses vœux, comme autrefois de ceux des Troyens fugitifs.

A l'exception de la traversée du Pas-de-Calais, toutes les courses de Zéphirin s'étaient faites sur la Terre-Ferme, il y avait près de deux mois qu'il arpentait les grands chemins. C'en était assez pour que les voyages ne lui présentassent plus d'agrémens que dans la navigation. Son gouverneur fondant quelques espérances sur cette épreuve pour dompter un peu son caractère, feignit de trouver autant de raison que lui dans cette nouvelle fantaisie, et ils s'embarquèrent ensemble sur un vaisseau qui faisait voile vers la Toscane.

Zéphirin passa le premier jour sur le tillac, sans pouvoir détacher ses yeux de la mer, dont les vagues mollement agitées semblaient venir se jouer autour de son navire. Le lendemain il était encore si fier à ses propres yeux d'avoir osé tenter cette expédition, que l'orgueil de son courage le soutint assez bien contre les premières surprises de l'ennui.

Mais dès le troisième jour, et le profond ravissement où l'avaient plongé les beautés de la mer, et son enthousiasme de lui-même, l'abandonnèrent. Il ne sentit que les dégoûts de son entreprise; il appelait la terre de tous les cris de son cœur. Malheureusement elle se trouvait alors trop éloignée pour se prêter à son caprice; et ceux de l'Océan, un peu plus respectables que les siens, étaient les seuls dont s'occupaient les matelots. Il lui fallut donc prendre patience, ou plutôt s'impatienter de toutes les manières, jusqu'au débarquement.

Heureux pouvoir de l'imagination, qui, dans les doux prestiges de l'espérance, nous dérobe le souvenir de nos maux! Zéphirin oublia tous les siens sur le rivage. Il venait enfin de l'aborder, cette contrée fameuse, trésor de toutes les richesses de la nature et des arts. Après deux jours de repos à Livourne, il partit pour Florence. Il savait que la superbe galerie de cette ville y prolongeait involontairement le séjour des voyageurs. On lui montrait des curieux qu'elle retenait depuis six mois, en dépit des belles résolutions qu'ils formaient chaque jour de s'en arracher. Une telle conduite ne lui parut pas si étrange au premier coup-d'œil qu'il jeta sur cette superbe collection de chefs-d'œuvre. Peut-être même aurait-il conservé cette opinion jusqu'au bout de la galerie, sans l'image qui vint tout-à-coup s'offrir à son esprit, de Saint-Pierre de Rome et de la bibliothèque du Vatican. Ces deux objets le tourmentèrent toute la journée, en s'agrandissant sans mesure dans sa tête. Afin de savoir au juste à quoi s'en tenir sur leurs dimensions, il pressa, dès le soir, son gouverneur d'aller les vérifier eux-mêmes. Qu'on ne me parle point de ses observateurs éternels, auxquels un siècle pourrait à peine suffire pour l'examen de chaque merveille. Zéphirin, au bout de trois jours, était sûr de n'avoir laissé rien échapper de tout ce qu'il y a de remarquable dans l'ancienne capitale du monde ; encore avait-il trouvé dans les intervalles le temps d'arranger fort proprement sa valise pour Naples, où il brûlait de se rendre. Ce n'était point cependant les beautés particulières de cette ville qui tentaient le plus vivement sa curiosité. Il avait traversé tant de cités magnifiques depuis quelque temps ; mais toutes celles qu'il avait vues jusqu'alors étaient élevées sur le niveau de la terre. Herculanum et Pompéia se trouvaient au contraire ensevelies dans ses entrailles. Des villes souterraines étaient désormais les seules qui pussent l'intéresser. La fécondité romanesque de son imagination lui faisait arranger de mille manières l'événement terrible qui les avait réduites à cet état. Il fut surpris, en y descendant, de s'être passionné pour un amas de ruines et de décombres ; car il n'y vit alors rien de plus, malgré les beaux restes que le temps en a conservés. Un autre aurait au moins trouvé quelque consolation, en admirant à Naples un des plus beaux ports de l'Europe. Mais Zéphirin ne pouvait le voir sans lui opposer aussitôt dans sa pensée les ports d'Amsterdam, de Bordeaux et de

Constantinople, à qui l'éloignement faisait prendre l'avantage dans ses comparaisons. Quant à cette montagne brûlante qui domine la ville, et qui ajoute tant d'intérêt à sa situation pittoresque, en la menaçant sans cesse de la couvrir des cendres et des feux qu'elle vomit, n'était-il pas reconnu, de l'aveu de tous les voyageurs, que l'Etna l'emporte de beaucoup sur le Vésuve? Et les suites désastreuses de sa dernière éruption ne réunissaient-elles pas sur lui seul tous les sentimens divers d'admiration et d'effroi qu'un volcan peut exciter? Ainsi dans cette belle contrée qu'il avait si vivement désiré de parcourir, Zéphirin n'avait plus qu'une seule ville dont l'aspect pût le dédommager des fatigues de son voyage. C'était la singulière Venise, s'élevant du sein des lagunes avec ses cinq cents ponts, ses canaux et ses gondoles. Il est vrai que, pour y parvenir, il lui fallait traverser l'Italie dans presque toute sa longueur; mais son imagination, dont l'audace aplanissait tous les obstacles, le servait aussi bien par sa mobilité pour rapprocher toutes les distances; et il ne prit que le temps de faire son paquet pour fixer le moment de se mettre en route vers l'état vénitien.

Je crains, mes chers amis, que vous n'ayez peut-être déjà soupçonné son gouverneur d'une lâche complaisance, en le voyant céder avec tant de faiblesse à toutes les boutades de son élève. Je me vois réduit, pour le justifier, à vous révéler ici un secret de famille, dans la confiance que je prends en votre discrétion.

Pendant tout le cours de ses voyages, Zéphirin avait écrit régulièrement à son père, et celui-ci avait toujours remarqué que ses lettres étaient pleines d'expressions de goût au sujet des lieux d'où elles étaient datées, et d'enthousiasme pour ceux qu'il était prêt à visiter. De cette manière, il était clair que chaque pays, après lui avoir présenté de loin des espérances agréables, ne lui avait offert, pendant le séjour, que des sujets de mécontentement et d'ennui. Ces observations, jointes à celles qui venaient de la part du gouverneur, et qui en confirmaient la justesse, ainsi que vous seriez prêts sans doute à le témoigner vous-même d'après ce que vous venez de lire, lui donnèrent à juger que son fils n'était pas d'un caractère ou dans une disposition propre à lui faire recueillir un grand fruit de ses voyages. Cependant il ne voulait point, en le rappelant brusquement auprès de sa personne, lui fournir le prétexte de se plaindre un jour que ce rappel eût fait manquer l'objet d'instruction qu'on s'était proposé. Seulement il avait recommandé au gouverneur de ne point contrarier les caprices de son fils, qui tendaient à le ramener dans sa patrie. C'est ainsi que Zéphirin, après avoir vu, en courant, Venise, Turin, la Suisse et la Hollande, toujours avec la même précipitation et la même légèreté, n'aspirait plus, par un nouveau trait d'inconstance, qu'à retourner auprès de ses foyers avant le temps qu'il avait demandé lui-même pour ses courses.

Un père est toujours père. C'est assez vous dire

combien celui de Zéphirin s'émut en le revoyant. Mais pourquoi n'ai-je pas à vous peindre ces transports, cette ivresse d'un cœur paternel, au moment où lui est rendu un enfant digne de sa plus vive tendresse? Pourquoi n'ai-je pas à vous les représenter dans les bras l'un de l'autre, muets de ravissement, et se baignant de leurs larmes confondues, le père orgueilleux des nouvelles perfections qu'il reconnaît dans son fils, celui-ci tout fier de les étaler devant les yeux de son père, comme un gage de reconnaissance pour son amour? Que j'aurais été heureux de vous offrir cette scène touchante, même avec le regret d'en affaiblir la peinture! Et pour vos parens et pour vous, quelle source d'émotions délicieuses d'y trouver l'expression naïve des sentimens dont vous êtes mutuellement pénétrés! Il ne tenait qu'à Zéphirin de nous procurer à tous ce bonheur, en profitant mieux des soins prodigués à ses premières années. Que lui aurait-il manqué dans son éducation pour cultiver ses talens et perfectionner ses connaissances, s'il avait eu le courage de chercher à vaincre l'inquiétude de son caractère, et de s'assujétir à une application plus constante et plus soutenue? Au lieu de ce goût volage qui, le portant d'études en études, le forçait de dévorer les difficultés attachées à leurs principes, sans lui laisser jamais le temps de sentir dans aucune le charme de ses progrès; au lieu de ces illusions mensongères, qui ne décoraient si magnifiquement à ses yeux les objets éloignés que pour lui représenter les objets présens sous des couleurs plus sombres; au lieu de ces mécontentemens et de ces dégoûts qu'il devait éprouver sans cesse, en ne voyant de près que sous des traits affaiblis les images qu'il s'était exagérées dans la perspective, quelle foule de plaisirs purs et de jouissances délicieuses auraient pu remplir son esprit et son cœur! Sans parler de cette satisfaction si douce, qu'un enfant bien né goûte à surpasser les espérances de sa famille, ne considérons que la félicité personnelle qui aurait été son partage, puisque aussi bien le sentiment le plus profond et le plus constant de la nature en eût fait la félicité suprême pour son père.

Vous l'avez vu, dès l'enfance, également avide d'instruction et de talens aimables, se livrer à leur poursuite avec une ardeur effrénée, et croyant tout emporter du premier effort, après avoir lutté courageusement contre les difficultés les plus décourageantes, leur céder au moment où il était près d'en triompher. Aidé de ses dispositions naturelles, soutenu par les éloges de ses parens, avec un peu plus d'empire sur lui-même, il aurait successivement acquis tout ce qui pouvait contribuer à répandre le charme le plus doux sur le reste de la vie. Sa raison mûrie de bonne heure par l'étude, et le goût qu'il aurait pris à des délassemens agréables, auraient préservé sa jeunesse des inquiétudes qui la tourmentent, et des ennuis qui la dévorent dans sa fleur. Les principes qu'il se serait formés sur les beaux-arts, joints à l'habitude de les cultiver, ne lui auraient laissé rien voir avec indifférence dans ses voyages. Les chefs-d'œuvre de tout genre étalés à ses regards, en satisfaisant sa curiosité, lui auraient donné de nouvelles lumières. Son esprit aurait pris plus d'étendue en voyant un plus grand nombre d'objets, plus de justesse en étudiant leurs différences et leurs rapports; une connaissance plus profonde des hommes en observant leurs mœurs et leurs caractères en diverses contrées. Accueilli par les étrangers, si flattés de l'empressement qu'un jeune homme instruit de leur langage témoigne à visiter leur patrie, son passage dans chaque pays lui aurait attiré les prévenances les plus flatteuses et les égards les plus touchans. Admis en des sociétés distinguées, il y aurait puisé cette politesse insinuante et ces manières affables qui, par leur réunion à des qualités essentielles, désarment l'envie, et savent concilier le tendre intérêt de la bienveillance avec le respect de la considération. Il ne serait rentré dans sa patrie qu'en laissant partout sur ses traces des regrets de son éloignement, en faisant naître dans le cœur de tous ses amis la joie la plus vive de son retour, et dans celui de ses parens les espérances les mieux fondées sur sa fortune.

Combien Zéphirin se trouvait alors éloigné de cette position brillante, où semblait devoir le porter si naturellement sa destinée ! Dans toutes les villes qu'il avait parcourues à tire-d'ailes, il n'avait eu de relation qu'avec les hôtes chez lesquels il était allé se reposer un moment des fatigues de son vol. Ses concitoyens n'avaient rien à se promettre des faibles connaissances qu'il avait recueillies; son père voyait toujours ses vues trompées; et ses amis?... mais son inconstance lui avait-elle jamais permis de s'en attacher? Zéphirin n'avait point d'amis. Le malheureux! que je le plains, en songeant, ô mon cher Garat! que ce fut dans un âge aussi tendre que se forma entre nous cette amitié qui ne s'est jamais altérée un seul instant, et qui nous porterait aujourd'hui, comme dans la première chaleur de sa naissance, à confondre nos fortunes et nos vies, pour les partager par une égale moitié! Que j'aime à me les rappeler, ces doux momens de notre jeunesse, où les mêmes goûts et les mêmes sentimens rapprochaient nos cœurs par tous les points qui pouvaient les unir! avec quelle rapidité s'écoulaient les journées entre nos confidences et nos études! Point de plaisirs ou de peines qui ne fussent communs à tous les deux. Voisins à la ville, voisins à la campagne, pendant huit années il ne fut presque pas un seul jour où le besoin d'être ensemble ne nous portât l'un vers l'autre. Combien de larmes nous coûta notre séparation! En te précédant dans la capitale, avec quelle ardeur t'y appelaient mes vœux! et quelle fut, au bout de trois ans, la joie que nous éprouvâmes à nous réunir! Aujourd'hui, dans nos entretiens, si quelques circonstances nous ramènent à ces charmantes promenades que nous faisions si souvent le long d'une belle rivière, à ces hautes collines, où un Gessner, un Thomson, un Saint-Lambert à la main, nous jouissions à la fois de tous les charmes de l'amitié, de la poésie et de la nature, quelle douceur de nous retrouver toujours dans les mêmes sentimens, et de nous reposer sur la ferme confiance qu'ils ne s'éteindront que dans notre tombe!

O vous, mes jeunes lecteurs! devant qui mon âme vient de se répandre, vous me pardonnerez cet épanchemet que je n'ai pu retenir! Ah! si vous aviez un ami comme le mien! si vous l'aimiez, si vous en étiez aimé comme moi! Et puis, n'ai-je pas quelques droits à vous parler de ce qui m'intéresse? Serait-ce en vain que vous auriez attaché à ma personne le titre sous lequel je vous ai présenté cet ouvrage? Non, rien de ce qui peut toucher l'un de nous ne saurait désormais être indifférent à l'autre. Nous sommes unis par des nœuds qui ne seraient rompus de votre part ou de la mienne que par une ingratitude bien coupable. Si les soins que je prends de former votre esprit et votre cœur ont quelque prix à vos yeux, ne vous dois-je pas à mon tour la plus tendre reconnaissance? Des bergers, des amans plaintifs avaient bien jusqu'ici peuplé ma retraite; mais à ces objets touchans vous en êtes venu joindre de plus intéressans encore. Grâces à vous, je ne vois rien que de frais et de riant dans la nature. Que je me plais à m'entourer de vos douces physionomies, où se peignent, avec une expression si gracieuse, la gaîté, l'innocence et la candeur! C'est vous que mon imagination rassemble sans cesse à mes côtés. C'est de votre bouche que je recueille ces traits naïfs qui font sourire, et ces sentimens tendres et généreux qui font couler vos larmes ou qui impriment à vos jeunes pensées un caractère de noblesse et d'élévation. Venez, que je vous présente à la patrie, lui portant chacun dans vos mains une fleur d'espérance. Son attente ne sera point trompée. Non, vous ne serez pas méchans comme ces hommes dont j'ai lu l'histoire. Ils n'avaient pas eu d'ami pour les mener au bien par la voie du plaisir; et vous en avez un qui fait de ce devoir tout le bonheur de sa vie. Souvenez-vous donc toujours de lui; mais, pour vous en souvenir comme il le désire, que sa mémoire se lie à vos vertus. Il me semble déjà la recevoir cette récompense flatteuse. Je vous entends aujourd'hui répéter mon nom dans vos jeux, je vous entends dans l'avenir l'apprendre à vos enfans assis sur vos genoux, et je vous vois caresser vos petits-fils qui viennent vous le bégayer dans votre vieillesse.

LA FLATTERIE.

Mme DE LAURENCÉ, DELPHINE, sa fille.

DELPHINE.

O ma chère maman! embrassez-moi bien vite pour la bonne nouvelle que je viens vous annoncer.

Mme DE LAURENCÉ.

Qu'est-ce donc, ma fille?

DELPHINE.

C'est la connaissance la plus agréable du monde que je vous procure. Une demoiselle charmante, Léonor de Tourneil. Elle doit venir tout à l'heure.

Mme DE LAURENCÉ.

Ici? J'avais pensé que, pour être admise en ma maison, c'était à moi qu'il fallait s'adresser la première.

DELPHINE.

Il est bien vrai, maman; mais j'étais si sûre du plaisir que vous auriez de la voir dans votre société, que j'ai cru pouvoir, dans cette circonstance, passer un peu sur l'étiquette.

Mme DE LAURENCÉ.

Est-ce le nom que vous donnez à votre devoir. Je connais bien à ce trait votre légèreté ordinaire; mais je ne reconnais point dans le procédé de cette demoiselle la réserve d'une jeune personne que vous désirez avoir pour amie. Il me semble qu'elle aurait dû attendre mon aveu.

DELPHINE.

Oh! c'est qu'elle était si impatiente de vous offrir son hommage! vous ne savez pas tout ce qu'elle pense d'avantageux sur votre compte.

Mme DE LAURENCÉ.

Comment peut-elle me connaître? Je ne l'ai vue qu'une fois, dans une visite de cérémonie que j'ai rendue à sa mère.

DELPHINE.

Eh bien, il ne lui en a pas fallu davantage pour vous apprécier. Elle m'a fait un portrait de vous si brillant, que j'en ai senti encore plus d'orgueil d'être votre fille.

Mme DE LAURENCÉ.

Et sans doute qu'avec ce talent de peindre, elle vous aura fait aussi le tableau de vos perfections?

DELPHINE.

Je ne sais, mais vous ne sauriez imaginer combien de choses heureuses elle a démêlées dans mon caractère, que je n'y avais pas encore vues moi-même.

Mme DE LAURENCÉ.

Et que vous y voyez apparemment aujourd'hui?

DELPHINE.

C'est que c'est si frappant! si frappant!

Mme DE LAURENCÉ.

Vous me feriez craindre que, dans le dénombrement de vos qualités, elle n'eût oublié la modestie.

DELPHINE.

Vous pensez badiner peut-être? et cependant elle était presque tentée de m'en faire un reproche. Elle est pourtant convenue à la fin qu'elle m'était plus nécessaire qu'à une autre, pour me faire pardonner mes talens.

Mme DE LAURENCÉ.

Je n'ai qu'à vous féliciter sur toutes ces belles découvertes.

DELPHINE.

Mais, maman, elle a rencontré si juste pour vous! Il faut bien qu'elle ne se trompe pas de beaucoup sur moi-même! Oh! c'est une charmante demoiselle!

Mme DE LAURENCÉ.

Je ne m'étonne plus que vous en soyez si entichée.

DELPHINE.

Le moyen de ne pas l'aimer! Elle est d'une humeur si gracieuse! Vous n'entendez jamais sortir que des paroles obligeantes de sa bouche.

Mme DE LAURENCÉ.

Avez-vous eu souvent occasion de la voir?

DELPHINE.

Deux fois seulement, chez les demoiselles de Lassy. Elle a beaucoup d'amitié pour elles; mais elles ne me paraissent pas y répondre avec assez de reconnaissance. Leur trouvez-vous infiniment de pénétration, à ces demoiselles? Depuis quatre ans que je les vois, elles n'ont pas eu le secret de me connaître aussi bien que mademoiselle de Tourneil au bout de trois jours.

Mme DE LAURENCÉ.

Et comment avez-vous fait cette remarque?

DELPHINE.

C'est qu'elles ont imaginé quelquefois me surprendre de petits défauts dont je me flatte cependant d'être exempte. Je les croirais un peu envieuses.

Mme DE LAURENCÉ.

Il m'arrive assez souvent de prendre à votre égard la même liberté. Vous me supposez donc aussi jalouse de votre mérite.

DELPHINE.

Oh ! c'est bien différent ! Vous ne m'en parlez, vous, que par amitié, et pour me rendre plus parfaite. Mais...

Mme DE LAURENCÉ.

Pourquoi ne prêteriez-vous pas des intentions aussi tendres à vos amies ? Sans avoir un si vif intérêt que votre famille à vous voir acquérir des vertus, ne doivent-elles pas le désirer très-ardemment, afin que les nœuds qui vous unissent dès votre enfance puissent se resserrer de plus en plus pendant le cours de votre vie entière ? D'ailleurs je les connais assez pour être sûre que, dans leurs observations et dans leurs conseils, elles ont gardé tous les ménagemens que se doivent de bonnes amies.

DELPHINE.

C'est qu'elles n'avaient que des bagatelles à me reprocher.

Mme DE LAURENCÉ.

Votre amour-propre est très-ingénieux à prendre le change sur leur délicatesse ; et je n'y vois que plus de raison de désirer que vous sachiez mettre un plus grand prix à leur attachement. Je suis persuadée que personne au monde, après vos parens, n'est plus digne d'occuper une place distinguée dans votre cœur.

DELPHINE.

Oh! je suis bien sûre que mademoiselle de Tourneil a déjà pour moi autant d'amitié. Mais j'entends du bruit dans l'antichambre. C'est elle! c'est elle! Que je suis contente! Vous l'allez voir.

Mlle DE TOURNEIL *s'avance d'un air hypocrite.*

Daignez me pardonner, madame, si j'ai pris la liberté de m'introduire auprès de vous sans en avoir obtenu votre agrément. Mais dans toutes mes sociétés j'ai entendu parler de vos vertus avec tant d'éloges, que je n'ai pu résister au désir de vous apporter le tribut de mes respects. Je ne suis plus surprise que mademoiselle votre fille possède déjà des qualités si brillantes.

DELPHINE, *bas à l'oreille de sa mère.*

Eh bien, maman?

Mme DE LAURENCÉ.

Voilà un compliment fort bien arrangé, mademoiselle. Il est vrai qu'il nous toucherait davantage de la part d'une personne d'un âge plus mûr pour nous juger, et qui serait plus à portée de nous connaître, surtout si elle avait la délicatesse de nous l'exprimer par ses égards pour nous, au lieu de venir nous le débiter cavalièrement.

Mlle DE TOURNEIL, *un peu confuse.*

Comment se refuser à peindre ce que vous inspirez aussitôt qu'on a le bonheur de vous voir? Ah! si j'étais fille d'une mère aussi respectable!

M.me DE LAURENCÉ.

Croyez-vous, mademoiselle que ce vœu soit fort respectueux pour votre maman ?

M.lle DE TOURNEIL.

C'est que je ne sais de quelle manière vous exprimer mon admiration. J'ai beau chercher de toutes parts, je ne trouve pas de femmes qui puissent vous être comparées. Et mademoiselle de Laurencé, quelle jeune personne de son âge oserait le lui disputer pour les grâces, le talent et l'esprit ? Je ne suis point sujette à me prévenir, même en faveur de ceux que j'estime. Par exemple, j'ai de l'amitié pour mesdemoiselles de Lassy, et je voudrais pouvoir m'aveugler sur leurs défauts ; mais comme elles sont gauches, froides et pincées auprès d'elle !

M.me DE LAURENCÉ.

Vous oubliez sans doute qu'elles sont amies de ma fille, et que cette peinture, qui leur convient si peu, doit nous offenser. On m'a d'ailleurs rapporté que vous les aviez mille fois accablées de louanges les plus pompeuses sur leurs agrémens.

DELPHINE.

Il est vrai, maman, je ne la reconnais plus. Hier encore elle leur faisait toutes sortes de caresses.

M.me DE LAURENCÉ.

Je vois bien que ce n'est pas une raison pour que mademoiselle les traite aussi favorablement hors de leur présence.

M.lle DE TOURNEIL.

On n'aime pas dire aux gens des vérités désagréables. On ne se permet de parler de leurs défauts qu'à ses véritables amies.

Mme DE LAURENCÉ.

J'ignore si ma fille doit faire un grand cas de cette distinction ; mais je craindrais fort à sa place de devenir à mon tour le sujet d'une pareille confidence de votre part à quelques autres de vos véritables amies, car sûrement vous ne devez pas en manquer de cette espèce.

Mlle DE TOURNEIL.

Quelle idée avez-vous donc de moi, madame ? J'aime trop sincèrement mademoiselle Delphine.

Mme DE LAURENCÉ.

Eh bien ! puisqu'il est question de sincérité, mademoiselle, je vous dirai que, n'étant point prévenue de votre visite, et n'ayant aucun droit de l'attendre, j'avais destiné cette soirée à m'entretenir avec ma fille sur plusieurs points importans de son éducation. Je crois ne devoir pas différer un moment de plus ce que j'ai à lui dire sur le danger d'une folle crédulité, aussi bien que sur l'indignité d'une basse flatterie ; et je craindrais que de tels sujets n'eussent de quoi vous déplaire. Quand nous serons parvenus l'une et l'autre au point de perfection qu'il vous a plu de nous supposer, nous croirons pouvoir sans péril recevoir vos éloges ; alors j'aurai l'honneur de vous en faire avertir. Mille complimens, je vous prie, à madame votre mère.

Mlle DE TOURNEIL, *en se retirant d'un air confondu.*

Votre servante, madame.

DELPHINE.

O maman, comme vous l'avez reçue!

Mme DE LAURENCÉ.

Lui dois-je des égards lorsqu'elle ose venir nous insulter dans notre maison?

DELPHINE.

Nous insulter, maman?

Mme DE LAURENCÉ.

N'est-ce pas un outrage que de se jouer de nous? et n'est-ce pas s'en jouer avec la dernière effronterie, que de nous prodiguer les louanges les plus fausses et les plus ridicules? Pensez-vous qu'elle vous croie dans son cœur un prodige de grâce et de talens, comme elle n'a pas rougi de vous appeler en face? N'avait-elle pas tenu le même langage à mesdemoiselles de Lassy, et n'avez-vous pas entendu comme elle les a traitées? N'avez-vous pas entendu par quelle adulation dénaturée elle voulait m'exalter aux dépens de sa mère? Je ne sais comment, à ce trait de bassesse, je ne l'ai pas chassée avec tout le mépris et toute l'indignation qu'elle m'inspirait.

DELPHINE.

Ce serait un caractère bien affreux!

Mme DE LAURENCÉ.

C'est celui des tous les flatteurs, ces lâches qui osent prétendre à dominer, quand leur petitesse rempante les ravale au dernier rang des hommes.

DELPHINE.

Quoi! vous pensez que mademoiselle de Tourneil aspirait à me dominer?

Mme DE LAURENCÉ.

Votre inexpérience vous empêchait d'apercevoir ses artifices tout grossiers qu'ils étaient. Mais, en s'insinuant dans votre esprit par des louanges mensongères, quelles étaient ses vues? d'en usurper l'empire, en vous soumettant au besoin de ses flatteries. Pour régner plus impérieusement sur vous, en vous asservissant tout entière, ne voulait-elle pas bannir de votre cœur deux jeunes personnes estimables, soit par les ridicules dont elle les flétrissait à vos yeux, soit par le soupçon d'une secrète jalousie des perfections chimériques dont elle vous décorait? Parvenue au point de vous enivrer ainsi de vous-même, qui sait si elle ne vous eût pas portée à rompre le frein de tous vos devoirs, en vous représentant mes avis comme des reproches injustes, les inquiétudes de ma tendresse comme une humeur atrabilaire, et mon autorité comme une tyrannie? Que seriez-vous alors devenue, abandonnée de vos amis et de vos parens?

DELPHINE, *se jetant dans les bras de sa mère.*

O ma digne maman! je le reconnais, sans toi j'étais perdue. Ouvre moi ton sein, presse-moi sur ton cœur, de quel péril tu viens de me sauver!

Mme DE LAURENCÉ, *l'embrassant avec transport.*

Oui, ma chère fille, nous voilà pour jamais rendues l'une à l'autre. Je t'ai vue surprise de me voir sortir tout à l'heure de mon caractère en parlant à mademoiselle de Tourneil avec tant de sécheresse et de dureté : mais tu sais que tout mon bonheur est en toi, juge si j'ai dû frémir de le voir si près d'être empoisonné par ses séductions envenimées. Tu ne peux imaginer encore quelle est la triste condition d'une femme gâté dès sa jeunesse par la flatterie. En entrant dans le monde avec des prétentions que rien ne peut soutenir, et une opinion démesurée d'elle-même que personne ne partage, combien d'amertumes il lui faut dévorer! Ces hommages qu'elle s'attendait à recueillir, plus son orgueil les commande, plus elle se les voit refuser avec la risée du dédain. Si, dans la présomption qui l'aveugle, un rayon passager de sa raison vient l'éclairer par intervalles sur elle-même, quelle honte de se trouver dépourvue des qualités qu'elle croyait posséder, et quels remords d'avoir perdu le temps de les acquérir! Où prendrait-elle désormais ses titres aux louanges publiques, à l'amour de son époux et aux respects de sa famille? Pour s'étourdir sur les reproches intérieurs qui la déchirent, ainsi que sur le sentiment importun de sa nullité, elle ne peut souffrir autour d'elle que de vils flatteurs, pareils à ceux qui l'ont égarée; et pour comble d'ignominie, en les méprisant, elle se sent digne de leurs mépris. Aigrie par toutes ces humiliations, elle trouve encore un nouveau supplice dans le mérite d'un autre. Il la tourmenterait même dans ses propres enfans. Elle ne distingue que ceux qu'elle instruit le plus servilement à caresser sa folie, condamnée au crime de les corrompre pour les aimer.

DELPHINE.

Ah! je vous en conjure, détournez de moi ce tableau, il m'inspire trop d'horreur.

Mme DE LAURENCÉ.

Eh bien! pour reposer tes regards sur de riantes images, peins-toi une jeune femme parée de cette modestie qui donne tant de grâces et de cette défiance de ses moyens de plaire qui leur prête un charme si intéressant. Tous, jusqu'aux flatteurs, la respectent; tous aiment à lui sourire, jusqu'aux envieux. Avec le talent de se distinguer en faisant valoir ses rivales, elle acquiert l'empire le plus sûr et le plus doux. On croit la voir paraître tous les jours nouvelle, parce que la bienveillance qu'elle inspire se plait à rechercher ses moindres agrémens. Aidée des conseils délicats de ses amis, elle s'en fait de nouveau chérir comme leur ouvrage. Les hommages qu'on lui adresse de tous côtés rehaussent le prix de sa possession aux yeux de son époux, empressé de se rendre plus digne de sa tendresse par la constance et l'ardeur de ses soins. Ses enfans, nourris de ses vertus, n'iront point chercher d'autres modèles. L'épreuve de ses succès personnels la rendra plus propre à diriger leur éducation. Elle saura les mettre en état de goûter le bonheur dont elle jouit. Plus contente chaque jour d'elle-même et de tout ce qui l'entoure, elle coulera la vie la plus heureuse dans ses beaux jours, et se ménagera, pour un âge plus avancé, l'estime et la reconnaissance d'une société fidèle, dont elle aura fait si long-temps les délices?

DELPHINE.

O ma chère maman! faites de moi cette femme heureuse! Oui, je saurai me défier de la flatterie la plus adroite; et, si mon amour-propre venait jamais à s'aveugler, j'irai lui chercher des lumières dans votre prudence et dans votre amour.

COUPLET

CHANTÉ PAR CAROLINE A SA MAMAN LE JOUR DE SA FÊTE.

Air de Florine : *Ce fut par la faute du sort.*

Deux jeunes plantes, en ce jour
Que leur rend si cher la nature,
Voudraient bien payer ton amour
Des soins donnés à leur culture.
Pauline est déjà fleur, dit-on,
Je ne suis pas encore éclose;
Mais ne faut-il pas un bouton
Pour donner du prix à la rose?

RÉPONSE BADINE (1)

A UNE LETTRE ITALIENNE DE MA PETITE AMIE CAROLINE.

La vostra lettera, mia cara Carolinetta, arrivata della gioiosa Francia nella pensosa Inghliterra, m'ha procurata una grandissima gioia colla ricordanza della vostra amicizia;

E anhè, perchè scrivete come Cicerone, che scrisse delle ingegnose lettere, benchè, comparate alle vostre, sarrebbe possibile ch'arrossisse l'oratore celebre delle differenze.

Tutti eli scritti di giovani spiriti, pinei di sentimenti puri, di gentili pensieri, hanni nei tempi tutti recati gratissimi piaceri.

Ho provato grandissimo gusto, vedendo vestro progresso dovuto allo bravissimo vestro maestro. Sono, sarò, vivendo, morendo, morto, umilissimo vestro servo, devotissimo vestro amico.

TURLUTUTU.

A. E. I. O. U.

---

(1) Dans un entretien que j'ai eu sur les langues, avec des Anglais fort instruits, je soutenais qu'il était possible d'écrire en italien une page entière, dont chaque phrase ne serait composée que de mots d'une même terminaison. Je répondis au défi qu'on m'en donna par cette plaisanterie, où j'ai de plus observé de suivre l'ordre des voyelles.

LA CAVERNE DE CASTLE-TOWN.

RÉCIT D'UN VOYAGEUR.

Je m'étais éloigné de cent soixante et dix milles de Londres. J'avais franchi plusieurs montagnes, traversé plusieurs vallées, lorsqu'enfin je me vis près du terme de mon voyage, en metant le pied dans cette partie de l'Angleterre qu'on nomme le comté de Derby.

Les montagnes qui me restaient à gravir devenaient plus roides et plus escarpées. Derrière elles j'en découvrais de plus hautes encore, dont la croupe, dépouillée d'arbres, n'est couverte que de bruyères et de gazon, en sorte que d'un assez grand éloignement j'avais déjà distingué les troupeaux qui paissaient sur leur pente.

Parvenu au sommet de l'une de ses montagnes, j'aperçus tout-à-coup à mes pieds une vallée charmante, entrecoupée de ruisseaux, et de tous côtés enfermée par de hautes collines. C'est au fond de cette vallée qu'est situé Castle-Town, petite ville, dont les habitations paraissaient annoncer la misère.

Un chemin étroit, qui serpente sur le penchant de la montagne, me conduisit au fond de la vallée, jusque dans une rue de Castle-Town. Je m'arrêtai un moment dans une auberge pour m'y rafraîchir; et je pris le chemin de la caverne, guidé vers son entrée par un petit ruisseau qui va la border en passant, après avoir traversé la ville.

Je suspendais de temps en temps mes pas pour me livrer aux sentimens qu'excitait en moi la singularité du spectacle dont j'étais frappé. Entre deux bosquets de la plus belle verdure, je voyais monter jusqu'aux nues un rocher énorme, portant sur sa pointe les tours en ruine d'un antique château. A ses pieds s'ouvrait une vaste caverne, qui ne présentait qu'un gouffre de ténèbres, en y jetant la vue d'un endroit éclairé par le soleil brillant du midi.

Je vis paraître dans cette ouverture un homme qui me demanda si je voulais y descendre. Je le suivis. Le chemin s'inclinait par une pente peu rapide; et le jour qui venait de l'entrée se perdait par degrés dans une clarté sombre, semblable à celle du crépuscule d'une soirée d'automne.

Lorsque nous nous fûmes avancés de quelques pas, je fus bien surpris de voir à ma droite, sous la voûte immense du rocher, un village souterrain. C'était un jour de fête. Les habitans joyeux se délassaient de leurs travaux de la veille, assis avec leurs enfans devant la porte de leurs chaumières. Je devinai leurs occupations à la vue des grandes roues dispersées de tous les côtés. C'est à fabriquer des cordages que ce peuple ténébreux gagne sa misérable subsistance.

A mesure que nous allions plus avant, l'ouverture qui laissait parvenir jusqu'à nous la lumière affaiblie du jour semblait de plus en plus se rétrécir. Elle ne parut bientôt que sous la forme d'une large crevasse, et les rayons qui la traversaient teignaient de sombres couleurs la fumée que je voyais encore au loin derrière moi s'élever des cabanes du village.

L'obscurité gagnait rapidement à chaque pas. Enfin les ténèbres et la voûte du rocher s'abaissèrent presque entièrement autour de nous.

Mon guide, qui me devançait, ouvrit alors une petite porte. D'une cabane creusée dans le roc, il sortit une vieille femme avec des flambeaux qu'elle nous présenta. Chacun prit le sien, et nous continuâmes notre marche, forcés de nous tenir profondément courbés pendant un assez long espace de chemin. Mais quel fut mon étonnement, lorsqu'au bout de ce passage resserré je vis tout-à-coup la caverne s'élargir autour de moi, et la voûte s'élever à une hauteur où la lueur de nos flambeaux ne pouvait atteindre. Je traversai en silence cette vaste étendue, comme un voyageur égaré sous un ciel ténébreux. J'arrivai sur le bord d'une pièce d'eau assez large, dont les ondes taciturnes, éclairées de nos pâles flambeaux, rendaient une réverbération plus affreuse que les ténèbres. Une petite nacelle était attachée au rivage. Mon guide m'y fit descendre; et s'étant plongé dans l'eau jusqu'à la ceinture, il fit passer sur son épaule la corde qui retenait la nacelle, et se mit à la traîner après lui.

Le calme de l'empire des morts régnait autour de nous. A mesure que j'avançais, je voyais devant moi s'abaisser peu à peu le rocher comme un nuage obscur qui descendait lentement sur la terre. Le guide me cria de m'étendre sur le dos. J'étais depuis un moment dans cette posture, lorsque je me trouvai sous une partie de la voûte si basse, que, tout couché que j'étais au fond de la nacelle, à peine pouvais-je tenir le flambeau debout à mon côté. Enseveli sous cette espèce de tombe, j'avoue que les idées de l'Achéron et du fatal nocher commençaient à me paraître moins fabuleuses. Il me semblait, comme dans un songe, que j'allais aborder le sombre séjour du Tartare, condamné, par un destin nouveau, à porter moi-même ma torche funéraire. Heureusement ces tristes illusions ne furent pas de longue durée. Le détroit fut bientôt franchi ; et j'allai débarquer bien vivant sur la rivage opposé.

La voûte suspendüe sur nos têtes nous offrit encore dans notre marche les mêmes irrégularités, tantôt s'élevant à une hauteur prodigieuse, et tantôt s'abaissant tout-à-coup comme pour nous fermer le chemin. J'apercevais tout autour de moi une quantité de plantes et de petits animaux pétrifiés ; mais la crainte d'user nos flambeaux me fit perdre l'envie que j'aurais eue, dans toute autre circonstance, de m'arrêter quelque temps à les considérer.

Une seconde pièce d'eau qui vint à se présenter devant nous me fit croire que nous étions parvenus au terme de notre voyage, parce que je ne voyais point de bateau pour la traverser. Elle était moins large que la première. On pouvait aisément distinguer l'autre bord. Mon guide me prit sur ses épaules, et m'y porta sans accident.

Un peu plus loin nous trouvâmes un petit ruisseau, dont le courant se dirigeait le long du chemin qu'il nous fallait suivre. Ce chemin était humide, glissant et devenait quelquefois si étroit, que nous pouvions à peine avancer nos pieds l'un devant l'autre. Malgré de pareils désagrémens, je suivis avec plaisir le cours de l'eau souterraine. Tous les objets que je pouvais découvrir dans cet empire des ténèbres me paraissaient avoir quelque chose de merveilleux. Mon esprit s'égarait dans un chaos de rêveries agréables, lorsqu'un murmure harmonieux vint retentir de loin à mon oreille.

Je fis arrêter mon guide pour lui demander d'où venaient ces sons, que mon imagination préoccupée me faisait trouver si flatteurs. Il me répondit que j'allais bientôt m'en éclaircir moi-même. A chaque pas, ce que ce murmure avait de confus et de vague dans le lointain semblait peu à peu se démêler. Je distinguai bientôt un bruissement sourd pareil à celui que produisent des gouttes de pluie. Ce n'était effectivement qu'une faible cascade, dont les eaux divisées dans leur chute tombaient en épaisse rosée, et dont le bruit prolongé d'échos en échos sous la voûte silencieuse formait, par le mélange et la dégradation de ces retentissemens, une suite de sons pleins d'harmonie. Je voyais déjà ces gouttes étinceler en diamans à la lueur des flambeaux, mais je n'osais m'en approcher de trop près, dans la crainte, de voir éteindre nos lumières, et d'être réduits à chercher, peut-être inutilement, nos traces au sein d'une profonde obscurité.

De distance en distance, je remarquais dans les parois du rocher de larges ouvertures qui conduisaient sans doute à de nouvelles cavernes. J'y avançais un moment la tête, avec le regret de ne pouvoir les parcourir. Mon guide, pour me ménager une surprise agréable, me dit de fermer les yeux et de m'abandonner à sa conduite. Je lui donnai mon flambeau, et je le suivis aveuglément en le tenant par son habit. Il m'arrêta tout-à-coup. Mes paupières s'ouvrirent. Je me trouvai comme dans un temple auguste, dont la nef, irrégulièrement suspendue sur d'énormes colonnes, avait la beauté fière des grands ouvrages de la nature. Je ne pus m'empêcher de tomber à genoux pour adorer la majesté de l'Éternel dans ce temple souterrain qu'il semblait s'être élevé lui-même.

Je sortis avec regret de mon extase pour continuer notre route, qui ne devait pas être longue. Le fidèle ruisseau nous conduisit à l'extrémité de la caverne, où le rocher s'abaisse pour la derrière fois. La voûte se confond avec les eaux, et ferme si étroitement le passage, que le voyageur le plus intrépide ne peut franchir les bornes qu'elle prescrit en cet endroit à sa curiosité.

Nous revenions déjà sur nos pas, et j'imaginais

que c'était pour suivre au retour le même chemin que nous avions parcouru ; mais je vis bientôt mon guide se détourner à sa gauche, par une des ouvertures latérales du rocher Il me prévint que j'éprouverais une grande fatigue dans cette nouvelle marche, et qu'il fallait me résoudre à ramper, pendant une certaine étendue, sous un rocher qui venait presque s'unir au sol. Comme il me trouva ferme dans le projet de le suivre, il m'avertit de prendre bien garde à mon flambeau.

Il nous fallut marcher assez long-temps des pieds et des mains sur un sable humide, et quelquefois le passage était si rétréci, que nous pouvions à peine y faire glisser notre corps. En me relevant de cette pénible attitude, je vis subitement une colline escarpée, dont la cime semblait se perdre comme un nuage entre les bords obscurs des rochers qui la surmontent. Sa pente était si glissante par son humidité, que je retombais sans cesse à chaque pas que je faisais pour y gravir. Mon guide, plus adroit à cet exercice, me prit par la main, et me fit réussir à grimper sur le sommet. Je frémissais à l'aspect des grandes profondeurs qui m'entouraient de tous les côtés. Il me dit de m'asseoir, et me pria de l'attendre. Il partit aussitôt, me laissant dans cette solitude. Je le voyais descendre rapidement la colline. Bientôt mes yeux le perdirent. Tout-à-coup je vis reparaître, non lui, mais son flambeau, qui brillait comme une étincelle dans un abîme ténébreux.

Après m'avoir laissé jouir un moment de ce coup

d'œil, mon guide revint. Je descendis avec lui dans cette même profondeur, où il venait de se perdre à mes regards. Il remonta la colline, et par une ouverture du rocher, il fit reluire son flambeau, tandis que j'éloignais le mien. Ce fut pour moi comme si dans la nuit la plus obscure je voyais une seule étoile étinceler à travers l'étroit écartement de deux sombres nuages.

Cette partie n'offrant plus de nouveaux objets à ma curiosité, nous reprîmes notre voie rampante pour revenir vers le petit ruisseau, et remonter sur nos premières traces le long de ses bords. Je revis avec le même saisissement le temple sauvage, j'entendis avec la même volupté le murmure harmonieux de la cascade; mais je repassai avec moins de terreur sous la voûte que j'avais prise pour mon tombeau. Je me regardais comme Thésée, revenant victorieux de son expédition dans les enfers. Et quelle fut ma joie lorsqu'en rendant à l'antique sibylle les restes de ses flambeaux, qu'elle éteignit, je découvris enfin la faible clarté du jour! comme je le bénis après une si longue obscurité!

Je m'avançais joyeux dans un mélange imposant d'ombre et de lumière. Je voyais à chaque pas le voile des ténèbres s'éclaircir. L'ouverture de la caverne, en agrandissant, me représentait l'aurore ouvrant les portes brillantes du matin. J'arrivai sur l'horizon comme dans un nouveau monde, où le soleil m'attendait au fond de l'occident, entouré de nuages de pourpre et d'or, pour contraster, par un spectacle pompeux, les sombres tableaux qui se retraçaient encore dans ma mémoire.

LES JEUNES EPOUX.

IDYLLE.

Heureux qui, loin d'un monde imposteur et bruyant,
Domptant des passions la discorde importune,
A suivre en paix les goûts de son cœur innocent,
  Borne sa modeste fortune !
L'air calme du matin rafraîchit son réveil ;
Le jour coule pour lui d'une pente insensible :
  Au retour d'un travail paisible ;
La nuit vient l'enivrer des pavots du sommeil.
Il boit par tous ses sens une volupté pure ;
Rien n'offre un vain spectacle à ses yeux enchantés ;
Du cercle des saisons les diverses beautés
Dans un nouvel éclat lui peignent la nature.

 Mais quel attrait plus doux se mêle à son bonheur,
Lorsqu'il en fait jouir une femme chérie !
Quand il voit à l'envi la tendresse et l'honneur
  Embellir le cours de sa vie !
O Daphné, ma Daphné, depuis cet heureux jour
Où l'hymen par ses nœuds joignit nos destinées ,
  Le temps, moissonneur des années,
Ne fait de ses larcins qu'enrichir notre amour.
Nos cœurs, toujours unis du concert le plus tendre,
Sont pareils à deux voix qui, du sein des vallons,

S'élèvent dans les airs en accordant leurs sons :
Le passant arrêté s'oublie à les entendre.

Jamais mon œil timide a-t-il peint un désir
Qu'après un doux combat n'ait comblé ta tendresse?
Mon cœur a-t-il jamais goûté quelque plaisir
  Dont le tien n'augmentât l'ivresse?
Quel chagrin dans tes bras peut long-temps m'agiter?
Du jour, que ta présence embellit cet asile,
  Tous les plaisirs, d'un vol docile,
Planent autour de nous pour ne plus nous quitter.
Sur nos devoirs sacrés l'amour et l'innocence
Versent à chaque instant mille charmes nouveaux.
Une commune ardeur anime nos travaux,
Et les faveurs des dieux en sont la récompense.

Apprends-moi donc pourquoi, depuis quelques saisons,
De plus brillantes fleurs le printemps se couronne,
Que je cueille en été de plus jaune moissons,
  Des fruits plus vermeils dans l'automne?
Et quand de noirs frimats l'hiver couvre nos champs,
Assis à ton côté, près d'un feu qui pétille,
  Sur notre naissante famille
Quel plaisir de tourner nos entretiens touchans!
Un voile nébuleux nous dérobe l'aurore,
Plus d'oiseaux ni de fleurs; mais je suis près de toi,
Je le sens bien alors, ton cœur est tout pour moi :
Quels biens me sont ravis, quand tu m'aimes encore?

Et vous, et vous aussi, chers et tendres enfans,
Vous, dont les traits naïfs me peignent son image,
De quel sort fortuné vos aimables penchans
  Nous offrent déjà le présage!
Les premiers sons qu'un jour Daphné sur ses genoux
Vous fit balbutier d'une voix faible et tendre,

Il me semble encore l'entendre !
Ce fut pour m'appeler d'un nom, d'un nom si doux !
Croissez, enfans chéris, hâtez votre jeunesse.
Par vos jeux innocens vous charmez nos beaux jours ;
Gardez-nous le tableau de nos chastes amours,
Pour ranimer nos feux dans la froide vieillesse.
　　Lorsqu'au déclin du jour, à mon retour des champs,
Rassemblés pour m'attendre au seuil de la chaumière,
Vous m'appelez de loin, et par vos cris touchans,
　　　　Vous m'annoncez à votre mère ;
Lorsque d'un bond joyeux, suspendus à mes bras,
Chacun vous disputant ma première caresse,
　　　　Avec une vive allégresse
Au-devant de Daphné vous entraînez mes pas :
Oh ! que dans vos transports nos cœurs goûtent de charmes !
Des pleurs, ô ma Daphné ! viennent mouiller nos yeux ;
Mais tendrement pressés d'un baiser amoureux,
Quel plaisir nous sentons à confondre ces larmes !

　　Ainsi chantait Iphis, aux premiers feux du jour ;
Daphné, pour le surprendre avait suivi sa trace,
Sur chacun de ses bras balançant avec grâce,
Un enfant sous les traits dont on nous peint l'Amour.
Il aperçoit, vers lui, joyeuse elle s'empresse :
Tu viens de m'éveiller au doux bruit de tes chants ;
　　　　Moi, je viens, avec tes enfans,
T'offrir tous les objets qu'à chantés ta tendresse.
Tous les trois, à ces mots, les pressant sur son cœur,
Il veut parler, sa voix sur ses lèvres expire.
Restez, heureux époux, dans ce trouble enchanteur ;
La vertu de l'amour ennoblit le délire,
L'amour sans la vertu perdrait tout son bonheur.

LE PAYSAN

BIENFAITEUR DE SON PAYS.

M. DE SOLIS, dégoûté de bonne heure du séjour de la ville, venait d'acheter une petite maison de campagne, dans laquelle il se proposait de passer des jours paisibles en les partageant entre l'étude et l'exercice de la bienfaisance. Son caractère, naturellement enclin à la mélancolie, lui faisait aimer les promenades solitaires. Il avait déjà parcouru les environs de sa demeure. Ses pas errans le conduisirent un jour dans une petite vallée, dont le seul aspect était bien propre à flatter la disposition de son cœur. Entourée de hautes collines, dont le penchant présentait, dans une agréable variété, des vignobles, des cabanes, des jardins et des bosquets, elle semblait être l'asile du bonheur champêtre. Le silence de cette retraite n'était interrompu que par le bruit sourd d'un torrent, qui, précipitant ses eaux du haut d'un rocher, les faisait rayonner des couleurs brillantes de l'arc-en-ciel, quand le soleil, dans une certaine élévation, les frappait de ses feux. Son écume se répandait comme une nappe argentée autour du bassin creusé par sa chûte. Il se divisait ensuite en plusieurs petits ruisseaux, que la main des hommes avait conduits par mille détours sur la verdure, pour arroser des prairies de leurs eaux bienfaisantes.

Les beautés naturelles de ce lieu n'étaient pas encore ce qui portait l'émotion la plus douce dans le cœur de M. de Solis. La vallée, dans toute son étendue, était couverte de chaumières neuves, chacune avec ses terres labourables, son jardin de fleurs et son verger. Les possessions n'étaient séparées que par de simples haies de groseilliers, qui semblaient annoncer le prix du terrain et la confiance mutuelle des habitans. M. de Solis se réjouissait de voir qu'un seul homme n'eût pas envahi pour lui seul cette pleine délicieuse. Il se plaisait à penser que plusieurs familles pouvaient y trouver les douceurs de l'aisance et du repos. En félicitant, dans son cœur, le seigneur de la contrée, de dominer sur des vassaux heureux, il croyait devoir des éloges à sa bienfaisance, puisque cette riche culture n'était due sans doute qu'à son encouragement et à ses secours. L'abandon avec lequel il se livrait à des pensées si touchantes ne lui avait pas permis de s'apercevoir que de sombres nuages s'assemblaient sur sa tête. Une pluie, mêlée d'éclairs, l'obligea bientôt de chercher un abri. Il courut frapper à la porte de la première ferme. Une femme très-âgée, mais d'une figure à qui la vieillesse donnait un caractère vénérable, vint lui ouvrir. Elle le reçut avec des manières franches et amicales. Je me réjouis, lui dit-elle, de ce que notre chaumière s'est trouvée la plus proche de vous, quoique je pense bien que nos enfans vous auraient fait un aussi bon accueil. Puisque l'orage vous a surpris au milieu de la plaine, vous ne pouviez guère aborder que chez quelqu'un de la famille. Mais je vois que vous êtes tout essoufflé. Remettez-vous. Je vais vous donner un bon feu pour sécher vos habits.

Pendant qu'elle allumait son fagot, M. de Solis observait avec attention l'intérieur de la chaumière. Il y voyait régner un ordre et un air de richesse qui lui firent plaisir. Il avait compris, par les paroles de la bonne femme, qu'une grande partie des habitations de la plaine était occupée par ses enfans. Sa curiosité en prit un nouvel intérêt. Il se disposait à la satisfaire par ses questions, lorsqu'il entendit, de la pièce voisine, une voix qui disait : Ma femme, as-tu bien soin du voyageur? Oui, oui, mon ami, sois tranquille, lui répondit-elle.

C'est donc votre mari qui vous parle? lui dit M. de Solis.

Oui, monsieur; il est là, dans cette chambre.

Me permettez-vous de lui rendre ma visite?

Bien volontiers, monsieur; vous ne serez peut-être pas fâchés l'un et l'autre de vous connaître. Entrez, entrez.

M. de Solis, en entrant, aperçut un vieillard couché sur un lit, dont la couverture était de la plus grande propreté. Il avait la tête nue. Ses cheveux, blancs comme la neige, descendaient sur ses épaules. Sa physionomie, respectée par le temps, exprimait le calme et la bonté de son âme. Le sourire était sur ses lèvres, et la flamme étincelait encore dans ses yeux. M. de Solis, attiré par un extérieur si prévenant, s'approcha de lui.

M. DE SOLIS.

Qu'avez-vous, bon vieillard? Êtes-vous malade?

LE VIEILLARD.

Non, monsieur; grâce au ciel, je ne le suis pas. Mais quand on a quatre-vingts ans sur la tête, on ne peut jamais dire qu'on se porte bien, même avec de la santé. Il n'y a pourtant pas long-temps que j'ai quitté le travail; et si ce n'était la crainte d'affliger mes enfans.... Mais ils ne veulent pas que je laboure davantage.

M. DE SOLIS.

Ils ont raison. Vous devez avoir acheté bien cher ce repos?

LE VIEILLARD.

Sans me vanter, je crois l'avoir assez gagné. Combien j'ai lié de gerbes dans tout le cours de ma vie! combien de vignes j'ai vendangées! j'ai terriblement tourmenté mon pauvre corps. Eh bien! au milieu de tant de fatigues, j'ai toujours eu le front serein et le cœur joyeux : et c'est ainsi que je veux couler doucement le petit reste de jours que j'ai encore à vivre.

M. DE SOLIS.

Mais, après une vie si laborieuse, comment pouvez-vous passer une journée entière sur votre lit sans vous ennuyer?

LE VIEILLARD.

M'ennuyer? Vraiment j'ai bien autre chose à faire. Il n'y a que mes membres en repos; ma tête va toujours son train. Ce n'est pas avec dix enfans et cinquante petits-fils ou arrière-petits-fils dans la pensée, que l'on s'ennuie. Il n'y a pas trop de douze heures par jour pour songer à tant de monde. Chacun me rend compte de sa besogne, de l'état de ses affaires, et de sa famille; il faut que je travaille là-dessus. J'en ai toujours quelqu'un à marier; et j'y regarde à deux fois, pour le bien pourvoir. S'ils ont tous prospéré, c'est à moi qu'ils le doivent. Il ne s'en est pas établi un seul que je ne m'en sois occupé un an d'avance. J'ai présentement trois mariages sur le métier; et j'espère qu'ils réussiront comme ceux de leurs pères.

M. DE SOLIS.

Vous êtes donc bien satisfait de votre famille?

LE VIEILLARD.

C'est me gagner le cœur que de m'en faire parler. Allons, ma femme, va nous chercher une goutte de ce vin vieux. C'est pour m'aider à jaser de nos enfans.

M. DE SOLIS.

En avez-vous beaucoup auprès de vous?

LE VIEILLARD.

Je n'ai que deux de mes petites-filles. Comment loger une armée? Ce n'est pas ma cabane, ce sont mes terres que j'ai voulu agrandir. Dieu merci, j'en ai pu donner à chacun un bon quartier sans me rendre plus pauvre. Il y avait dans le canton des terres en friche. On me les a cédées à bas prix. Je les ai d'abord mises en valeur, et je les ai passées en dot à mes filles. Elles rendent de l'or à présent.

M. DE SOLIS.

Et dans ce grand nombre d'enfans, aucun ne vous a causé de chagrin?

LE VIEILLARD.

Quelquefois par les maladies; mais j'ai su les guérir avec mon régime, la diète, et des simples que je connais. Du reste, ils se sont tous bien conduits.

M. DE SOLIS.

C'est qu'apparemment vous leur avez donné de bons exemples.

LE VIEILLARD.

J'ose le dire. Dans ma jeunesse j'étais fringant comme un autre : je courais les danses de tout le pays; mais, une fois que j'ai eu prononcé le mot sacré devant l'autel, j'ai laissé là ces enfantillages. Par bonheur, ma femme était belle, bonne et vertueuse. Cela tient un homme en respect. Ensuite sont venus les enfans. Je n'étais pas riche alors; et, quand je l'aurais été pour moi, j'avais assez de cœur pour vouloir l'être aussi pour ma race. J'ai accoutumé de bonne heure mes garçons au travail. Je les ai menés aux champs sitôt qu'ils ont pu marcher. J'asseyais le plus petit sur ma charrue. Les autres allaient en gambadant tout autour. Mes filles m'animaient de leurs chansons, en filant leur quenouille. Je leur apprenais à tous à travailler joyeusement pour manger gaîment leur pain.

M. DE SOLIS.

Et les voyez-vous quelquefois ?

LE VIEILLARD.

Si je les vois, monsieur ? Quand j'étais plus ingambe, j'allais faire tous les huit jours ma ronde pour observer si tout se passait bien dans leur ménage. Aujourd'hui que je ne sors plus, c'est leur tour de me rendre visite. Tous les dimanches, après le service, mes filles, mes petites-filles et mes brus m'amènent leurs enfans. Il faudrait me voir au milieu de vingt femmes, parées comme au jour de leurs noces, et belles comme des anges. Tout cela me baise et me caresse. C'est à qui saura le mieux me dorloter. Mais on connaît bien vite qu'elles ne sont coquettes qu'avec moi. Tous leurs enfans ont un air de famille qui me ravit. J'en ai toujours une douzaine sur les bras ou dans les jambes. C'est un habil que vous prendriez pour du vacarme, mais qui fait de la musique à mes oreilles.

M. DE SOLIS.

Je n'ai pas de peine à le concevoir. Ce doit être un moment bien délicieux pour vous !

LE VIEILLARD.

Et pour eux aussi, je m'en flatte. J'aime qu'on se réjouisse auprès de moi. J'ai derrière ma grange une pièce de gazon tout exprès pour la danse. C'est la dernière terre que j'ai travaillée. J'ouvre le bal en embrassant ma femme; et puis tout le monde se met à sauter autour de nous deux. Ils ont l'intention de danser toujours quelqu'une des contredanses de mon ancien temps. Il me semble alors que la terre me soulève, et que je bondis aussi légèrement que cette jeunesse.

M. DE SOLIS.

Est-ce que vous avez des violons dans le pays?

LE VIEILLARD.

Il n'y a pas de violons à payer chez nous. Mon petit-fils Alexis n'a-t-il pas son flageolet? Le petit coquin n'a pas douze ans, et il en joue à mettre en branle tout un village. Oh! si je l'avais ici pour vous le faire voir! C'est mon portrait vivant, avec ces rides de moins, et des couleurs vermeilles, que je n'ai plus. Aussi, c'est mon benjamin, le favori de mon cœur. Je vous le dis, parce que vous êtes étranger. Je serais bien fâché qu'on en sût rien dans la famille.

M. DE SOLIS.

Mais le reste de la semaine doit vous paraître bien long, quand vous n'avez pas les mêmes plaisirs?

LE VIEILLARD.

Si je n'ai pas ceux-là, j'en ai d'autres. Je n'ai jamais quitté le pays; je le connais comme ma cabane. Je connais de même tous les habitans; je les ai vus naître. Ils viennent me consulter sur les défrichemens ou les plantations. On n'a qu'à m'apporter un panier de terre, je la manie, je la goûte, et je dis tout de suite quelle espèce de grain y viendra le mieux. Si ce sont de pauvres gens, je leur avance des semailles, qu'ils me rendent à la moisson. Je leur fais prêter des journées par ceux à qui j'ai pu rendre quelque service ; c'est tout le prix que j'y mets. J'ai vu le temps où chacun ne travaillait que pour soi, et y travaillait mal. Il aurait cru s'enrichir de ruiner son voisin. Je suis venu à bout de leur persuader que plus le pays serait riche, plus chacun le serait en particulier ; que les denrées se vendraient mieux quand ils attireraient de ce côté les marchands par l'abondance et la bonne qualité ; que, pour y parvenir, il fallait s'entr'aider les uns les autres. Selon que l'année est sèche ou pluvieuse, la récolte de la plaine est plus ou moins hâtive que celle de la colline... Je les accorde ensemble pour commencer par la plus précoce ; et tout se fait à son juste point. Aussi, demandez à la halle des nouvelles de nos grains. On se les arrache de préférence. On vient même quelquefois nous les enlever sur les lieux ; et ils se trouvent vendus avant d'être à terre. Au lieu de cela, qu'il y ait de dix boisseaux de mauvais blé dans une paroisse, c'en est assez pour décréditer tout le reste.

M. DE SOLIS.

Ces réflexions sont simples. Cependant il est rare de les voir naître dans le village. Comment vous sont-elles venues ?

LE VIEILLARD.

Peu à peu, par l'expérience de chaque année. D'ailleurs, il faut vous dire que j'ai été bien secondé. Notre curé est un homme de sens. J'en avais fait une espèce d'évêque par les mariages, les baptêmes et les dîmes dont je l'avais enrichi. Il a fait valoir mes conseils dans ses prônes. Monseigneur est venu là-dessus. Il a vu sa terre changée de face. Je lui faisais doubler tous les baux de ses fermiers. Il m'a donné des marques de considération. S'il y avait une expérience nouvelle d'agriculture dans vos gazettes, ils venaient tous deux me consulter. Je la faisais sous leurs yeux. Dès qu'elle m'avait réussi, elle était bientôt répandue. Le paysan suit sa routine, et méprise les découvertes faites dans les livres; mais celles que j'avais approuvées, il n'y avait pas à les contredire. On les suivait, et l'on s'en trouvait mieux. Ma science, au reste, n'est pas longue. Je la débite tout entière en peu de mots : rude guerre avec son champ, douce paix avec ses voisins.

M. DE SOLIS.

Sur ces principes, je me figure que vous n'avez pas enrichi le bailliage autant que le presbytère ?

LE VIEILLARD, *en souriant.*

Il est vrai. J'ai souffré bien des procès à M. le bailli. Je serais riche comme un avocat si j'avais pris seulement douze sous par consultation. Il y a toujours quelques petites querelles dans les villages pour des partages de terres entre les héritiers. On vient demander mon avis. S'il y a des enfans à marier de part et d'autre, j'ai bientôt arrangé l'affaire. S'il n'y en a pas, ou qu'ils ne puissent se convenir, les parties me prennent sur un brancard, et me portent sur les lieux. Je fais arpenter en ma présence jusqu'au moindre recoin. Je balance la bonne ou mauvaise qualité de chaque partie du terrain avec sa mesure, et je tâche d'accommoder également tout le monde. Lorsqu'ils se refusent à cet arrangement, je les invite à venir le lendemain chez moi. J'ai d'un excellent vin vieux qui attendrirait des cœurs de rochers. On le goûte. Sitôt qu'il commence à faire son effet sur mes plaideurs, je leur fais sentir qu'un procès leur coûterait dix fois plus que la chose contestée ne peut valoir ; qu'il leur ferait perdre leur temps, leur argent, leur repos, et le plaisir de s'aimer. Je leur cite l'exemple de ceux qui, faute de m'en croire, se sont exténués pour engraisser la justice. Avant la fin de la première bouteille, ils ne se regardent déjà plus de travers ; la seconde n'est pas à moitié vidée, qu'ils se mettraient au feu l'un pour l'autre. J'y ai dépensé mon vin ; mais j'y ai gagné du plaisir pour cette vie, et des espérances pour celle qui vient après.

M. DE SOLIS.

Vous devez être regardé comme un petit roi dans cette contrée ?

LE VIEILLARD.

Écoutez donc ; je gouverne de mon lit, comme un autre de son trône. Mais on ne m'aime pas seulement, on me craint aussi. Approchez-vous de cette muraille. Voyez-vous des noms avec des dates, que j'y ai gravés de la pointe de mon couteau. Les uns sont écrits tout droits pour les bonnes actions, les autres à rebours pour les mauvaises. Comme monseigneur et M. le curé daignent quelquefois me rendre visite, et que tout le village afflue dans ma cabane, ce registre fait plus d'effet que celui du greffe, où personne ne s'avise d'aller. Votre nom écrit à rebours est une espèce de flétrissure publique. Tout le monde vous fuit, jusqu'aux enfans. Il faut changer de conduite, ou déguerpir. Si vous changez, eh bien! je redresse votre nom, d'abord pour vous faire oublier la honte, et puis pour vous encourager à bien faire. De vingt noms à rebours que j'ai gravés dans toute ma vie, il n'en reste que trois; qui serviront long-temps d'exemple. Au contraire, un nom écrit tout droit est presque un titre de noblesse. On craindrait autant que la mort d'en voir renverser une seule lettre, tant vaut l'avantage d'une bonne réputation.

M. DE SOLIS.

Je conçois que ce moyen, tout simple qu'il est, soit fort puissant; mais ce que j'admire le plus, c'est le parti que vous savez tirer de votre vin. Il est ordinairement le perturbateur des villages, et vous en faites un ministre de paix.

LE VIEILLARD.

Je lui dois bien cet honneur, pour les services qu'il m'a rendus dans ma vieillesse. C'est lui qui, depuis dix ans, renouvelle les forces de mon estomac, et empêche mon sang de se glacer dans mes veines. Je n'en ai jamais bu plus qu'il ne m'en fallait pour apaiser ma soif. Aussi je le trouve à présent plus salutaire. Un demi-verre suffit à me ranimer; il me rajeunit toujours pour une couple d'heures. Je ne sais si vous êtes altéré à m'entendre, mais je le suis un peu à vous parler. Je sens qu'une petite goutte viendrait en ce moment fort à propos. Le cœur me dit que je trinquerai volontiers avec vous. Qu'a donc ma pauvre femme ? Elle tarde bien à venir ! Ah ! c'est que soixante et quinze ans sont encore plus lourds à porter qu'une bouteille. Mais *chut*, je crois l'entendre.

LA FEMME.

Oui, mon homme ; me voici, me voici.

LE VIEILLARD, *se relevant sur son lit.*

Allons, Suzette, ma chère Suzette, verse-nous à boire. Vous souriez, monsieur ? Mais, la bouteille à la main, je lui donne toujours son nom de jeunesse. Je n'ai qu'à la regarder à travers mon verre, elle me semble aussi vermeille qu'autrefois sous l'ormeau. A ta santé Suzette ; à la vôtre, monsieur. (*Ils boivent.*) Eh bien ! comment le trouvez-vous ?

M. DE SOLIS.

Excellent, je vous assure. J'en ai bu qui pouvait coûter plus cher, mais jamais avec autant de plaisir.

LE VIEILLARD.

C'est qu'il est pur et franc comme nos cœurs. Comment donc, Suzette, tu le ménages ? Va, mon enfant, il en restera toujours après nous. Que je te voie une petite pointe de gaîté de sa façon. Nous lui en donnions autrefois ; il faut qu'il nous en donne aujourd'hui. Je le sens déjà qui commence à me ragaillardir. Tiens, je t'aime autant que dans nos premières amours. Monsieur, si vous n'êtes pas marié, vous vous marierez sans doute. Croyez-en mon conseil. Traitez si bien votre femme, que vous puissiez chaque jour penser à celui de la noce; c'est le moyen de ne vous sentir jamais vieillir. Demandez à Suzette. Parle, ma femme : te souviens-tu de la nôtre? Comme je serrai tendrement ta main devant l'autel! et quel regard tu me lanças! Il pénétra jusqu'au fond de mon cœur. Il n'en est pas sorti. (*En souriant.*) Il est vrai que cela ne date pas de si loin encore. Il n'y a que soixante petites années.

LA FEMME.

Ah! elles se sont écoulées bien vite. Notre bon temps est passé, mon ami.

LE VIEILLARD.

Comment donc? Est-ce que tu n'es pas heureuse? N'as-tu pas de l'aisance, du repos, et la santé de ton âge? Voyons, qu'as-tu à désirer? Un peu plus de forces, peut-être? Mais, vois-tu, Dieu nous a conservé celles du cœur pour sentir la joie d'une longue vie. Quand celles du corps viendront à s'éteindre, le tombeau s'ouvrira doucement pour nous recevoir.

M. DE SOLIS.

Pourquoi vous occuper de tristes pensées dans ce moment de plaisir?

LE VIEILLARD.

Oh! monsieur, je ne crains pas la mort! Qu'elle vienne quand elle voudra frapper à ma porte, je la laisserai entrer sans frayeur. Croyez-vous que j'aie oublié que je suis né mortel? Puisque l'on a commencé, il faut bien finir.

M. DE SOLIS.

Vous avez su vous rendre la vie si heureuse! pourrez-vous la quitter sans regret?

LE VIEILLARD.

J'en aurais bien davantage si je l'avais mal employée, si j'avais été paresseux et débauché, si je n'avais pas fait tout le bien qui était en mon pouvoir, si je laissais par ma faute une famille nombreuse dans le vice ou dans le besoin! Au lieu de cette peinture affligeante, j'ai devant les yeux quatre-vingts ans de travaux utiles, des terres défrichées, des amis secourus. Je vois mes fils et mes petits-fils riches, honnêtes et laborieux, unis étroitement ensemble, aimés et considérés de tout le pays. Je laisse à mon fils aîné ma cabane; il y remplira ma place et mes devoirs. Comme chef de la famille, il sera pour ses frères et leurs enfans ce que j'ai été pour les miens. Il est doux d'emporter cette consolation dans la tombe.

M. DE SOLIS.

Mais vous entendrez leurs gémissemens. Que cette séparation sera douloureuse!

LE VIEILLARD.

Je crois, en effet, qu'ils auront un grand chagrin de me perdre, mais je saurai l'adoucir. Un paysan connaît mieux qu'un autre la loi de la nature et la force de la nécessité. Il voit chaque jour de vieux arbres remplacés par de plus jeunes : il voit chaque année l'hiver dévorer ce qu'ont produit les autres saisons. Je présenterai ces images à mes enfans lorsqu'ils seront tous assemblés autour de mon lit de mort. Je leur ferai sentir qu'après m'avoir donné une longue et heureuse vieillesse, Dieu met le comble à ses grâces en me retirant de la vie avant qu'elle me soit devenue à charge par les douleurs et les infirmités. Je leur dirai que je ne les quitte que pour aller joindre mon père, qui me tend les bras de là-haut, et que je ne cesserai jamais de leur tendre les miens tant que leur race se conservera sur la terre. Voilà ce que je leur répéterai jusqu'à mon dernier souffle. Il faudra bien qu'ils se consolent de ma mort, lorsque je la regarderai moi-même comme un bienfait.

M. DE SOLIS.

Courageux vieillard, d'où vous vient cette fermeté ?

LE VIEILLARD.

D'un cœur innocent ; et c'est du ciel qu'elle y est descendue, de ce ciel que je vais habiter, je l'espère.

M. DE SOLIS.

Vous n'avez donc pas de crainte sur l'avenir ?

LE VIEILLARD.

Aussi long-temps que j'ai pu commettre du mal, j'ai craint le Seigneur : à présent, je ne fais plus que l'aimer, et je crois que cette confiance doit lui faire plaisir. O Dieu de bonté ! après tant de bénédictions que tu as répandues sur ma tête, oserais-je t'en demander une encore ? Regarde la compagne que tu m'as donnée pour partager les douceurs et les peines de la vie. Nous avons vieilli tous deux ensemble, accorde-nous de mourir tous deux à la fois ! Comment pourrais-je lui survivre ? Ma main tremblante aurait-elle la force de lui fermer la paupière ? De son côté, que deviendrait-elle à son âge, après m'avoir perdu, lorsqu'elle ne m'entendrait plus répondre à sa voix plaintive, lorsqu'elle serait ensevelie, comme en un tombeau, dans la solitude de cette cabane ? Ne permets pas que la mort sépare deux personnes que rien n'a séparées depuis soixante ans. Accorde-nous cette grâce, ô mon Dieu, cette dernière grâce ! c'est la seule que tu nous laisses à te demander. Nous ne voulons point reculer notre arrêt ; dispose de nous quand tu voudras. Laisse-nous seulement mourir nos mains l'une dans l'autre, et nous présenter ensemble devant toi pour te rendre compte de notre vie. Tu le sais bien, elle n'en fait qu'une seule, dont chacun de nous deux a traîné la moitié. Que nous n'ayons aussi qu'une mort à souffrir !

Le vieillard, qui s'était soulevé sur son lit pour adresser à Dieu ces touchantes paroles, retomba de fatigue en les achevant. M. de Solis, effrayé, courut chercher sa femme pour le secourir. Elle s'était mise à genoux dans un coin, dès le commencement de cette prière : ses bras étaient encore tendus vers le ciel. Il la porta tout éperdue auprès du vieillard, qui les rassura l'un et l'autre par un sourire et par la vivacité dont il leur tendit les mains. Cependant M. de Solis jugea qu'il fallait lui laisser prendre du

repos après une émotion si forte pour son âge.
Il remercia ces bonnes gens de leur hospitalité, et
leur promit de venir les revoir au bout de quelques
jours.

L'orage, qui l'avait forcé de chercher un asile
dans cette cabane, s'était dissipé. La nature, sortant
de sa mélancolie, venait de reprendre une sérénité
radieuse. Le soleil, près de son couchant, semblait
briller avec un nouvel éclat. Ces images retraçaient
à M. de Solis le souvenir du bon vieillard. Elles lui
peignaient son âme pure, ouverte tour à tour à l'attendrissement et à la gaîté, la force de son esprit se
ranimant au moment de s'éteindre. Il se représentait tout ce qu'un seul homme avait pu faire d'utile dans la condition la plus humble; cinquante citoyens laborieux donnés à l'état, ses belles années
employées à nourrir ses enfans dans le travail et les
bonnes mœurs, son dernier âge consacré à maintenir l'union et la paix entre ses voisins. Avec quelle
franchise, disait-il, il me parlait du bien qu'il a fait,
et de la confiance qu'il prend en l'Être suprême !
Quelle heureuse tranquillité de conscience ! quelle
touchante sécurité ! Qui ne préférerait la saine vieillesse de cet honnête paysan, bienfaiteur de son pays
dans un état obscur, fier de sa propre estime et de
l'honneur de laisser un souvenir précieux, à la décrépitude de ces hommes puissans, qui n'ont fait
usage de leurs richesses que pour répandre autour
d'eux la corruption et le scandale, qui se jouent du
mépris public par l'habitude de leurs propres mé-

pris, et que la tombe même ne pourra défendre de l'infamie et de l'exécration ?

Mais pourquoi ces peintures affligeantes pour les gens de bien, lorsqu'il en est de si propres à les consoler? C'est un Howard qu'il faut peindre ; ce voyageur bienfaisant, qui a déjà parcouru plusieurs fois une grande partie de l'Europe pour visiter les prisons, et qui, par l'éloquence de ses écrits et l'austérité de ses vertus, a su faire accorder un traitement plus humain à des hommes souvent plus malheureux que coupables. Un Hutton (1), qui traverse les mers à l'âge de soixante ans, et, sans autre caractère que celui de ministre de l'humanité, vient traiter de pair avec ceux de l'état, pour régler un échange de prisonniers de guerre, et retourne modestement dans sa patrie secourir les infortunés dont il est le soutien ! Un du Tillet, dont le nom se répète avec autant de respect et de joie dans toute l'étendue de deux provinces qu'il a rendues heureuses, qu'au sein d'une famille honorée, même à la cour, pas ses mœurs patriarcales, dont l'ouvrage (1), fruit de quarante années d'expérience et de travaux, peut faire le bonheur de tous les pays où il y aura des campagnes et des cultivateurs ! Hommes généreux,

---

(1) Le même que George de Vallière a peint si heureusement par ce trait : Respectable vieillard, qui s'amuse à faire du plaisir aux gens, lorsqu'il n'est pas occupé à leur faire du bien. (*Amis des Enfans.*)

(1) Précis sur l'établissement du cadastre de France.

vous n'avez pas besoin de mes éloges pour récompenser vos vertus; elles ont un prix digne d'elles dans le sentiment qui vous les a inspirées, et dans le bien qu'elles ont produit. Mais moi, j'ai besoin de les consacrer dans la mémoire de la plus tendre enfance, pour leur donner un sanctuaire qui réponde à leur pureté, et pour que votre nom se conserve plus long-temps sur la terre. Si l'amour de l'humanité peut aisément s'allumer en de jeunes âmes, je veux qu'elles le doivent à l'impression de vos exemples, et à la noble émulation de les imiter.

RELATION

D'UN NAUFRAGE

SUR L'ILE ROYALE,

AUTREMENT DITE

LE CAP-BRETON.

AVERTISSEMENT.

La relation qu'on va lire est rédigée sur le journal de M. de S. W. Penties, enseigne dans le quatre-vingt-quatrième régiment, infanterie, qu'il publia pour la première fois à Londres en 1782, et dont il s'est fait cinq éditions en dix huit mois. En conservant avec une scrupuleuse exactitude le fond historique des disgrâces qu'il a éprouvées, j'ai cru devoir chercher à leur prêter un nouvel intérêt par une narration plus vive des événemens, et par un tableau plus animé des situations où il a fait éclater tant de force d'esprit et de courage. Il serait à désirer qu'un écrivain philosophe choisît dans la foule immense des voyageurs ceux dont les aventures seraient les plus propres à donner du caractère à la jeunesse, en frappant fortement son imagination et sa sensibilité. C'est par des traits d'industrie, de constance, et quelquefois même d'une heureuse audace, qu'il faudrait lui montrer les ressources que l'homme trouve toujours en lui-même dans les positions les plus désespérées. Cette lecture, en la préparant de bonne heure aux plus étranges accidens qui peuvent troubler le cours de la vie humaine, lui en donnerait, en quelque sorte, la première expérience, et l'animerait par une noble émulation à les soutenir avec fermeté.

Mes jeunes lecteurs seront bien aises, sans doute, d'apprendre que, sur les témoignages du lord Dalrymple, aide-de-camp du général Clinton, et par les bons offices de M. de Fischer, alors sous-secrétaire du département de l'Amérique, M. Peuties a obtenu tous les dédommagemens qu'il pouvait désirer, pour les souffrances et les pertes qu'il a essuyées.

RELATION
D'UN NAUFRAGE
SUR L'ILE ROYALE,
AUTREMENT DITE
LE CAP-BRETON.

Chargé des dépêches que le général Haldimand, commandant en chef du Canada, m'avait confiées pour le général Clinton, je m'embarquai, le 17 novembre 1780, sur un petit brigantin qui faisait voile de Québec vers New-Yorck. Nous allions de conserve avec une goëlette destinée pour le même endroit, et qui portait un duplicata des dépêches. Après avoir descendu le fleuve Saint-Laurent jusqu'au hâvre appelé le Trou-de-Saint-Patrice, dans l'île d'Orléans, nous fûmes retenus dans ce port par un vent contraire qui dura six jours. L'hiver faisait déjà sentir ses premiers frimas, et la glace se forma bientôt à une grande épaisseur sur tous les bords du fleuve, par l'âpreté d'un froid rigoureux. Plût au ciel qu'il eût duré quelques jours de plus! En fermant absolument notre marche, il nous aurait sauvés des malheurs dont le récit va commencer avec celui de notre navigation.

Avant de parvenir à l'embouchure du fleuve, on s'était aperçu que le brigantin faisait une légère voie d'eau. A peine fûmes-nous entrés dans le golfe, que cette voie devint plus considérable ; et les deux pompes, malgré leur travail continuel, laissaient toujours deux pieds d'eau dans la cale. D'un autre côté, le froid avait augmenté sa rigueur, et les glaces s'amoncelaient autour du vaisseau, jusqu'à nous faire craindre d'en être entièrement environnés. Nous n'avions à bord que dix-neuf personnes, dont six passagers, et les autres mauvais matelots. Quant au capitaine, de qui nous devions attendre des secours dans une position si fâcheuse, au lieu de veiller à la conservation du navire, il passait le temps à s'enivrer dans sa chambre, sans s'occuper un moment de notre sûreté.

Le vent continuant de souffler avec la même violence, et l'eau s'étant élevée dans la cale jusqu'à la hauteur de quatre pieds, le froid et la lassitude jetèrent le découragement parmi les gens de l'équipage. Tous les matelots, de concert, prirent la résolution de ne plus manœuvrer. Ils abandonnèrent les pompes, en témoignant une profonde indifférence sur leur destin, aimant mieux, disaient-ils, couler à fond avec le vaisseau, que de s'épuiser d'un travail inutile dans une situation désespérée. Il faut convenir que depuis plusieurs jours leurs fatigues avaient été excessives et sans aucun intervalle de délassement. L'inaction du capitaine achevait encore de les abattre. Cependant, à force d'encouragemens et de promesses, et par une distribution de vin que j'ordonnai fort à propos pour les réchauffer, je parvins à vaincre leur répugnance. L'interruption du travail avait fait entrer un pied d'eau de plus dans la cale; mais leur activité se ranimant par la chaleur de la boisson que je leur faisais donner toutes les demi-heures, ils soutinrent avec tant de constance l'effort de la manœuvre, que l'eau fut bientôt réduite à moins de trois pieds.

Nous étions au 3 décembre. Le vent semblait de jour en jour s'irriter, au lieu de s'adoucir. Les fentes du vaisseau allaient toujours en s'agrandissant, tandis que les glaçons attachés à ses côtés augmentaient son poids et gênaient sa marche. Il fallait continuellement casser cette croûte de glace, qui menaçait de l'envelopper. La goëlette qui nous suivait, loin de pouvoir nous prêter aucune assistance, se trouvait dans un état encore plus déplorable, ayant donné sur des rochers devant l'île de Coudres, par l'ignorance du pilote. Une neige épaisse, qui vint alors à tomber, nous déroba à sa vue. Un coup de canon, que nous tirions tour à tour de demi-heure en demi-heure, formait toute notre correspondance. Bientôt nous eûmes la douleur de ne l'entendre plus répondre à ce signal. Elle périt avec les seize personnes de son équipage, sans qu'il nous fût même possible d'apercevoir leurs désastres, pour chercher à les recueillir.

La pitié que nous inspirait un sort si funeste fut bientôt détourné sur nous-mêmes par l'appréhension d'un nouveau danger. La mer était fort grosse, la neige très-épaisse, le froid insupportable, et tout l'équipage abattu. C'est dans cet état que le contre-maître s'écria que nous ne devions pas être éloignés des îles Madeleine, amas confus de rochers, dont les uns élèvent leur tête sur la mer, et les autres cachent sous sa surface des pointes déjà fatales à plusieurs vaisseaux. En moins de deux heures nous entendîmes les vagues se briser à grand bruit sur ces rochers; et bientôt après nous découvrîmes l'île principale, appelée l'*Homme mort*, qu'une manœuvre pénible nous fit éviter. Le sentiment du péril n'en devint que plus vif au milieu d'une foule d'écueils, dont il y avait peu d'apparence que nous puissions échapper avec le même bonheur, l'épaisseur redoublée de la neige nous permettant à peine d'étendre notre vue d'un bout à l'autre du vaisseau. Il serait difficile de peindre la consternation et l'effroi dont nous fûmes saisis dans toute la longueur de ce passage. Mais lorsque nous l'eûmes franchi, un rayon d'espoir rentra dans le cœur des matelots, qui ne doutèrent plus que la Providence ne s'intéressât à leur salut, en considérant le danger dont ils venaient de sortir; et ils reprirent leurs forts avec une ardeur nouvelle.

La mer devint plus agitée pendant la nuit, et, le lendemain, vers cinq heures du matin, une grosse houle fondit sur le vaisseau, enfonça nos faux sabords et remplit d'eau la cabane. L'impétuosité des vagues ayant écarté l'étambot, nous cherchâmes à boucher les ouvertures avec du bœuf coupé par tranches; mais ce faible expédient demeura sans effet, et l'eau continua de nous gagner plus rapidement que jamais. L'équipage, effrayé, avait suspendu un moment l'exercice des pompes. Lorsqu'il voulut le reprendre, il les trouva si fortement gelées qu'il était désormais impossible de les faire jouer.

Nous perdimes dès ce moment l'espérance de conserver long-temps le navire, et tous nos vœux se bornaient à ce qu'il n'enfonçât pas du moins jusqu'à ce que nous fussions à la portée de l'île Saint-Jean ou de quelque autre île dans le golfe, où nous pourrions aborder à l'aide de notre chaloupe. Abandonnés à la merci du vent, nous n'osions entreprendre aucune manœuvre, de peur de causer au vaisseau quelque effort dangereux. Le nouveau poids d'eau qu'il prenait de minute en minute ralentissait sa marche; et les vagues plus rapides dont il brisait la course se redressaient furieuses, et venaient se déborder sur le tillac. La cabane où nous nous étions refugiés ne nous présentait qu'un bien faible abri contre le souffle du vent, et nous garantissait à peine de la violence des houles glacées. A chaque instant nous craignions de voir emporter notre gouvernail et notre mât se briser. Les mouettes et les canards sauvages, que nous entendions voltiger autour de nous, témoignaient, il est vrai, que la côte ne devait pas être éloignée; mais ses approches même étaient un nouveau sujet de terreur. Comment échapper aux brisans dont elle pouvait être entourée, dans l'impuissance où nous étions de les éviter par aucune manœuvre, et même de les apercevoir à travers le voile de neige dont nous étions enveloppés? Tel était, depuis quelques heures, notre déplorable situation, lorsque, le ciel s'étant tout-à-coup éclairci, nous découvrîmes enfin la terre à trois lieues de distance.

Le sentiment d'allégresse dont nous pénétra son premier aspect fut bien modéré par une vue plus distincte des rochers énormes qui paraissaient s'élever à pic le long de la côte, pour nous en repousser. Le vaisseau venait d'essuyer des lames violentes qui l'auraient submergé si sa charge eût été moins légère. Chaque nouvelle secousse nous faisait craindre de le voir s'entr'ouvrir. Notre chaloupe était trop petite pour contenir tout l'équipage, et la mer d'ailleurs trop furieuse pour lui confier un si faible bâtiment. Il semblait que nous n'étions parvenus devant cette terre fatale que pour la rendre témoin de notre perte. Cependant nous en approchions toujours de plus près. Nous n'en étions plus éloignés que d'un mille, lorsque nous découvrîmes avec transport autour de ces roches menaçantes une plage sablonneuse, vers laquelle notre cours se dirigeait, sans que l'eau perdît assez sensiblement de sa profondeur pour nous défendre d'en approcher de cinquante à soixante verges avant d'héchouer. Le sort de nos vies allait se décider dans quelques minutes. Enfin le navire donna sur le sable avec une violente secousse. Le premier choc fit sauter le grand mât, mais sans aucun accident; et le gouvernail fut démonté d'une telle rudesse, que la barre faillit tuer un des matelots. Les vagues mutinées, qui battaient de tous côtés le navire, forcèrent la poupe; en sorte que, n'ayant plus d'abri dans la cabane, nous fûmes obligés de monter sur le pont, et de nous tenir accrochés aux haubans, de peur d'être renversés dans la mer. Au bout de quelques instans, le vaisseau se releva tant soit peu; mais la quille était brisée, et la carcasse semblait prête à se disperser. Ainsi toutes nos espérances furent réduites à la chaloupe, que j'eus une peine infinie à faire mettre à la mer, tant elle était hérissée au dedans et au dehors de larges glaçons, dont il fallait la débarrasser. La plupart des gens de l'équipage s'étaient pris de vin pour tâcher de se délivrer de l'effroi dont ils étaient saisis; je fis avaler un verre d'eau-de-vie à ceux qui étaient restés sobres, et je leur demandai s'ils voulaient s'embarquer avec moi dans la chaloupe pour gagner la terre. La mer était si houleuse, qu'il paraissait impossible que notre frêle esquif dût la tenir un moment sans être englouti. Il n'y eut que le contre-maître, deux matelots et un jeune passager, qui résolurent d'en courir le hasard. Dès le premier instant de péril, j'avais mis mes dépêches dans un mouchoir noué autour de ma ceinture. Sans m'occuper alors de mes autres effets, je saisis une hache et une scie, et je me jetai dans le canot, suivi du contre-maître et de mon domestique, qui, plus avisé que moi, sauvait de mes coffres une bourse de cent quatre-vingts guinées. Le passager, ne s'étant pas élancé assez loin, tomba dans la mer, et peu s'en fallût que nos mains engourdies par le froid ne fussent incapables de lui prêter le moindre secours. Lorsque les deux matelots furent descendus, ceux qui avaient le plus obstinément refusé de tenter la même fortune nous supplièrent de les recevoir; mais le poids d'un si grand nombre de personnes, et le tulmute de leurs mouvemens, me faisant craindre de chavirer, je donnai l'ordre de s'éloigner du bord du vaisseau. Je ne tardai pas à m'applaudir d'avoir étouffé un sentiment de pitié, qui leur aurait été funeste à eux-mêmes. Quoique la terre ne fut éloignée que d'environ cinquante verges, nous fûmes accueillis, à moitié chemin, d'une grosse lame, qui remplit à demi le canot, et qui l'aurait infailliblement renversé si sa charge eût été plus pesante. Une seconde vague nous jeta violemment sur le rivage.

La joie de nous trouver enfin à l'abri des périls qui nous avaient tenus si long-temps en de cruelles alarmes, nous fit oublier un moment que nous n'étions échappés d'un genre de mort que pour en souffrir probablement un autre plus terrible et plus douloureux. En nous tenant embrassés dans nos premiers transports, pour nous féliciter sur notre salut, nous ne pouvions être insensibles à la détresse de nos compagnons que nous avions laissés sur le navire, et dont les cris lamentables se faisaient entendre au millieu du bruit sourd des flots. Ce qui redoublait la douleur où nous plongeait ce sentiment, était de ne pouvoir leur prêter aucune espéce de secours. Notre canot, jeté sur le sable par les vagues courroucées, témoignait assez l'impossibilité de rompre leur impulsion pour retourner au vaisseau.

La nuit s'approchait à grands pas, et nous n'eûmes pas resté long-temps sur cette plage glaciale, avant de sentir que nous allions être engourdis par le froid. Il fallut nous traîner à travers la neige qui s'enfonçait sous nos pieds, jusques à l'entrée d'un petit bois, environ à deux cents verges du rivage, dont l'abri nous défendit un peu du souffle perçant du nord-ouest. Cependant il nous manquait du feu pour réchauffer nos membres transis, et nous n'avions aucun moyen d'en allumer. La boîte d'amadou que nous avions eu la précaution de prendre dans la chaloupe avait été baignée par la dernière houle que nous venions d'essuyer. Il n'y avait que l'exercice qui pût nous garantir de la gelée, en tenant notre sang en circulation. Mieux instruit que mes compagnons de la nature de ces âpres climats, je leur recommandait de se livrer à un grand mouvement pour repousser le sommeil. Mais le jeune passager, dont les habits trempés des eaux de la mer s'étaient roidis en glaçons sur son corps, ne put résister à la sensation assoupissante que donne toujours le froid extrême qu'il éprouvait. Vainement j'employai tour-à-tour la persuasion et la force pour le faire tenir sur ses pieds; je fus obligé de l'abandonner à son assoupissement. Après avoir marché pendant une demi-heure, saisi moi-même d'une si forte envie de dormir, que je me sentais prêt à chaque instant de me laisser couler à terre pour la satisfaire, je revins à l'endroit où ce jeune homme était couché. Je mis la main sur son visage; et, le sentant tout froid, je le fis toucher au contre-maître. Nous crûmes l'un et l'autre qu'il était mort. Il nous répondit d'une voix faible qu'il ne l'était pas, mais qu'il sentait sa fin s'approcher; et il me supplia, si je lui servivais, d'écrire à son père à New-Yorck, et de l'instruire de son malheur. Au bout de dix minutes, nous le vîmes expirer sans aucune souffrance, ou du moins sans de vives convulsions. J'ai rapporté cet incident pour montrer l'effet d'un froid violent sur le corps humain pendant le sommeil, et pour faire voir que cette mort n'est pas toujours accompagnée d'un sentiment de douleur aussi vif qu'on a coutume de le supposer.

Cette leçon effrayante ne fut pas capable d'engager les autres à combattre le penchant qui les entraînait au sommeil. Trois d'entre eux se couchèrent en dépit de mes exhortations. Voyant qu'il était impossible de les faire tenir debout, j'allai couper deux branches d'arbres, dont je donnai l'une au contremaître; et toute notre occupation, pendant le reste de la nuit, fut d'empêcher nos compagnons de dormir, en les frappant aussitôt qu'ils fermaient la paupière. Cet exercice ne nous fut pas inutile à nous-mêmes, en même temps qu'il préservait les autres du danger presque certain de mourir.

La lumière du jour, que nous attendions avec une si vive impatience, parut enfin. Je courus avec le contre-maître sur le rivage, pour tâcher de découvrir quelques traces du vaisseau, quoiqu'il nous en restât à peine une faible espérance. Quelles furent notre surprise et notre satisfaction de voir qu'il s'était conservé, malgré la violence du vent, qui semblait avoir dû le briser en mille pièces pendant la nuit! Mon premier soin fut de chercher comment je pourrais faire venir à terre le reste de l'équipage. Le vaisseau, depuis que nous l'avions quitté, avait été poussé par les vagues beaucoup plus près de la côte; et l'espace qui l'en séparait devait encore se trouver plus petit à la basse marée. Lorsqu'elle fut venue, je criai aux gens du vaisseau d'attacher une corde à son bord pour s'y glisser tout du long l'un après l'autre. Ils adoptèrent cet expédient. En veillant d'un œil attentif le mouvement de la mer, et saisissant bien le temps de glisser au moment où la vague se retirait, ils descendirent tous sans péril, à l'exception du charpentier. Celui-ci ne jugea pas à propos de se hasarder de cette manière, ou peut-être se trouvait-il incapable d'aucun mouvement, ayant usé pendant la nuit un peu trop librement de sa bouteille. Le salut général était attaché à celui de chacun de nous en particulier; et je me réjouis doublement de voir autour de moi un si grand nombre de mes compatriotes d'infortune, que je croyais tous engloutis dans les ondes peu d'heures auparavant.

Le capitaine, avant de descendre, s'était heureusement chargé de tous les matériaux nécessaires pour allumer du feu. La troupe se mit alors en marche vers la forêt, et les uns s'employèrent à couper du bois, les autres à ramasser des branches sèches dispersées à terre. Bientôt une flamme brillante, qui s'éleva d'un large bûcher, nous fit pousser mille cris joyeux. Si l'on considère le froid extrême que nous avions souffert si long-temps, aucune jouissance ne pouvait être égale à celle de la chaleur d'un bon brasier. C'était à qui s'en approcherait de plus près pour ranimer ses membres engourdis. Mais cette jouissance fut suivie, pour la plupart, des douleurs les plus cruelles, aussitôt que l'ardeur de la flamme pénétra les parties de leurs corps mordues par la gelée. Le contre-maître et moi étions les seuls qu'elle eût respectés, à cause de l'exercice que nous avions fait dans la nuit. Tous les autres en avaient été plus ou moins attaqués, soit dans le vaisseau, soit à terre. Les mouvemens convulsifs qu'arrachait à ces malheureux la violence des tortures qu'ils éprouvaient, seraient trop horribles à exprimer.

Lorsque nous vînmes à faire la revue de notre troupe, j'observai qu'il manquait un passager, nommé le capitaine Green. J'appris qu'il s'était endormi à bord du vaisseau, et qu'il avait été gelé mortellement. Nos inquiétudes se renouvelèrent au sujet du charpentier resté sur le navire. La mer roulant toujours avec la même fureur, il était impossible d'enroyer la chaloupe à son secours. Nous fûmes obligés d'attendre le retour de la basse marée, et nous lui persuadâmes enfin de venir à terre de la même manière que les autres; ce qu'il ne put faire qu'avec une extrême difficulté, réduit comme il était à la plus grande faiblesse, et gelé dans presque toutes les parties de son corps.

La nuit vint, et nous la passâmes un peu mieux que la précédente. Cependant, malgré le soin que nous prenions d'entretenir toujours un grand feu, nous avions beaucoup à souffrir de la rigueur du vent, qui soufflait à découvert sur nous. L'épaisseur des arbres pouvait à peine nous défendre de la neige, qui semblait se précipiter à grands flots sur notre feu pour l'éteindre. En pénétrant nos habits d'humidité du côté opposé à la flamme, elle nous formait sur le dos une couche épaisse, qu'il fallait continuellement secouer avant qu'elle ne durcît en glaçons. Le sentiment aigu de la faim, nouvelle misère que nous avions jusqu'alors ignorée, vint encore se joindre à celui du froid que nous avions tant de peine à soutenir.

Deux jours s'écoulèrent, pendant lesquels chaque instant ajoutait au souvenir cruel de nos maux passés la terreur d'un avenir plus affreux. Enfin le vent et la mer qui s'étaient accordés pour nous interdire l'approche du vaisseau, renouvelèrent leurs efforts réunis pour le briser. Nous en fûmes avertis par le bruit qu'il fit en éclatant. Nous courûmes vers le rivage, et nous vîmes déjà flotter une partie de la cargaison, que l'impétuosité des ondes entraînait hors de ses flancs entr'ouverts. Par bonheur la marée portait une partie des débris sur la plage. Armés de longues perches et des rames de notre canot, nous allions le long du sable, attirant tout ce qui s'offrait de plus utile à notre portée. C'est ainsi que nous parvînmes à sauver quelques barils de bœuf salé et une quantité considérable d'ognons, que le capitaine avait pris à bord pour les vendre. Nos soins se portèrent aussi sur les planches qui se détachaient du vaisseau, et qui pouvaient nous servir à nous construire une cabane. On en recueillit un grand nombre, qui furent traînées dans le bois pour être aussitôt employées à leur destination. Cette entreprise n'était pas aisé. Il était peu d'entre nous qui fussent en état d'y travailler. Cependant l'heureux succès de la journée animait notre courage, et la nourriture que nous avions prise soutenant nos forces, l'ouvrage se trouva fort avancé à la chute du jour. La lueur de notre feu nous mit en état de le continuer dans les ténèbres; et, vers les dix heures du soir, nous eûmes une cabane longue d'environ vingt pieds, et large de dix, assez solide, grâces aux arbres qui la soutenaient de distance en distance, pour résister à la force du vent, mais pas assez close pour nous mettre entièrement à l'abri de la froidure.

La journée suivante et celle du surlendemain furent employées, soit à perfectionner notre édifice, soit à recueillir, pendant la haute marée, ce qu'elle nous apportait du vaisseau, soit à dresser l'inventaire de nos provisions, pour en répartir l'usage entre nous selon une juste mesure. Il n'avait pas été possible de sauver du biscuit, entièrement détrempé dans l'eau de la mer. Il fut décidé que chaque personne, en santé ou malade, serait réduite à un quart de livre de bœuf, et à quatre ognons par jour, aussi long-temps que ceux-ci pourraient durer. Cette faible ration, à peine suffisante pour s'empêcher de mourir de faim, était tout ce que l'on pouvait se permettre dans l'incertitude du temps qu'il faudrait peut-être passer sur cette côte déserte.

Le 11 décembre, sixième jour de notre naufrage, le vent s'adoucit, et nous laissa la liberté de mettre notre chaloupe à flot pour aller chercher ce qui pouvait rester dans le navire. Une grande partie de la journée fut perdue à briser à coups de hache, la glace épaisse qui couvrait le pont et qui fermait les écoutilles. Le lendemain, nous réussîmes à retirer un petit baril, contenant cent vingt livres de bœuf salé, deux caisses d'ognons, trois bouteilles de baume de Canada, une de patates, une bouteille d'huile qui nous devint très-utile pour les plaies des matelots, une seconde hache, un grand pot de fer, deux marmites, et environ douze livres de chandelles. Ce renfort précieux nous mit en état, le jour suivant, d'ajouter quatre ognons de plus à notre ration journalière.

Nous retournâmes encore à bord le 14 pour chercher les voiles, dont une partie nous servit à couvrir notre cabane, et à la rendre impénétrable à la neige. Ce même jour les plaies de ceux qui avaient le plus souffert de la gelée, et qui avaient négligé de se frotter de neige, commencèrent à se mortifier. Leurs jambes, leurs mains, et toutes les autres parties de leurs membres affectées, se dépouillèrent de leur peau, avec des douleurs intolérables. Le charpentier, qui était descendu le dernier à terre, avait perdu la plus grande partie de ses pieds, et dans la nuit du 14 le délire le prit. Il resta dans le même état jusqu'au lendemain, où la mort le délivra de sa misérable existence. Trois jours après, notre second contre-maître mourut de la même manière, ayant été en délire quelques heures avant d'expirer; ce qui arriva également le surlendemain à un matelot. Nous couvrîmes leurs cadavres de neige et de branches d'arbres, n'ayant ni pioche ni bêche pour leur creuser une fosse; et, quand nous en aurions été pourvus, la terre était durcie à une trop grande profondeur pour céder à ces instrumens.

Toutes ces pertes, qui réduisaient notre troupe à quatorze personnes, nous causèrent un médiocre chagrin, soit pour eux, soit pour nous-mêmes. En considérant notre déplorable condition, la mort nous paraissait un bienfait plutôt qu'une disgrâce: et, lorsqu'un sentiment naturel nous ramenait à l'amour de la vie, chacun de nous en particulier ne pouvait regarder ses compagnons que comme autant d'ennemis armés par la faim pour lui ravir sa subsistance. En effet, si quelques-uns n'avaient payé le tribut à la nature, nous aurions été bientôt dans l'horrible nécessité de périr de faim, ou de nous égorger et de nous dévorer les uns les autres. Sans en être encore réduits à cette affreuse alternative, notre situation était si misérable, qu'il semblait impossible qu'aucune nouvelle calamité pût en accroître l'horreur. Le sentiment continuel d'un froid rigoureux et d'une faim pressante, la douleur des plaies de la gelée irritées par le feu, les plaintes des souffrans, le désordre et la malpropreté qui nous rendaient un objet de dégoût pour nous-mêmes autant que pour les autres, toutes les images du désespoir rassemblées autour de nous, et dans la perspective une mort lente et cruelle, au milieu d'une région désolée, loin des consolations du sang et de l'amitié; telle est là faible peinture des maux que notre cœur ressentait à chaque instant des longs jours et des éternelles nuits.

Nous étions souvent sortis, le contre-maître et moi, pour voir si nous pourrions découvrir quelques vestiges d'habitations dans la contrée. Nos courses ne pouvaient être longues, et n'avaient jamais été suivies d'aucun succès. Nous résolûmes un jour de nous avancer plus avant dans le pays, en remontant les bords d'une rivière glacée. Il s'offrait de temps en temps à nos yeux des traces d'original et d'autres animaux, qui nous faisaient sentir vivement le regret d'être dépourvus d'armes et de poudre pour les chasser. Un léger espoir vint flatter un moment nos esprits. En suivant la direction de quelques arbres entamés du même côté par la hache, nous arrivâmes dans un endroit où des Indiens devaient avoir passé depuis peu, puisque leur wigwam y restait encore, et que l'écorce qu'on y avait employée paraissait toute fraîche. Une peau d'orignal que nous trouvâmes tout près suspendue au bout d'une perche, confirmait nos conjectures. Nous parcourûmes avec empressement tous les environs ; mais, hélas ! sans aucun fruit. Il nous resta cependant quelque satisfaction de penser que cet endroit avait eu ses habitans ou ses voyageurs, et qu'ils pourraient bientôt y revenir. Frappé de cette idée, je coupai une longue perche ; et, l'enfonçant sur le bord de la rivière, j'y attachai un morceau d'écorce de bouleau, après l'avoir taillé en forme de main, avec le doigt indicateur étendu et tourné vers notre cabane. Je crus aussi devoir emporter la peau d'orignal, afin que les sauvages, à leur retour, pussent comprendre que quelques personnes étaient passées en cet endroit depuis qu'ils l'avaient quitté, et démêler, à la faveur de notre signal, la route qu'elles avaient suivie. L'approche de la nuit nous força de reprendre le chemin de notre habitation ; et nous redoublâmes le pas pour communiquer plus tôt à nos compagnons de si agréables nouvelles. Quelque faibles que fussent les espérances qu'il était raisonnablement permis de concevoir de cette découverte, je vis que mon récit leur donnait une vive consolation, tant un instinct bienfaisant de la nature porte les malheureux à saisir tout ce qui peut adoucir le sentiment de leurs peines !

Plusieurs jours s'écoulèrent dans l'attente de voir à chaque instant paraître les Indiens devant notre cabane. Peu à peu ces douces idées s'affaiblirent; elles ne tardèrent pas enfin à s'évanouir. Quelques-uns de nos malades, entre autres le capitaine, avaient commencé, dans cet intervalle, à recouvrer leurs forces, et nos provisions diminuaient à vue d'œil. Je proposai le dessein où j'étais de quitter l'habitation avec tous ceux qui seraient en état de manœuvrer dans la chaloupe, pour aller à la découverte le long de la côte. Ce projet reçut une approbation générale ; mais lorsqu'il fallut s'occuper des moyens de l'exécuter, une nouvelle difficulté se présenta : c'était de pouvoir réparer le canot, battu par la mer contre le sable avec une telle furie, que toutes les jointures s'étaient écartées. On avait bien assez d'étoupe pour boucher les fentes; malheureusement le goudron manquait pour les recouvrir. Et le moyen d'y suppléer! Il ne s'en présentait aucun à notre esprit, lorsque j'imaginai tout à coup de faire servir à cet usage le baume de Canada que nous avions sauvé. L'épreuve était facile. J'en versai quelques bouteilles dans notre pot de fer, que j'exposai sur un grand feu. En la retirant fréquemment pour la laisser refroidir, j'eus bientôt réduit la liqueur à une douce consistance. Mes compagnons, pendant ce temps, avaient retourné le canot et l'avaient bien débarrassé du sable et des glaçons. Je fis remplir d'étoupe toutes les crevasses, je les enduisis de mon calfat, et j'eus le plaisir de voir qu'il produisit à merveille l'effet que j'en avais attendu.

Ce premier succès nous anima d'une ardeur plus vive pour continuer nos préparatifs. Un morceau de toile, ajusté sur une perche dressée de manière à pouvoir se lever ou s'abattre à volonté, nous promit une voilure assez forte pour soulager, dans un vent doux et favorable, le travail de nos rameurs. Parmi les gens de l'équipage, il y en avait peu d'assez bien rétablis pour soutenir les fatigues que nous devions prévoir dans cette expédition. On me choisit pour la conduire avec le capitaine, le contremaître, deux matelots et mon domestique. Ce qui restait de vivres fut divisé, selon le nombre de personnes, en quatorze parts égales, sans que l'excès des travaux que nous allions entreprendre pour la cause commune pût nous faire adjuger une portion plus forte qu'à ceux qui devaient rester paisiblement dans la cabane. C'est avec cette misérable ration d'un quart de livre de bœuf par jour pour six semaines, un frêle esquif revêtu d'un enduit incertain, que la moindre vague, le moindre souffle de vent pouvait renverser, le moindre écueil mettre en pièces ; c'est au milieu des masses énormes de glaces flottantes, sur une plage inconnue, semée de rochers, et pendant la saison la plus rigoureuse de l'année, qu'il fallait tenter une entreprise dont un désespoir aveugle avait pu seul inspirer le projet. Mais nous en étions à ce point, qu'il était moins téméraire d'affronter tous les dangers possibles, à la plus faible lueur d'espérance, que de s'exposer, par une lâche inaction, au danger presque inévitable de périr abandonné de la nature entière.

L'année 1781 venait de s'ouvrir. Notre dessein était de partir le jour suivant, 2 janvier. Un vent fougueux du nord-ouest nous retint jusqu'à l'après-midi du 4. Son impétuosité s'étant alors abattue, nous embarquâmes nos provisions, avec quelques livres de chandelles, ainsi que tous les petits effets qui pouvaient nous être utiles; et nous prîmes congé de nos compagnons, dans l'incertitude cruelle si ce ne seraient pas nos derniers adieux. Nous n'avions guère couru plus de huit milles, lorsque le vent, tournant au sud-est, contraria notre marche, et nous contraignit d'aborder, à force de rames, dans une large baie, qui nous présentait un asile favorable pour la nuit. Notre premier soin fut de débarquer nos vivres, et de transporter la chaloupe assez avant sur la plage, pour que la mer ne pût l'endommager. Il fallut ensuite allumer du feu, et couper du bois pour l'entretenir jusqu'au lendemain. Les branches de pin les plus menues furent employées à former notre lit, et les plus grosses à nous construire à la hâte une espèce de wigwam, pour nous mettre de notre mieux à l'abri des injures de l'air.

En faisant notre petit repas, je remarquai sur le rivage quelques pièces de bois que le flux y avait jetées, et qui paraissaient avoir été taillées par la hache. Je voyais aussi de longues perches façonnées autrefois de main d'homme. Cependant aucune autre marque d'habitations ne se montrait à nos regards. Il s'élevait à deux milles de distance une colline dépouillée d'arbres, avec quelques traces de défrichement. J'engageai deux de mes compagnons à m'y suivre avant la fin du jour, pour pouvoir embrasser de sa hauteur un horizon plus étendu. En marchant le long de la baie, nous reconnûmes un bateau de pêcheur de Terre-Neuve à demi brûlé, dont les restes étaient ensevelis dans le sable. Cet objet nous donna de nouvelles espérances, et nous fit redoubler de vitesse pour gravir la colline. Parvenus au sommet, quelle ne fut pas notre satisfaction d'apercevoir de l'autre côté quelques édifices éloignés d'un mille tout au plus! L'intervalle qui nous en séparait fut bientôt franchi malgré notre lassitude. Nous arrivâmes palpitans d'espoir et de joie; mais ces douces émotions furent au même instant dissipées. En vain nous parcourûmes tous les bâtimens; ils étaient déserts. C'étaient des magasins pour la préparation de la morue, qui, selon les apparences, avaient été abandonnés plusieurs années auparavant. Le triste fruit de cette course fut cependant de nous confirmer toujours dans l'idée de trouver quelques habitations, en continuant de tourner autour de l'île.

Le vent, qui avait repassé au nord-ouest, vint le lendemain nous retenir par la crainte du choc des glaçons qu'il poussait dans les courans. Depuis trois jours il régnait avec la même fureur. M'étant réveillé dans la nuit, je fus étonné d'entendre ses sifflemens aigus, sans que la mer y joignît, comme à l'ordinaire, le bruit sourd de ses vagues. J'interrompis le sommeil du contre-maître, pour lui faire part de ce phénomène. Curieux d'en connaître la cause, nous courûmes vers le rivage. La lune nous éclairait de ses rayons. Aussi loin que notre vue put s'étendre, leur funeste clarté nous fit apercevoir la surface des eaux immobile sous les chaînes de la glace qui s'élevait à divers endroits en monceaux d'une prodigieuse hauteur. Comment vous peindre le sentiment de tristesse qui s'empara de nos cœurs à cet aspect? Ne pouvoir pousser plus loin notre course, ni regagner notre première cabane, qui nous aurait mieux défendu de l'âpreté redoublée du froid! Jusqu'à quand devait durer cette funeste situation? Deux jours s'écoulèrent au milieu de ces réflexions désolantes. Enfin, le 9, le vent tomba. Il se releva le lendemain au sud-est, et souffla d'une telle force, que toutes les glaces qui nous bloquaient dans la baie se brisèrent à grand bruit, et furent balayées dans la haute mer, en sorte qu'il n'en restait plus le long de la côte vers les quatre heures de l'après-midi.

En rompant les chaînes qui nous arrêtaient, le tyran des airs nous en forgeait d'autres par sa violence. Ce ne fut qu'au bout de deux jours qu'elle se modéra. Une brise légère soufflant alors le long du rivage, notre chaloupe fut mise à la mer, notre voile dressée; et déjà nous nous étions avancés d'un cours assez favorable, lorsque nous aperçumes, à

7

quelques lieues dans le lointain, une pointe de terre extrêmement élevée. La côte jusque-là paraissait ne former qu'une ceinture si continue de rochers escarpés, qu'il était impossible de tenter aucun débarquement avant d'avoir atteint ce cap éloigné. Cependant il était dangereux de risquer une aussi longue course. La chaloupe venait de faire une voie d'eau qui occupait constamment deux hommes à la vider. Ainsi nous ne pouvions employer que deux rames; encore la faiblesse où nous étions réduits par nos chagrins et par le défaut de nourriture nous permettait à peine de soutenir cette légère manœuvre. Qu'allions-nous devenir, si le vent venait à tourner au nord-ouest? Il devait infailliblement nous briser contre les rochers. Heureusement le danger n'était plus pour nous un objet digne de considération; et le vent seconda si bien notre constance, que nous parvînmes au cap environ à onze heures de la nuit. La place ne s'étant point trouvée commode pour aborder, nous fûmes encore obligés de longer la côte jusqu'à deux heures du matin, lorsque le vent, devenu plus fort, nous ôta la liberté de choisir un endroit favorable. Il fallut descendre, ou plutôt gravir avec mille peines, sur une plage pierreuse, sans qu'il fût possible de mettre notre chaloupe à l'abri des flots qui menaçaient de la briser contre les rochers.

L'endroit où nous étions débarqués était une baie peu profonde, renfermée du côté de la terre par des hauteurs inaccessibles, mais ouverte sur la mer au vent de nord-ouest, dont rien ne pouvait nous garantir. Le vent, qui s'éleva le 13, jeta notre chaloupe sur un banc rocailleux, et l'endommagea dans plusieurs parties. Cet accident ne fut qu'un léger prélude à de nouvelles misères. Environnés de rochers insurmontables, qui nous empêchaient d'aller chercher un abri dans les bois ; réduits, pour toute couverture, à notre voile hérissée de glaçons ; ensevelis durant plusieurs jours sous un déluge de neige qui s'était amoncelée autour de nous à la hauteur de trois pieds, nous n'avions pour alimenter notre feu que des branches et des débris de troncs d'arbres, qui se trouvèrent par hasard jetés sur le rivage. Cette déplorable situation dura jusqu'au 21, où le temps se radoucit : mais il n'était plus en notre pouvoir d'en profiter. Comment réparer notre chaloupe ouverte de plusieurs crevasses ? Après avoir médité les divers moyens qui se présentèrent à notre esprit, et les avoir rejetés comme impraticables, toutes nos pensées se tournèrent à chercher notre salut d'un autre côté.

Quoiqu'il fût impossible d'escalader le mur de rochers qui nous entourait de toutes parts, cependant, si nous étions dans la nécessité de renoncer à l'usage de notre chaloupe, ils nous vint dans l'idée que nous pourrions du moins nous avancer le long du rivage, en marchant sur la glace, devenue assez forte pour supporter notre poids. Je résolus, avec le contre-maître d'en faire l'épreuve. Nous partîmes aussitôt ; et, au bout de quelques milles, nous parvînmes à l'embouchure d'une rivière bordée d'une plage sablonneuse, où nous aurions pu conserver notre chaloupe et vivre avec beaucoup moins de désagrément, si notre bonne fortune nous y eût d'abord conduits. Cette découverte, en faisant naître nos regrets, n'étendait pas bien loin nos espérances. Il était, à la vérité, facile de pénétrer de là dans les bois ; mais fallait-il s'enfoncer au hasard en des lieux sauvages pour aller à la recherche d'un canton habité ? Par quels moyens diriger notre course à travers la noire épaisseur de la forêt ? et surtout comment traîner ses pas sur la neige dont la terre était chargée à la hauteur de six pieds, et que le moindre dégel pouvait ramollir ? Après avoir tenu conseil à notre retour, il fut décidé que notre seule ressource était de charger sur notre dos ce qui nous restait d'effets utiles et de provisions, et d'aller le long de la côte, où il était plus naturel d'espérer qu'il se trouverait enfin quelques familles de pêcheurs ou de sauvages. Le temps paraissait devoir encore tenir à la gelée ; et le vent ayant balayé dans la mer la plus grande partie de la neige qui couvrait les glaces de ses bords, nous pouvions nous flatter de faire environ dix milles par jour, même dans l'état de langueur où nos forces étaient tombées.

Cette résolution ayant été arrêtée d'une voix unanime, nous eûmes bientôt fait nos préparatifs. Notre projet était de partir le 24 au matin ; mais, dans la nuit qui le précéda, le vent tourna tout à coup au sud-est, accompagné d'une grosse pluie ; en sorte que, peu d'heures après, cette croûte de neige qui, la veille, paraissait si solide, fut entièrement fondue, et toute la lisière de glaçons détachée du rivage. Plus de chemins ouverts pour sortir de cette plage désastreuse où nous étions renfermés. Dans ces cruelles réflexions, nos regards se tournaient quelquefois vers la chaloupe, que nous avions été souvent tentés de mettre en pièces pour entretenir notre feu, n'osant plus en attendre aucun autre service. Il nous restait encore assez d'étoupe pour remplir les nouvelles crevasses ; mais le baume de Canada avait été tout-à-fait épuisé par nos réparations journalières, et rien ne s'offrait à notre imagination pour le remplacer.

Cependant le froid revint le surlendemain. Sa rigueur, dans la nuit, me fit concevoir une idée que je me hâtai d'essayer aussitôt que le jour parut. C'était de répandre de l'eau sur l'étoupe qui bouchait les fentes, et de l'y laisser geler en forme d'enduit d'une certaine épaisseur. Mes compagnons se moquaient de mon entreprise, et ne se prêtaient qu'avec répugnance à me seconder. Un moyen aussi simple me réussit cependant au-delà de mon espoir. Toutes les ouvertures se trouvèrent par là si bien fermées, qu'on en vint à croire que l'eau ne pourrait y pénétrer aussi long-temps que la gelée serait aussi forte que dans ce moment.

Nous fîmes une heureuse expérience le lendemain 27 : quoique la chaloupe fût devenue fort lourde et très-difficile à manier, par la quantité de glaces dont elle était revêtue, elle avait fait dans la journée environ douze milles du lieu de notre départ. Ce nouveau service nous la rendit plus précieuse, et nous eûmes le soin de la transporter sur nos rames dans l'endroit le plus favorable à sa sûreté. Une épaisse forêt, qui s'élevait dans le voisinage, nous offrait deux biens dont nous avions été privés durant tant de nuits, un léger abri contre le souffle glacial du vent, et du bois en abondance pour entretenir un grand feu qui nous réchauffât dans notre sommeil. Cette double jouissance fut pour nous le comble des voluptés. Notre provision d'amadou étant presque consommée, je fus obligé de la renouveler en brûlant une partie de ma chemise, la même que j'avais toujours portée depuis la perte de mes équipages.

Le lendemain, une ondée de pluie fondit malheureusement toute la glace de notre chaloupe, et nous eûmes le chagrin de perdre l'avantage d'une journée favorable, qui aurait pu nous avancer de plusieurs milles dans notre course. Il fallut se résoudre à attendre le retour de la gelée; et ce qui augmentait notre impatience et nos regrets, c'est que nos provisions se trouvaient maintenant réduites à deux onces et demie de bœuf pour chacun.

La gelée n'ayant repris que dans l'après-midi du 29, la longueur inévitable de nos préparatifs ne nous permit pas de faire plus de sept milles avant la nuit. Un vent très-fort qui nous surprit le jour suivant, dans le commencement de notre route, nous obligea de relâcher sans avoir fait plus de deux lieues. Le dégel nous retint à terre jusqu'au surlendemain, 1ᵉʳ février, où un froid excessif nous fournit l'occasion de réparer notre chaloupe; mais les glaçons flottans étaient si considérables, qu'ils occupaient sans cesse l'un de nous à les briser avec une perche; et ce ne fut que par le travail le plus fatigant que nous vînmes à bout de faire cinq milles avant la chute du jour.

Notre navigation fut plus heureuse le 3. Le vent soufflait dans une direction aussi favorable que nous aurions pu le désirer. Quoique la chaloupe fît une voie d'eau qui employait une partie de nos bras à la tarir, nous courûmes d'abord quatre milles par heure avec le secours de nos rames, et bientôt cinq avec notre seule voile. Vers deux heures de l'après-midi, nous eûmes pleinement en vue un cap très-élevé, qui, selon notre estime, ne devait être éloigné que de trois lieues. Sa prodigieuse hauteur nous trompait sur sa distance. Il était presque nuit lorsque nous parvînmes à l'atteindre. En le doublant, notre course prenait une direction différente de ce qu'elle avait été dans la journée; en sorte qu'elle nous obligea de baisser la voile et de prendre nos rames. Le vent se trouvait alors souffler du côté de la terre. Nos efforts étaient bien faibles pour le combattre; et sans un courant venant du nord-est, qui nous soutint un peu contre son impulsion, nous courions le risque d'être emportés pour jamais dans la haute mer.

La côte hérissée de rochers, étant en cet endroit trop dangereuse pour y descendre, il nous fallut ramer avec mille périls, dans les ténèbres et le long des écueils, jusqu'à cinq heures du matin. Incapables alors de soutenir une plus longue manœuvre par l'épuisement de nos forces, nos yeux se fermèrent sur les dangers du débarquement, et le ciel le fit réussir, sans autre accident que d'avoir notre chaloupe jetée à demi-pleine d'eau sur le rivage. L'entrée des bois n'était pas éloignée, cependant nous eûmes beaucoup de peine à nous y traîner, et à dresser du feu pour nous dégourdir et pour sécher nos habits. Tel était l'accablement où nous avait plongés la fatigue et l'insomnie, qu'il nous fut impossible de résister au sommeil, lorsque notre feu commençait à s'allumer. Nous étions obligés de nous éveiller tour à tour pour l'entretenir, de peur qu'il ne s'éteignît pendant que nous serions tous endormis à la fois, et que la gelée ne nous frappât de mort dans cet assoupissement. A mon réveil, j'eus occasion de me convaincre, par les observations que je fis sur le rivage, de ce que j'avais soupçonné pendant la route; savoir que cette pointe de terre élevée que nous venions de doubler était le Cap-Nord de l'île Royale, qui, avec le Cap-Roi sur l'île de Terre-Neuve, marque l'entrée du golfe de Saint-Laurent.

La douce certitude de nous trouver sur une île habitée nous aurait flattés de l'espérance de rencontrer enfin du secours en continuant notre voyage, si nous avions eu de quoi pourvoir à notre subsistance pendant tout le temps qu'il pouvait durer. Mais nos provisions étaient près de finir; et cette perspective nous jetait dans le désespoir. Il ne se présentait à notre esprit que des idées d'une mort prochaine, ou des moyens affreux pour la reculer. En tournant les yeux les uns sur les autres, il semblait que chacun fût prêt à marquer la victime qu'il fallait dévouer à la faim de ses bourreaux. Déjà même quelques-uns d'entre nous étaient convenus d'en remettre le choix à la décision aveugle du sort. Heureusement l'exécution de cet affreux projet fut remise à la dernière extrémité.

Pendant que mes compagnons s'occupaient à vider la chaloupe du sable dont la marée l'avait remplie, et à boucher les fentes, en versant sur l'étoupe de l'eau qu'ils y laissaient geler, j'allai le long du rivage avec le contre-maître pour chercher des huîtres, dont on apercevait une quantité d'écailles dispersées. Il ne s'en trouva par malheur aucune de pleine. Nous aurions regardé comme une grande fortune de rencontrer quelques cadavres de bêtes sauvages à demi-dévorés par des oiseaux de proie; mais tous ses débris étaient ensevelis sous la neige. Rien qui pût nous offrir les plus vils alimens. C'était peu que la destinée nous eût jetés sur une côte déserte; il fallait pour combler notre misère, qu'elle eût choisi la plus affreuse saison, lorsque non-seulement la terre refusait ses productions naturelles à notre subsistance, mais encore lorsque les animaux qui peuplent les deux élémens nourriciers de l'homme s'étaient réfugiés dans leurs grottes ou dans leurs repaires, pour se préserver du froid rigoureux qui désole ces inhospitables climats.

Je craindrais de porter un sentiment trop pénible dans les âmes à qui notre situation a pu inspirer, jusqu'à ce moment, une tendre pitié, si je peignais dans toute leur horreur les maux que nous eûmes à souffrir les jours suivans. Réduits, pour seule nourriture, à des fruits secs d'églantier déterrés sous la neige, et à quelques chandelles de suif que nous avions réservées pour notre dernière ressource; oppressés de fatigue au moindre effort; contrariés dans notre navigation par les glaces, les pluies ou les vents; animés quelquefois d'une légère espérance, pour retomber bientôt après dans un plus cruel désespoir; navrés des sensations douloureuses de toutes ces détresses réunies pour nous accabler de leur poids insupportable à chaque instant du jour et de la nuit : voilà quel fut notre état jusqu'au 17, où, succombant de faiblesse, nous descendîmes à terre pour la dernière fois, résolus de périr en cet endroit, si le ciel ne nous envoyait quelque secours imprévu. Mettre notre chaloupe en sûreté sur la plage aurait été une entreprise trop au-dessus de notre pouvoir. Elle resta livrée à la fureur des vagues, après que nous en eûmes retiré tristement nos outils et la voile qui nous servait de couverture. Nos dernières forces furent employées à balayer la neige de la place que nous avions choisie, à la relever tout autour en talus, pour y planter des branches de pin, destinées à nous former un abri; enfin, à couper et à mettre en pile autant de bois qu'il nous fut possible, pour entretenir notre feu, dans la crainte d'être bientôt hors d'état de faire usage de nos instrumens.

Quelques poignées de fruit d'églantier bouillis dans la neige fondue furent, pendant les premiers jours, l'unique soutien de notre vie. Ils vinrent à nous manquer; et nous regardions comme un bonheur de pouvoir y suppléer par des plantes marines qui croissaient sur le rivage. Après les avoir fait bouillir plusieurs heures de suite, sans qu'elles eussent beaucoup perdu de leur dureté, je mis fondre dans le jus une des deux seules chandelles qui nous restaient. Ce bouillon dégoûtant, et ces herbes coriaces assouvirent d'abord notre faim; mais peu d'instans après, nous fûmes saisis d'un vomissement terrible, sans avoir la force de pouvoir débarrasser notre estomac. Cette crise dura environ quatre heures, au bout desquelles nous fûmes un peu soulagés, mais pour tomber dans un épuisement absolu.

Il fallut cependant recourir le lendemain à la même nourriture, qui opéra comme la veille, seulement avec un peu moins de violence. Nous avions employé notre dernière chandelle. Nous fûmes réduits, pendant trois jours, à nous contenter de ces herbes dures et grossières, qui nous causaient des nausées chaque fois que nous les portions à la bouche. Dans le même temps nos jambes commencèrent à s'enfler. Cette bouffissure s'étendit à tel point sur le corps, que, malgré le peu de chair que nous avions conservé, nos doigts, par la moindre pression, s'enfonçaient à la profondeur de plus d'un pouce sur notre peau, et l'empreinte en subsistait encore une heure après. Nos yeux semblaient comme ensevelis dans des cavités profondes. Engourdis par la dissolution intérieure de notre sang, et par les âpres frimas qui nous enveloppaient, à peine avions-nous la force de ramper tour à tour pour aller attiser notre feu presque éteint, ou ramasser quelques branches dispersées sur la neige. C'est alors que le souvenir de mon père, qui m'avait toujours suivi au milieu des plus pressans dangers, vint s'offrir avec un nouvel attendrissement à mon cœur, en se mêlant à l'idée de mon trépas. Je me le représentais, ce tendre père, inquiet d'abord sur mon compte dans la première attente de mes nouvelles, accablé ensuite de chagrin, lorsque le temps s'écoulerait sans lui en apporter; enfin, condamné à pleurer, pendant tous les jours de sa vieillesse, sur la perte de son fils. Je pleurais moi-même de mourir si loin de ses bras, sans recevoir sa dernière bénédiction. A ces touchantes pensées, interrompues par les gémissemens poussés autour de moi, succédaient des projets barbares, que l'instinct naturel de la vie m'inspirait pour la soutenir. Ces malheureux compagnons de mon infortune, dont les travaux m'avaient jusqu'alors secouru, ne me paraissaient plus qu'une proie pour assouvir ma faim. Je lisais les mêmes sentimens dans leurs regards avides. Je ne sais où nous auraient conduits ces féroces dispositions, lorsque tout à coup les accens d'une voix humaine se firent entendre dans la forêt. Au même instant nous découvrîmes deux Indiens, armés de fusils, qui ne semblaient pas nous avoir encore aperçus. Cette apparition subite, ranimant notre courage, nous donna la force de nous lever et de nous avancer vers eux avec toute la promptitude dont nous étions capables.

Aussitôt que nous fûmes en leur présence, ils s'arrêtèrent comme si leurs pieds eussent été cloués à la terre. Ils nous regardaient fixement, immobiles de suprise et d'horreur. Outre l'étonnement où devait naturellement les jeter la rencontre imprévue de six étrangers dans ce coin de l'île déserte, notre seul aspect était bien capable de glacer le plus intrépide. Nos habits traînant en lambeaux, nos yeux éteints sous la bouffissure de nos joues livides, l'enflure monstrueuse de tous nos membres, notre barbe hérissée et crépue, nos cheveux flottant en désordre sur nos épaules, tout devait nous donner une apparence effrayante. Cependant, à mesure que nous avancions, mille sentimens heureux se peignaient sur nos traits. Les uns versaient de douces larmes, les autres souriaient de joie. Quoique ces signes paisibles fussent propres à rassurer un peu les Indiens, ils ne témoignaient pas encore la moindre inclination à nous approcher ; et certes le dégoût répandu sur toutes nos personnes justifiait assez leur froideur. Je pris donc le parti de m'avancer vers celui qui se trouvait le plus près de moi, en lui tendant une main suppliante : il la prit, et la secoua très-cordialement, façon de saluer employée parmi ces sauvages.

Ils commencèrent alors à nous donner quelques marques de compassion. Je leur fis signe de venir vers notre feu. Ils nous accompagnèrent en silence, et s'assirent auprès de nous. L'un d'eux, qui parlait un français corrompu, pria, dans cette langue, de l'informer d'où nous venions, et quel hasard nous avait amenés en cet endroit. Je me hâtai de lui rendre un compte aussi succinct qu'il me fut possible des infortunes et des souffrances que nous avions éprouvées. Comme il me parut assez vivement touché de mon récit, je lui demandai s'il pourrait nous fournir quelques provisions. Il me répondit qu'oui ; mais voyant notre feu prêt à s'éteindre, il se leva brusquement, saisit notre hache, qu'il fut un moment à considérer en souriant, j'imagine, du mauvais état où elle se trouvait. Il la rejeta d'un air de mépris, pour prendre celle qui était à son côté. En un clin d'œil il eut abattu une grande quantité de branches, qu'il jeta sur notre feu : puis il ramassa son fusil ; et, sans dire un seul mot, il s'en alla avec son compagnon.

Une retraite si soudaine aurait pu donner de l'inquiétude à ceux qui ne connaissent pas l'humeur des Indiens ; mais je savais que ces peuples parlent rarement, lorsqu'ils n'y voient pas une nécessité absolue. Ainsi je ne doutai point qu'ils ne fussent allés nous chercher des provisions ; et j'assurai ma troupe alarmée que nous ne tarderions guère à les revoir. Malgré le besoin que nous devions avoir de nourriture, la faim n'était pas, du moins pour moi, le plus pressant. Le bon feu que nous avaient fait les sauvages remplissait en ce moment tous mes désirs, ayant passé tant de jours à souffrir d'un froid rigoureux auprès de la flamme languissante de notre misérable foyer.

Trois heures s'étaient écoulées depuis le départ des Indiens ; et mes compagnons désolés commençaient à perdre l'espérance de les revoir, lorsque enfin nous les aperçûmes au détour d'une pointe de terre avancée, qui ramaient vers nous dans un canot d'écorce. Bientôt ils descendirent sur le rivage, chargés d'une grosse pièce de venaison fumée, et d'une vessie pleine d'huile de poisson. Ils firent bouillir la viande dans notre pot de fer avec de la neige fondue ; et, lorsqu'elle fut cuite, ils eurent l'attention de ne nous en donner qu'en très-petite quantité, avec un peu d'huile, pour prévenir les suites dangereuses qu'aurait pu avoir notre voracité, dans l'état de faiblesse où notre estomac se trouvait réduit.

Ce léger repas étant fini, ils me firent embarquer avec deux de mes compagnons dans leur pirogue, trop petite pour nous emmener tous à la fois. Leur habitation n'était éloignée que de cinq milles. Nous fûmes reçus, en débarquant, par trois Indiens, et une douzaine de femmes ou enfans qui nous attendaient sur le bord de la mer. Tandis que ceux de la pirogue retournaient chercher le reste de notre troupe, les autres me conduisirent vers leurs cabanes, ou wigwams, qui s'élevaient au nombre de trois, pour le même nombre de familles, à l'entrée de la forêt. Nous fûmes traités par ces bonnes gens avec la plus douce hospitalité. Ils nous firent avaler d'une espèce de bouillon, mais sans vouloir nous permettre, malgré nos prières, de manger de la viande, ou de prendre aucun autre aliment trop substantiel.

Je ressentis une joie bien vive lorsque la pirogue revint, et nous ramena nos trois compagnons. Nous goûtions, à nous trouver réunis parmi ces sauvages, même après une séparation si courte, les sentimens qu'éprouvent des amis de l'enfance, qui, après avoir long-temps gémi, éloignés l'un de l'autre, se retrouvent au sein de leur patrie. Cette hutte nous paraissait un lieu de délices. Les transports que nous faisions éclater intéressèrent en notre faveur une femme très-âgée, qui témoigna beaucoup de curiosité d'apprendre nos aventures. J'en fis un détail plus circonstancié que le premier à l'Indien qui pouvait entendre le français. Il le rendit aux autres dans son langage. Pendant le cours de son récit, j'eus occasion d'observer que les femmes en étaient vivement affectées; et je fondai sur cette impression l'espoir d'un traitement favorable pendant notre séjour.

Après avoir satisfait nos premiers besoins, nos

pensées se tournèrent vers les malheureux que nous avions laissés à l'endroit de notre naufrage. La détresse sous laquelle nous avions été près de succomber me faisait craindre pour eux un sort plus funeste. Cependant, quand un seul d'entre eux aurait survécu, j'étais résolus de n'omettre aucune tentative pour son salut. Je tâchai de bien désigner aux sauvages le quartier de l'île où nous avions été jetés, et je leur demandai s'il ne serait pas possible d'y porter des secours.

Sur la description que je leur fis du cours de la rivière la plus voisine, et d'une petite île que l'on découvrait à peu de distance de son embouchure, ils répondirent qu'ils connaissaient à merveille cette plage, qu'elle était éloignée d'environ cent milles, par des routes très-difficiles dans les bois; qu'il y avait des rivières et des montagnes à franchir pour y pénétrer, et que, s'ils entreprenaient le voyage, ils devaient s'attendre à quelque récompense pour leurs fatigues. Il n'était pas raisonnable d'exiger qu'ils suspendissent leur chasse, le seul moyen qu'ils ont de faire subsister leurs femmes et leurs enfans, pour entreprendre une course pénible par un pur motif de bienveillance envers des inconnus. Quant à ce qu'ils disaient de la distance, elle ne me paraissait pas exagérée, puisque j'estimais, par mes propres calculs, que nos courses le long des rivages n'avaient été guère au-dessous de cent cinquante milles. Je leur dis alors, ce dont il ne m'était pas encore venu dans l'esprit de leur parler, que j'avais de l'argent, et que, s'il était de quelque prix à leurs yeux, j'en emploierais une partie à les payer de leurs peines. Ils semblèrent fort contents de cette proposition, et me demandèrent à voir ma bourse. Je la pris des mains de mon domestique pour leur montrer les cent quatre-vingts guinées qu'elle contenait. J'observai sur leurs traits, à la vue de cet or, des sentimens que j'étais bien loin d'attendre d'un peuple sauvage. Les femmes surtout le regardaient avec une extrême avidité ; et, lorsque je leur eus fait présent d'une guinée à chacune, je les vis pousser un grand éclat de rire ; ce qui est le signe dont les Indiens expriment les mouvemens extraordinaires de leur joie.

Quelque exorbitantes que pussent être leurs prétentions, je n'avais rien à ménager pour sauver mes compatriotes, s'il en restait quelqu'un en vie. Nous conclûmes un accord par lequel ils s'engageaient à se mettre en route dès le jour suivant, et moi à leur donner vingt-cinq guinées à leur départ, et la même somme à leur retour. Ils s'occupèrent aussitôt à faire des souliers propres à marcher sur la neige, soit pour nos matelots qu'ils devaient ramener, soit pour eux-mêmes ; et le lendemain de bonne heure ils partirent, après avoir reçu l'argent dont nous étions convenus.

Dès le moment où les sauvages eurent vu de l'or dans mes mains, ma situation perdit tous les charmes qu'elle devait à leur hospitalité. Ils devinrent aussi avides qu'ils avaient été généreux jusqu'alors, exigeant dix fois la valeur des moindres choses qu'ils nous fournissaient à mes compagnons ou à moi. Je tremblais d'ailleurs que cette passion excessive pour l'argent, qu'ils avaient prise dans leur commerce avec les Européens, ne les portât à nous dépouiller, et à nous laisser dans la déplorable situation dont nous étions sortis par leurs secours. Le seul motif sur lequel je fondais l'espérance d'un traitement plus humain était la religion qu'ils avaient embrassée, ayant été convertis au christianisme par les jésuites français, avant que cette île nous fût cédée avec le Canada. Ils témoignaient l'attachement le plus vif pour leur foi nouvelle, et souvent ils nous étourdissaient dans la soirée par leur triste psalmodie. C'était sur mon domestique qu'ils avaient réuni toutes leurs affections, parce qu'il était catholique irlandais, et qu'il se joignait à leurs prières, quoiqu'il n'en entendît pas un seul mot. Je doute fort s'ils étaient en état de s'entendre eux-mêmes; car leurs chants, ou leurs hurlemens, pour mieux dire, étaient dans un jargon confus, mêlé de mauvais français et de leur idiome sauvage, avec quelque bout de phrases latines qu'ils avaient retenues de la bouche de leurs missionnaires.

Ces insulaires ont, dans la figure et dans les mœurs, des traits généraux de ressemblance avec les sauvages du continent de l'Amérique. Cependant leur langage est très-différent de celui de toutes les nations ou tribus que j'ai connues. Ils en diffèrent aussi dans l'usage de laisser croître leur chevelure, ce qui est particulier aux femmes seules parmi les Indiens du continent. Ils ont d'ailleurs pour les liqueurs spiritueuses ce goût violent, si universel parmi les sauvages.

Nous passâmes bien des jours encore avant de recouvrer nos forces et de pouvoir digérer quelque nourriture substantielle. La seule que les Indiens fussent en état de nous procurer était de la chair d'orignal et de l'huile de veau marin, dont ils vivent uniquement pendant la saison de la chasse. Quoique le souvenir de tant de misères passées dût nous faire bénir le changement de notre situation, et prêter des agrémens à notre séjour parmi les sauvages, je me sentais fort empressé de les quitter, à cause des dépêches que l'on m'avait confiées, et qui pouvaient être de la plus grande importance pour le service de l'État ; d'autant plus que je ne pouvais ignorer que le duplicata s'était perdu dans le naufrage de la goëlette. Cependant j'étais encore dans une telle langueur, qu'il me fut impossible, pendant quelque temps, de faire le moindre exercice ; et j'éprouvais, ainsi que les compagnons de mes disgrâces, combien une atteinte si rude à la constitution était difficile à réparer.

Après une absence d'environ quinze jours, les Indiens revinrent avec trois de nos gens, les seuls que la mort eût épargnés parmi les huit personnes que j'avais laissées dans la cabane. Ils nous apprirent qu'après avoir consommé toutes leurs provisions, ils avaient subsisté, pendant quelques jours, de la peau d'orignal que nous avions dédaigné de partager avec eux; que, cette dernière ressource étant épuisée, trois étaient morts de faim, et que les autres avaient été dans l'horrible nécessité de se nourrir de leurs cadavres jusqu'à l'arrivée des Indiens; que l'un des cinq qui restaient s'était livré avec tant d'imprudence à sa voracité, qu'il était mort, au bout de quelques heures, en des tourmens inexprimables; enfin, qu'un autre s'était tué par accident, en maniant les armes d'un sauvage. Aussi notre troupe, composée d'abord de dix-neuf personnes, se trouvait alors réduite à neuf; et j'admire, toutes les fois que j'y pense, qu'une seule en eût pu réchapper, après avoir eu à combattre, durant l'espace de trois mois, toutes les misères combinées du froid, de la fatigue et de la faim.

Le délabrement de nos forces nous retint en ce triste lieu quinze jours encore, pendant lesquels je fus contraint, comme auparavant, de payer le prix le plus excessif pour notre nourriture et pour nos moindres besoins. Au bout de ce temps, ma santé se trouvant un peu rétablie, et ma bourse presque épuisée, je me crus obligé de sacrifier mes convenances personnelles au devoir de mon service; et je résolus de porter mes dépêches au général Clinton, avec toute la diligence dont j'étais capable, quoique ce fût la saison de l'année la moins propre à voyager. En conséquence, j'engageai deux Indiens à me conduire dans Hallifax, moyennant quarante guinées que je leur paierais en y arrivant. Je me chargeais de plus de leur fournir sur la route toutes les provisions et tous les rafraîchissemens convenables dans chaque partie habitée où nous pourrions passer. D'autres Indiens devaient conduire le reste de notre troupe à un établissement sur la Rivière espagnole, où ils resteraient jusqu'au printemps, pour attendre une occasion de gagner par mer Hallifax. Je fournis au capitaine tout l'argent nécessaire à sa subsistance et à celle de ses matelots, pour une lettre de change qu'il me donna sur son armateur à New-Yorck. Celui-ci ne rougit point, dans la suite, de m'en refuser le paiement, sous prétexte que le navire étant perdu, ni le capitaine ni l'équipage n'avaient plus rien à prétendre.

Je partis le 2 avril, accompagné de deux Indiens, de mon domestique et de M. Winslow, jeune passager de notre vaisseau, l'un des trois qui avaient survécu dans la cabane. Nous emportions chacun quatre paires de souliers indiens, une paire de souliers à neige, et des provisions pour quinze jours. Nous arrivâmes le soir dans un endroit que les Anglais nomment Broad-oar, où une chute orageuse de neige nous retint tout le jour suivant. Nous repartîmes le 4; et après une marche d'environ quinze milles, nous parvînmes sur les bords d'un très-beau lac salé, nommé le lac Saint-Pierre, dont l'extrémité va communiquer en pointe avec la mer. En cet endroit nous fîmes la rencontre de deux familles indiennes qui allaient à la chasse. Je leur achetai pour quatre guinées un canot d'écorce; mes guides m'ayant prévenu qu'il nous serait souvent nécessaire pour traverser quelques parties du lac qui ne gèlent jamais. Comme nous devions en d'autres parties voyager sur la glace, je fus obligé d'acheter aussi deux traîneaux pour y placer le canot et le traîner après nous.

Après avoir goûté deux jours de repos, et nous être munis de nouvelles provisions, nous reprîmes notre marche le 7, en la dirigeant pendant quelques milles le long des bords du lac; mais la glace étant mauvaise, il nous fallut quitter cette route pour en prendre une dans les bois. La neige s'y trouvait élevée de six pieds. Un dégel mêlé de pluie, qui survint le lendemain, la rendit si molle, qu'il nous fut impossible de marcher plus long-temps sur sa surface. Nous fûmes donc obligés de nous arrêter. Un grand feu, un wigwam commode, et des provisions abondantes, nous aidèrent à supporter ce contre-temps fâcheux, sans dissiper toutefois nos inquiétudes. L'hiver était trop avancé pour espérer de voyager long-temps sur la neige, sans le retour fortuit de la gelée; et si elle ne devait plus revenir, le seul parti qui nous restait était d'attendre que le lac fût entièrement débarrassé de ses glaçons, ce qui pouvait nous retenir encore quinze jours ou trois semaines. Notre situation, dans ce cas, devenait aussi malheureuse que celle où nous avions été réduits par notre naufrage, excepté que la saison était moins rude, que nous étions un peu mieux pourvus de munitions, et que nous avions au moins des armes pour les renouveler.

Heureusement la gelée revint le 12, et nous crûmes devoir profiter de cette faveur dès le lendemain. Notre marche fut ce jour-là de six lieues, tantôt sur les glaces flottantes et tantôt dans notre pirogue. Le 14, nos provisions étant presque toutes consommées, je proposai d'aller à la poursuite du gibier, qui me paraissait abonder en ce canton. Les sauvages, en général, ne songent guère qu'aux besoins du jour, sans se mettre en peine de ceux du lendemain. Cette prévoyance pouvait cependant être bien essentielle, puisqu'une fonte soudaine de la neige nous eût empêchés de sortir. J'allai dans les bois avec un de mes guides; et nous fûmes bientôt sur la trace d'un orignal, que mon Indien atteignit au bout d'une heure de chasse. Il l'ouvrit avec beaucoup d'adresse, recueillit le sang dans la vessie, et dépeça le corps en grands quartiers, dont une partie fut portée sur nos épaules jusqu'à la pirogue. Nous envoyâmes chercher le reste par l'autre Indien, mon domestique et M. Winslow. Cette expédition nous valut un renfort de provisions assez considérable pour n'avoir plus la crainte d'en manquer, dans le cas où un dégel subit nous eût empêchés de continuer notre route sur le lac ou dans les bois. Le 15 au matin, nous partîmes de très-bonne heure, et nous fîmes six lieues dans la journée; ce qui abattit tellement nos forces déjà épuisées par de longues souffrances, qu'il nous fut impossible de nous remettre en marche le lendemain. La fatigue nous retint encore jusqu'au 18, où nous reprîmes

Je dois à la reconnaissance de faire ici mention de M. Cavanaugh, négociant anglais.

notre voyage de la même manière, c'est-à-dire partie sur la glace flottante, et partie sur la pirogue dans les endroits où le lac n'était pas gelé. J'eus alors occasion d'observer les beautés de ce lac, l'un des plus beaux que j'aie vu en Amérique, quoique cette saison de l'année ne fût pas propre à le faire paraître avec tous ses avantages. Il est couvert d'un nombre infini de petites îles répandues çà et là sur sa surface, qui lui donnent un air de ressemblance avec le célèbre lac de Killarney, et d'autres lacs d'eau douce en Irlande. On n'a jamais formé d'établissement sur ces îles. Cependant le sol en paraît très-fertile, et leur séjour devrait être délicieux en été, si l'on pouvait s'y procurer de l'eau douce, dont elles manquent absolument; ce qui est sans doute la raison pour laquelle elles ne sont pas habitées. Si les glaces du lac eussent été continues et plus solides, nous aurions pu nous épargner bien du temps et des peines, en marchant directement d'une pointe à une pointe et d'une île à l'autre; au lieu que presqu'à chaque baie nous étions obligés de nous enfoncer en de longs détours.

Le 20 nous arrivâmes à un endroit appelé Saint-Pierre, où se trouve un établissement de quelques familles anglaises et françaises. Je dois à la reconnaissance de faire ici mention de M. Cavanaugh, négociant anglais, dont nous fûmes reçus avec toutes sortes de politesses, et qui, sur le récit de mes malheurs, eut la confiance de m'avancer deux cents livres sterlings pour une lettre-de-change que je lui donnai sur mon père, quoique notre nom lui fût entièrement étranger.

J'aurais pris à Saint-Pierre un bâtiment de pêcheur pour me rendre à Hallifax, sans la crainte de tomber entre les mains des corsaires américains, dont ces parages étaient alors infestés. Le lac, en cet endroit, n'étant séparé de la mer que par une forêt d'environ un mille de largeur, il ne fut question que de traîner notre pirogue à travers cet espace pour gagner le rivage et nous embarquer. Après nous être arrêtés les jours suivans en divers endroits peu remarquables, nous arrivâmes le 25 à Narrashoc, où nous fûmes accueillis avec la même hospitalité qu'à Saint-Pierre. Nous en partîmes le 26 dans notre pirogue, pour nous rendre à l'île Madame, située presqu'au milieu du passage du Canceau, par lequel l'île du cap Breton est séparée de l'Acadie, ou Nouvelle-Écosse. Mais, à la pointe de cette île, nous découvrîmes une si grande quantité de glaces flottantes, qu'il eût été de la dernière imprudence d'y hasarder notre fragile nacelle. Nous retournâmes donc à Narrashoc, où je frétai un bâtiment plus capable de leur résister. Je fis mettre à bord la pirogue, et le 27, à l'aide du vent le plus favorable, nous franchîmes en trois heures le passage, et nous débarquâmes au Canceau, qui lui donne son nom. Ensuite, après une navigation de dix jours le long des côtes, notre pirogue nous porta jusque dans le port d'Hallifax.

Les Indiens ayant reçu le prix dont nous étions

convenus, et les présens par lesquels je crus devoir satisfaire ma reconnaissance envers ceux à qui j'étais redevable du salut de ma vie, nous quittèrent au bout de quelques jours pour s'en retourner dans leur île. Comme il me fallut attendre long-temps encore l'occasion d'un vaisseau, j'eus la satisfaction pendant cet intervalle de voir arriver mes compagnons d'infortune, que les autres Indiens s'étaient chargés de conduire par la *Rivière espagnole*. Enfin, après deux mois d'attente, je m'embarquai sur le vaisseau nommé *le Chêne-Royal*, et j'arrivai à New-Yorck, où je remis au général Clinton mes dépêches tardives dans l'état le plus délabré.

LETTRE DE JULIE DE MERSAN

A AMÉLIE DE BEAUMONT.

Ma chère amélie,

As-tu donc oublié la parole que tu m'avais donnée, de venir nous trouver à la campagne aux premiers jours du printemps? Peut-être les gens de la ville imaginent-ils qu'il n'est pas encore de retour? Je conçois cette méprise. Il n'est que le soleil qui puisse les en avertir, et ils se tiennent toujours si claquemurés dans leurs appartemens, qu'ils ne songent guère à le consulter : pour nous, nous jouissons déjà de ses faveurs. La campagne, si triste pendant quelques mois, a repris tous ses charmes. Les arbres ont secoué les frimas qui les enveloppaient, pour revêtir leurs habits de verdure. Les oiseaux, revenus en foule de tous les côtés, forment les plus agréables concerts, en cachant leurs nids sous l'épaisseur du feuillage. Que fais-tu donc à la ville? Quand tu passerais la journée à respirer de ta fenêtre l'air doux qui se fait sentir, croirais-tu jouir du printemps? Lève les yeux, tourne-les autour de toi, que vois-tu? Un ciel obscurci par la fumée, des rues fangeuses, les mêmes objets que tu as vus dans la triste saison. Les toits, il est vrai, ne sont plus couverts de glaçons et de neige; mais comme le soleil pâlit sur vos sombres ardoises! Vois-tu, comme moi, ses rayons naissans se jouer avec les feuilles agitées, qu'ils colorent de pourpre et d'or? le vois-tu perler un moment la rosée, avant de la dissiper, et tout à coup inonder un vaste horizon d'un torrent de lumière? Je veux croire que vos paresseux, retenus si long-temps au coin de leurs foyers, commencent à se hasarder dans les rues, tout grolettans encore du froid qu'ils ont senti; mais regarde-les bien, tu les trouveras vieillis d'un hiver. Ici, au contraire, tout semble rajeunir. Les ruisseaux ont nettoyé leurs eaux bourbeuses, les prairies s'émaillent de fleurs nouvelles, l'aubépine qui blanchit tapisse tous les chemins, il n'est pas jusqu'au plus vieux espalier qui ne se pare de bouquets pour déguiser son grand âge. Tout paraît, comme nous, dans la fraîcheur de la jeunesse. Quel plaisir, après le morne silence qui régnait dans la nature, d'entendre les bêlemens des troupeaux qu'on voit gravir sur le penchant des collines, et les cris de joie des enfans qui se répandent dans la campagne pour sarcler les blés, ou pour essayer leurs forces au labourage! Notre maison est bâtie sur une hauteur, exposée aux premiers traits du soleil. Je pourrais de mon lit attendre sa visite; mais j'aime mieux me lever avec l'aurore, pour lui offrir moi-même mon hommage sur le sommet du coteau, et j'y reviens le soir pour lui faire mes adieux à son coucher. Ce spectacle magnifique est toujours nouveau pour moi. Voilà, ma chère Émilie, un petit détail des plaisirs que je goûte; mais je sens qu'il me manque une amie pour les partager. Hâte-toi donc de venir : ne crois pas que ce temps soit perdu pour ton instruction. J'apprends ici tous les jours mille choses que je me trouve bien honteuse d'avoir ignorées jusqu'à présent. Je suis sûre que nos petits talens y gagneront aussi. Les doux chants du rossignol nous engageront à cultiver avec plus de soin notre voix. Les agneaux, qui bondissent autour de leurs mères, nous feront chercher à mettre dans nos mouvemens leur aisance, leur grâce et leur légèreté, tandis que les charmans paysages qui se varient à chaque pas nous feront exercer nos crayons, pour les représenter comme la nature. Notre vanité sera peut-être humiliée par ces rivaux; mais ils n'en sont point orgueilleux, et on leur pardonne. Tâche d'engager ta maman à venir avec toi; nous vous attendons l'une et l'autre avec la plus vive impatience. Adieu, ma chère Émilie. Du moment où je compterai que ma lettre peut être parvenue dans tes mains, j'irai me poster au bout de l'avenue pour te voir venir. Il serait fort mal à toi de m'y laisser long-temps gémir avec les tourterelles. Adieu encore une fois; je t'embrasse de toute l'amitié que je t'ai vouée pour la vie.

JULIE DE MERSAN.

RÉPONSE D'ÉMILIE DE BEAUMONT

A JULIE DE MERSAN.

Je n'ai pas oublié, ma chère Julie, la promesse que tu me rappelles; et si je ne l'ai pas remplie, je suis sûre, lorsque je t'en aurai dit la raison, que tu ne me croiras plus si digne de tes reproches. J'ai mieux aimé te paraître les mériter par mon silence, que de porter mes inquiétudes dans ton cœur. Je m'empresse de t'en faire part aujourd'hui qu'elles sont dissipées. Tu sais avec quelle tendresse j'aime ma digne maman : eh bien ! ma chère amie, je me suis vue presque sur le point d'en être séparée pour jamais, et ce n'est qu'en frémissant encore que je songe au danger que j'ai couru. Depuis la perte de mon papa, j'avais toujours vu décliner sa santé; mais je me flattais que le séjour de la campagne, les amitiés de ta maman, la douceur de me voir heureuse dans ta société, pourraient la distraire un peu de sa douleur, et rétablir ses forces. C'est dans cette espérance que je te parlais avec tant de joie, cet hiver, de nos plaisirs du printemps. Les premiers instans de cette charmante saison avaient réveillé dans mon esprit les idées les plus riantes. Je m'occupais l'autre jour de mes préparatifs; et maman secondait mon ardeur de toute sa complaisance, lorsqu'en faisant elle-même ses paquets, le recueil des lettres qu'elle a conservées de mon père tomba sous sa main ; c'était le soir. Elle me renvoya, pour pouvoir les relire en silence. J'ai su depuis qu'elle y avait passé toute la nuit. Il faut que cette lecture lui ait causé des émotions bien fortes, puisque le lendemain au matin la fièvre se déclara avec la plus grande violence, et la réduisit en deux jours à la dernière extrémité. Juge de ce que j'ai dû souffrir, en la voyant dans un délire continuel, en l'entendant prononcer d'une voix éteinte le nom chéri de mon papa. Je tremblais à chaque instant qu'elle me fut ravie comme lui. Que serais-je devenue sur la terre, privée de cette chère maman, qui paraît ne tenir plus à la vie que par son amour pour moi ? Ses bontés m'avaient toujours pénétrée ; mais, en ce moment, combien j'ai senti s'accroître ma tendressse et ma reconnaissance ! Quoique son état la rendît insensible à mes soins, je me plaisais à ces tristes devoirs, comme si elle m'en eût payée par ses caresses. Il me semblait que mon papa, dont l'image se peignait si souvent à mon souvenir, m'en remerciait pour elle. Je ne l'ai pas quittée une seule minute, et je jouis aujourd'hui de sa convalescence. Je ne puis te dire combien cette révolution a développé de sentimens dans mon cœur. Je sens que les noms de mère et de fille ont pris encore pour moi une douceur nouvelle. Tout ce qui me retrace les tendres liens de la nature excite en mon âme des mouvemens plus affectueux. J'en fis hier une épreuve qui restera long-temps dans ma mémoire. Maman me mena passer la journée à la campagne, chez madame de ***, qui lui avait témoigné pendant sa maladie le plus vif intérêt. J'avais toujours entendu parler de cette dame avec des expressions touchantes d'attachement et de considération ; mais la légèreté de mon âge m'avait empêchée de faire des remarques bien suivies sur son caractère. Je résolus de l'étudier avec plus de soin. Nous la trouvâmes, à notre arrivée, au milieu de vingt personnes, dont les unes lui étaient unies par l'amitié, et les autres par de simples connaissances en liaison d'affaires avec son mari. Sa physionomie, toujours animée par le sourire de la candeur et de la bonté, mettait les étrangers même à leur aise avec elle. J'admirai comme elle savait tenir tour-à-tour à chacun le langage qui lui convenait, n'oublier personne dans cette foule, et, parmi tant de soins embarrassans, veiller encore sur sa jeune famille, sans avoir l'air de s'en occuper. Le soir, quand la compagnie se retira, maman se rendit aux aimables instances que lui fit son amie pour jouir plus long-temps du plaisir de se trouver avec elle. Madame de *** venait de recevoir d'heureuses nouvelles de deux de ses fils qui voyagent dans l'étranger. Son mari revenait le même jour d'un petit voyage dans la province. Ces deux circonstances mettaient son cœur dans une situation délicieuse ; et son bonheur se peignait également par le sourire errant sur ses lèvres, et par les douces larmes qui roulaient dans ses yeux. Il semblait que cette âme aimante craignît de jouir seule en elle-même, et voulût se repandre dans tout ce qui l'environnait pour l'associer à sa joie. Le charme en était si doux, qu'on s'en laissait pénétrer comme d'une félicité personnelle. Sa sensibilité produisait le même effet que l'aspect touchant d'une belle soirée, où la nature se plaît à verser dans tous les cœurs la fraîcheur qu'elle respire. Une gaîté vive et légère succéda bientôt à son premier attendrissement. De ce ton noble, de ce caractère de sagesse et d'élévation si naturel à ses idées, et qu'elle avait su soutenir avec tant d'avantage dans la conversation générale de l'après-midi, je la vis descendre avec la même grâce au badinage le plus affable et à la familiarité la plus intime. Maman était touchée de la part affectueuse qu'elle lui voyait prendre au retour de sa santé; je l'étais aussi des témoignages flatteurs d'amitié que je recevais de sa bouche; mais je ne sais où elle trouvait le secret de nous rendre encore plus sensibles à ses propres jouissances. Tantôt par des caresses elle animait sa fille à déployer devant son père les nouveaux talens acquis en son absence; tantôt par d'ingénieuses agaceries elle lutinait l'enjouement et la vivacité de son esprit pour en faire jaillir mille traits pleins de sel et de délicatesse. Aimable coquetterie de la tendresse maternelle, qui cherches à parer les enfans de toutes leurs grâces aux yeux d'un père enchanté, pour le rendre à son tour plus cher à ses enfans, par l'accroissement de son amour, que tu séyais bien à cette âme naïve et pure, si étrangère à tout autre artifice ! Le reste de la soirée se passa en divers petits jeux, auxquels je pris plus d'intérêt que dans tout autre maison, parce qu'ailleurs ils ne paraissent qu'une ressource contre l'ennui ; au lieu que la gaîté, l'esprit et la cordialité dont madame de *** les assaisonne les transforment près d'elle en de véritables plaisirs. Bientôt arriva le moment de retourner à la ville ; et je t'avoue que ce ne fut pas sans me causer de vifs regrets. A peine étions-nous remontées en voiture : O maman ! m'écriai-je en me jetant à son cou, que je vous remercie de m'avoir rendu témoin du bonheur de cette honorable famille ! Je sens que je vais vous en aimer davantage. — Tu vois, mon Émilie, me répondit-elle, en me pressant tendrement sur son sein, combien les douceurs de la nature et de l'amitié sont au-dessus de tous les autres plaisirs ! La même impression est restée dans mon cœur, et je l'éprouve toutes les fois que je me trouve auprès de ma digne amie. Je ne la quitte jamais sans me sentir plus portée à pratiquer mes devoirs, et plus instruite, par son exemple, des moyens d'y réussir. — Ah ! maman, qu'ils sont délicieux et qu'ils paraissent faciles de la manière dont madame de *** les remplit ! Il me semble qu'il suffirait à toutes les femmes de la voir pendant un seul jour pour rechercher le même bonheur. — Il est vrai, ma fille, tel est le charme de la vraie vertu, qu'à son aspect toutes les âmes honnêtes sentent le plus doux penchant à la suivre. Mais la plupart sont bientôt rebutées par quelques difficultés dont elles s'épouvantent, faute d'une assez

grande solidité dans leurs principes. Madame de ***
a eu le courage de se former les siens dans sa première jeunesse pour ne plus s'en écarter le reste de
sa vie. Avec tous les agrémens qui pouvaient la faire
briller dans le monde, une fortune capable de fournir à ses dissipations, et malgré les exemples dont
il lui aurait été facile de s'autoriser, elle a senti de
bonne heure que l'estime d'elle-même, celle de son
époux, de sa famille et de ses amis, étaient d'un prix
plus flatteur pour une âme telle que la sienne. Toutes
ses pensées, toutes ses actions ont été rapportées à
cette résolution vertueuse. Ses efforts lui sont devenus chaque jour plus faciles, et le succès a commencé sa récompense. A mesure qu'elle en a goûté
davantage la douceur, elle a senti plus vivement la
crainte de la perdre, si elle se démentait un seul
instant. Dès lors son courage ne s'est effrayé d'aucun travail. Tous ses enfans ont été nourris sur son
sein : ils n'ont été malades que dans ses bras. Elle
a formé leurs premières idées et leurs premiers sentimens; sans cesse elle a veillé sur les moindres détails de leur éducation ; elle n'est encore aujourd'hui occupée que de leur bonheur, au prix de tous
les sacrifices qu'il pourrait en coûter à sa généreuse
tendresse. C'est du calme où tant de satisfactions
intérieures entretiennent son âme au milieu de son
activité que naissent, cet enjouement, cet air serein,
cette candeur qui intéressent au premier regard.
Certaine de trouver toujours dans les autres la bienveillance et le respect, comme elle ne trouve en elle-

même rien qui ne soit digne de ces sentimens, il lui suffirait de s'abandonner aux mouvemens de son âme pour être sûre de charmer. A ces moyens naturels elle a su réunir tous ceux que peut donner une raison cultivée par la réflexion, la lecture et l'expérience. Il semble que rien ne soit hors de la portée de ses lumières, comme rien n'est étranger à ses affections. Son entretien vous touche autant qu'il vous instruit. On dirait que toutes ses idées passent par son cœur pour s'y revêtir de l'expression d'un sentiment noble et délicat. Une égalité d'humeur inaltérable, une amabilité toujours nouvelle, captivant son époux par les liens les plus chers, ne lui laissent jamais désirer d'autres délassemens de ses travaux. Eh! quel spectacle étranger pourrait l'intéresser autant que celui de sa maison, lorsqu'il voit ses amis, fatigués des scènes bruyantes du monde, venir chercher les plaisirs qu'elles n'ont pu leur donner dans cet asile de la paix et de l'honneur. L'air pur qu'on y respire, le ton de franchise et de liberté décente qu'on y trouve établi, disposent les cœurs à s'ouvrir, après les avoir pénétrés de sentimens honnêtes. On s'y trouve en sûreté contre les autres et contre soi-même, comme dans un temple où tout inspire le respect et l'amour d'une divinité bienfaisante, que l'on craindrait d'offenser, même dans le secret de sa pensée. Au lieu des jalousies et des prétentions qui divisent les autres femmes, celles qu'elle a su choisir pour sa société ne sentent en sa présence que le désir de mériter de plus en plus son estime;

et ce besoin commun les attachant l'une à l'autre par de nouveaux nœuds, les porte toutes ensemble vers elle par la reconnaissance et par l'amitié. Ainsi tout conspire à lui faire goûter le bonheur le plus touchant pour une âme sensible. Heureuse épouse, heureuse mère, heureuse amie, tout ce qui l'environne lui forme un empire où chacun lui donne son cœur à gouverner, pour le remplir du sentiment et de l'émotion de ses vertus.

Malgré le transport rapide avec lequel maman me traçait ce portrait, il fit sur moi une impression si forte, que je l'ai retrouvé ce matin tout entier dans mon souvenir. Je me hâte de te l'envoyer, en te priant de le présenter à ta mère. Je t'avoue que je voudrais le voir entre les mains de tous les honnêtes gens. Il me semble qu'on devrait cet hommage public à la vertu, de peindre les plaisirs qu'elle donne pour encourager ceux qui la pratiquent, et attirer les autres dans son sein par l'espoir du même bonheur. La seule personne à qui je voudrais pouvoir le dérober est madame de ***, de peur de blesser sa modestie, si toutefois cette même modestie lui permettait de s'y reconnaître. Ses amis seuls seraient frappés de la ressemblance, et me sauraient gré de leur avoir retracé les sentimens qu'ils ont tous dans le cœur. Les gens de bien m'applaudiraient aussi d'avoir montré par un exemple vivant, que la vertu n'est point étrangère sur la terre, qu'elle peut s'allier au caractère le plus aimable, et jouir de la félicité la plus pure que l'homme soit en état de goûter.

Pour nous, ma chère amie, qui avons le bonheur de trouver les mêmes principes dans nos parens, profitons de ce nouvel exemple pour nous animer à marcher sur leurs traces. Nous sommes dans cet âge heureux où nos instructions et nos exercices sont autant de plaisirs, où nos premiers devoirs sont de suivre le doux penchant de la tendresse et de la reconnaissance pour ceux qui nous ont donné la vie, et qui n'aspirent qu'à l'embellir par les talens et les vertus. Joignons à ces sentimens ceux de l'amitié qui nous unit. Elle est née dans notre enfance; nous allons la renouveler à la campagne, et dans la saison la plus riante de l'année. Toutes ces circonstances ne doivent-elles pas lui donner une force et une délicatesse qui en étendent la durée et les agrémens sur tous nos jours? Elle t'a fait partager la peine que j'ai ressentie de notre séparation, qu'elle te fasse partager la joie à laquelle mon cœur seul ne saurait suffire, d'aller recevoir, à la fin de la semaine, tes embrassemens.

ÉMILIE DE BEAUMONT.

PYTHIAS ET DAMON,

Drame.

PERSONNAGES.

DENIS, tyran de Syracuse.
GELON, son favori.
ARGUS, capitaine de ses gardes.
PALINURE, pilote d'un vaisseau.
DAMON, citoyen de Syracuse.
PYTHIAS, citoyen de Corinthe.
GARDES.

La scène se passe dans un appartement reculé du palais de Denis.

AVERTISSEMENT.

Les deux drames de ce volume sont imités de l'allemand de M. Pfeffel, qui les avaient composés pour l'enfance. En conservant toutes les beautés qu'il y a répandues, j'ai cherché à les rendre propres à un âge plus avancé, à qui les nouveaux sentimens de générosité, de force et de grandeur que j'ai tâché de peindre, et le langage dans lequel il les fallait exprimer, m'ont semblé devoir plus naturellement appartenir.

Cicéron et Valère-Maxime, qui nous ont transmis le trait admirable d'amitié de Damon et de Pythias, ayant négligé de nous apprendre lequel des deux se remit en otage entre les mains du tyran, pour lui répondre du retour de son ami, j'ai suivi dans le choix des noms celui que Fenélon a cru devoir adopter. J'invite mes amis à lire un dialogue qu'il a composé sur ce sujet. C'est le vingtième des *Dialogues des morts entre les anciens*.

PYTHIAS ET DAMON,

Drame.

SCÈNE PREMIÈRE.

DENIS, GELON, ARGUS.

DENIS.

Qui dois-je faire mourir aujourd'hui ? Voyons. (*Il ouvre ses tablettes.*) Ah ! c'est le jour où Pythias a promis de revenir de Corinthe pour subir son supplice.

GELON.

Eh ! croyez-vous qu'il revienne, seigneur ?

DENIS.

Son retour m'étonnerait, je l'avoue. Mais pourtant Damon, son ami, qui s'est offert de mourir à sa place, s'il ne revenait pas !

ARGUS.

Je viens de descendre dans sa prison. Il vous conjure, seigneur, de ne pas lui refuser ce matin un instant d'audience.

DENIS.

Pour me demander grâce, sans doute? Mais on ne se joue pas impunément de ma justice. Si Pythias ne revient pas ce jour même...

GELON.

Le traître! il ne voulait, disait-il, que revoir sa patrie, embrasser sa femme et ses enfans; et, dans l'espace de temps que vous avez daigné lui accorder, il aurait pu faire deux fois le chemin de Corinthe! J'avais bien soupçonné quelque perfidie. Peut-être est-il allé vous chercher des assassins. O le meilleur des rois, faut-il que je tremble sans cesse pour vos jours! je ne sais quelle terreur m'agite. N'en doutez plus, seigneur, Damon est sûrement d'intelligence avec lui pour vous surprendre. Dans quel dessein dangereux demande-t-il à vous parler?

DENIS.

Vous me faites frémir. Je ne veux pas l'entendre. Je vais passer chez mes filles. Attendez-moi ici un moment, Gelon; et vous, Argus, allez voir si ma garde est vigilante autour de moi. (*Il sort par une porte secrète. Argus veut sortir d'un autre côté. Gelon le retient.*)

SCÈNE II.

GELON, ARGUS.

GELON.

Écoutez, Argus.

ARGUS.

Qu'exigez-vous de moi, seigneur?

GELON.

Que l'entrée du palais soit interdite aujourd'hui à tout autre que Palinure. Gardez-vous d'y laisser pénétrer personne qui puisse mettre en danger la vie du roi, sous le prétexte d'implorer sa clémence en faveur de Damon.

ARGUS.

Hélas ! qui aurait le courage d'oser intercéder pour ce malheureux !

GELON.

Il est indigne d'exciter la pitié.

ARGUS.

Ah, seigneur ! qu'il me soit du moins permis de déplorer sa destinée.

GELON.

Gardez-vous de laisser éclater de pareils sentimens. Je vois que vous partagez l'aveuglement d'une crédule populace: Damon n'est qu'un imposteur, qui, par un faux héroïsme, s'est flatté d'en imposer au roi, et de sauver la vie de son ami.

ARGUS.

Vous conviendrez au moins qu'il exposait bien généreusement la sienne.

GELON.

Eh ! ne voyez-vous pas qu'il ne pouvait plus embrasser un autre parti ? Il craignait trop que Pythias, dans les douleurs de la torture, ne fût contraint de l'avouer pour complice de sa trahison.

ARGUS.

Mais Pythias lui-même n'a pas été convaincu.

GELON.

Son crime est un secret que je renferme dans mon sein. L'intérêt de l'état défend qu'il soit exposé aux yeux du peuple. Allez, et que mes ordres soient exécutés. Je vous les renouvelle au nom du roi même. Songez bien que vous m'en répondez, et qu'il y va de votre vie. (*Argus s'incline, et sort sans répondre.*)

SCÈNE III.

GELON, seul.

Fortune, je te rends grâces ! tu vas donc me délivrer aujourd'hui du dernier Syracusain dont la vertu dût faire ombrage à mon crédit. Il s'est précipité lui-même dans sa ruine. Je ne pensais à perdre que l'opulent Corinthien Pythias, pour m'enrichir de ses dépouilles; et je trouve encore à me venger de l'orgueilleux Damon. Il apprendra ce que l'on gagne à mépriser le favori d'un tyran. Et toi, Denis, je sais à quels sentimens je dois tes largesses. C'est en vain que tu me parles d'amitié. Tu ne me combles de biens que pour m'animer à servir tes barbaries, dont tu me rendrais victimes à mon tour. Mais, va, je saurai te prévenir. Élève encore un peu plus haut ma fortune; je te ferai descendre toi-même dans le fond de l'abîme où tu songes déjà dans ton cœur à me précipiter. (*Il aperçoit un homme qui s'avance avec des marques de crainte.*) Que vois-je !

SCÈNE IV.

GELON, PALINURE.

GELON.

Palinure, est-ce toi?

PALINURE.

Oui, seigneur.

GELON, *avec empressement.*

Eh bien!

PALINURE.

Sommes-nous seuls?

GELON.

Tu peux parler sans crainte. Denis vient de s'éloigner.

PALINURE.

Je ne fais que de débarquer à l'instant, et je me suis glissé dans le palais pour venir vous rendre compte en personne du succès de vos ordres.

GELON.

Satisfais mon impatience. Les as-tu remplis?

PALINURE.

Vous n'avez plus rien à craindre de Pythias; il a perdu la vie.

GELON.

Je respire. Tu ne pouvais m'apprendre plus à propos cette heureuse nouvelle. Hâte-toi de m'instruire de toutes les circonstances de cet événement.

PALINURE.

J'avais mis, comme vous le savez, à la voile, chargé par Denis de conduire Pythias à Corinthe, et par vous de le mettre hors d'état d'y parvenir jamais. La troisième nuit après notre départ de Syracuse, il s'éleva une violente tempête, qui me donna la facilité d'exécuter mon dessein.

GELON.

Comment donc? Achève.

PALINURE.

A la lueur des éclairs, je vis Pythias à genoux sur le bord du vaisseau, les mains élevées vers le ciel : « Dieux immortels, s'écriait-il, ce n'est pas » pour ma vie que je vous implore, c'est pour » celle de mon ami. Laissez-moi le temps d'aller » briser les chaînes dont il s'est chargé par ten-» dresse pour moi. Je vous abandonne ensuite mes » jours, quand j'aurai sauvé les siens. Voulez-vous, » par ma perte, rendre le généreux Damon victime » de sa vertu? Vous le savez, vous qui lisez dans le » cœur des humains, vous n'avez point de plus no-» ble image sur la terre. — Ta bouche outrage les » dieux, lui répondis-je, en osant leur comparer un » mortel : voici comme ils punissent ton impiété; » et je le frappai d'un coup terrible, qui le précipita dans l'abîme dévorant des flots.

GELON.

O mon cher Palinure! personne n'aurait pu servir plus heureusement ma vengeance. Les biens de Damon vont être, après sa mort, le prix de tes servivices. J'entends une porte s'ouvrir. Le roi vient. Songe à lui dire que Pythias a refusé de venir avec toi.

SCÈNE V.

DENIS, GELON, PALINURE, Gardes.

DENIS.

Que veut cet audacieux étranger? qu'on l'arrête.

GELON.

Daignez suspendre vos ordres, seigneur. C'est le pilote Palinure, à qui votre cœur généreux avait confié le soin de conduire Pythias à Corinthe.

DENIS.

Comment! Est-ce qu'il l'en aurait aussi ramené?

PALINURE.

Non, seigneur. Aussitôt qu'il s'est vu débarqué sur le rivage de sa patrie, il m'a dit qu'il était inutile de l'attendre, et que je pouvais revenir seul à Syracuse. Voilà tous les ordres qu'il m'a donnés pour Damon.

DENIS.

Tu pourras l'en instruire toi-même. Qu'il paraisse maintenant devant moi, puisque je n'ai pas de grâce à lui accorder. (*A l'un de ses gardes.*) Courez dire à Argus de l'amener ici. (*Le garde sort.*)

GELON.

Vous voyez, seigneur, combien mes soupçons contre Pythias étaient justes.

DENIS.

Il n'en fallait pas d'avantage pour le punir.

GELON.

Par une affreuse perfidie il laisse mourir à sa place son meilleur ami. N'est-ce pas là la preuve la plus sensible qu'il était criminel envers vous? Croyez-moi, livrez dès ce moment à la mort le complice de sa trahison. Il l'a bien mérité, pour vous avoir frustré de votre juste vengeance.

DENIS.

Mon dessein n'est pas de différer son supplice.

GELON.

Pourquoi donc perdriez-vous un temps précieux à l'écouter?

DENIS.

Non, je le veux. Sa confiance en l'amitié me semblait un outrage. Je me fais un plaisir de le confondre.

GELON.

Le voici.

SCÈNE VI.

DENIS, GELON, PALINURE, DAMON enchaîné, GARDES.

DENIS

Eh bien! Damon, c'est aujourd'hui le jour où Pythias devait revenir?

DAMON.

Hélas! je tremble encore. Il n'est pas terminé.

DENIS.

Pourquoi ne demandes-tu pas aux dieux d'en prolonger la durée?

DAMON.

Que dis-tu, Denis? tu n'es pas fait pour concevoir ni mes craintes ni mes vœux. Ah! si la nuit était déjà venue! si le ciel pouvait, jusqu'à demain, retenir le vaisseau de mon ami loin du port! s'il me laissait le temps de lui sauver la vie, en sacrifiant la mienne pour lui!

DENIS.

Tu pourras bientôt goûter cette rare satisfaction.

DAMON.

O Denis, tu me ravis de joie! Je craignais la vertu de Pythias plus que je ne crains tes bourreaux.

DENIS.

Bannis tes alarmes. Pythias ne reviendra jamais. Palinure vient t'en instruire.

PALINURE.

Je veux vous attester de sa part qu'il est désormais inutile de l'attendre.

DAMON, *avec feu*.

Tais-toi, vil calomniateur. Si tu m'avais dit que sa femme, ses enfans, tous ses concitoyens, s'empressaient de le retenir, et demandaient à venir à sa place, j'aurais pu croire un moment à cette imposture; mais jamais Pythias n'a tenu le langage que ton impudence ose lui prêter.

DENIS.

Étrange aveuglement!

DAMON.

Pythias sera de retour aujourd'hui même, s'il n'a

cessé de respirer. Mais non, il vit encore. Le ciel ne permettra pas que le mortel le plus vertueux périsse, quand je peux racheter ses jours.

DENIS.

Quoi ! tu refuses d'en croire un témoignage si formel ?

DAMON.

J'en crois bien plus les sentimens de mon ami. Denis, c'est à toi maintenant de te souvenir de ta promesse.

DENIS.

Que t'ai-je promis ?

DAMON.

De ne faire souffrir aucun mal à Pythias s'il revient après ma mort.

DENIS.

Insensé ! tu ne vois donc pas que le traître t'abuse ! Dans ce même instant où tu ne trembles que pour lui seul, son cœur tressaille de joie de t'avoir trompé.

DAMON.

Va, c'est de tes amis qu'il faut attendre de pareilles perfidies. Je connais le mien mieux que toi. Plût au ciel que je pusse compter sur ta foi comme sur sa parole !

GELON.

Quelle insolence inouie, seigneur !

DENIS.

Il va l'expier par son supplice.

DAMON.

Je suis plus impatient que toi de le presser. Je

n'attends qu'un mot de la bouche. Jure encore d'épargner Pythias à son retour.

DENIS.

Que t'importe une assurance inutile? Le fourbe est trop soigneux de ses jours pour en avoir besoin.

DAMON.

N'outrage pas la vertu, Denis. C'est une assez grande impiété de ne pas y croire.

DENIS.

Est-ce à toi de la défendre, quand tu vas être le martyr d'une trahison?

DAMON.

Jusqu'au dernier soupir elle recevra mon hommage.

DENIS.

Ton aveugle fanatisme me fait pitié.

DAMON.

Ce n'est pas elle que j'implore, c'est ta justice que je réclame. Fais-moi donner la mort, mais jure d'épargner Pythias. Que j'emporte dans la tombe l'espérance de le sauver.

DENIS.

Puisqu'il ne te faut qu'un serment superflu, je te le donne. Si Pythias revient après ta mort, je jure qu'il vivra.

DAMON, *élevant les mains vers le ciel.*

Dieux immortels! recevez ce serment de sa bouche, et s'il pensait à le violer un moment, employez tous vos foudres pour le contraindre à l'exécuter. (*A Denis.*) Je suis satisfait, tyran. Je viens d'arracher une victime innocente à ta barbarie. J'en mets une autre à tes pieds. (*Il tombe à ses genoux.*) Laisse-moi les embrasser pour te demander une grâce. Elle ne doit pas coûter cher à ton cœur.

DENIS.

Parle.

DAMON.

Fais-moi conduire dès cet instant même au supplice. Je dois être assez coupable à tes yeux, puisque j'ose braver ton indignation.

DENIS.

Tu seras satisfait. Qu'on le traîne à l'échafaud. Argus, fais assembler toute ma garde pour contenir le peuple dans le devoir. Que l'on punisse de mort le premier qui oserait se permettre un murmure. (*Les gardes saisissent Damon, et commencent à l'entraîner.*)

DAMON, *en sortant.*

Je vous bénis, grands dieux! j'ai sauvé mon ami.

SCÈNE VII.

DENIS, GELON, PALINURE.

DENIS, *après une minute de silence.*

Damon est-il un insensé? est-il le plus généreux des mortels? S'il m'eût demandé grâce pour lui-même, j'ai cru me sentir prêt à la lui accorder.

GELON.

O le meilleur des rois! jamais criminel n'osa te

braver avec tant d'audace, et ton cœur s'émeut encore pour lui ! Mais, dans cette circonstance, seigneur, votre clémence pourrait entraîner les suites les plus funestes. Les farouches Syracusains ne manqueraient pas de la prendre pour une faiblesse, et n'en deviendraient que plus insolens.

DENIS.

Oui, sans doute, cet exemple rigoureux importe à ma sûreté. Peuple rebelle, il faut t'épuiser de sang et te rassasier d'opprobres pour régner sur toi !

GELON.

Puisque Pythias était coupable, Damon a trempé dans son crime. Il mérite deux fois de mourir.

DENIS.

Je te rends grâces, Gelon, de ton zèle pour ma puissance. Continue à me chercher les victimes qu'il lui faut immoler. De nouveaux bienfaits seront le gage de ma faveur. Et vous, Palinure, courez instruire le peuple de la perfidie de Pythias, et surtout du crime de Damon. Je ne veux pas qu'on lui donne un seul sentiment de pitié. (*Palinure s'éloigne ; et, prêt à sortir, il recule avec effroi.*)

SCÈNE VIII.

DENIS, GELON, PALINURE, ARGUS, DAMON et PYTHIAS enchaînés, Gardes.

DENIS.

Que vois-je !

GELON, *à part.*

Ah! traître Palinure!

ARGUS.

Seigneur, comme je conduisais Damon à la mort, cet étranger est accouru vers moi, hors d'haleine. « Arrête, s'est-il écrié, brise les fers de mon ami. » Damon n'est plus ton otage, voici Pythias; c'est » lui seul qui doit mourir. » Ils se sont précipités dans les bras l'un de l'autre; et tous deux à l'envi s'empressaient vers l'échafaud, comme s'ils allaient se disputer un trône. Cet événement inattendu m'a fait un devoir de les amener devant vous.

DENIS, *avec une extrême surprise.*

Est-il vrai? pourrai-je en croire mes yeux?

DAMON.

Voilà mes craintes justifiées. Ah! Denis, pourquoi n'as-tu pas avancé d'une heure mon supplice?

PYTHIAS.

Et crois-tu donc que j'aurais pu survivre à la mort que je t'aurais donnée? Moi, ton meurtrier, cher ami? Cette seule image glace encore mon sang dans mes veines. Bénis soient les dieux d'avoir enfin secondé mon impatience! O Damon, que je t'embrasse pour la dernière fois! (*Ils s'embrassent avec la plus vive tendresse.*)

DAMON.

Fidèle, mais cruel ami! Ah! Denis, donne la vie à Pythias, ou fait nous mourir ensemble.

PYTHIAS.

Tu es étonné de me revoir, tyran? Ma conservation miraculeuse te force de croire à ces dieux que tu voudrais anéantir au fond de ton cœur. Quand tu m'as fait précipiter dans la mer, tu ne prévoyais pas qu'une vague bienfaisante dût me jeter sur des roches voisines.

DAMON.

Eh quoi, tu n'as pas revu ta patrie? tu n'as pas embrassé ta femme et tes enfans?

PYTHIAS.

Pouvais-je penser encore à goûter cette douceur, quand le moindre délai t'allait devenir si funeste?

DAMON.

Malheureux que je suis! je n'ai donc rien fait pour toi!

PYTHIAS.

Eh! ne voudrais-tu pas me donner, au péril de tes jours, la consolation que le sort m'a ravie? Combien j'ai souffert dans cette pensée. Errant sur des rochers déserts, debout jour et nuit sur leur sommet pour apercevoir de plus loin le vaisseau; ce n'était plus vers Corinthe que se portaient mes vœux; je n'appelais plus que Syracuse! Syracuse!

DAMON.

Tu savais bien que, même en expirant, je n'aurais pas douté de ton cœur.

PYTHIAS.

Et moi, j'aurais trahi cette généreuse confiance! Quelque dieu, touché de mon désespoir, a daigné m'envoyer une barque légère que je l'ai vu défendre lui-même contre les flots orageux. Tranquille enfin sur ton sort, en revoyant ces rivages, avec quelle joie je les ai embrassés ! Me voici dans tes mains, Denis ; délivre mon ami ; tu peux ensuite armer tes bourreaux ou mon assassin que voilà. (*En montrant Palinure.*)

DENIS.

Qu'entends-je, Palinure ? que la vérité sorte de ta bouche, ou les plus cruels tourmens vont te l'arracher.

PALINURE.

Seigneur, je n'ai fait qu'obéir à votre favori. Gelon m'avait ordonné de précipiter pendant la nuit Pythias dans la mer.

PYTHIAS.

Ah ! Gelon, je te pardonne de m'avoir forgé des crimes pour envahir ma fortune ; je te pardonne d'avoir attenté sur mes jours : mais que t'avait fait mon ami, pour l'envelopper si cruellement dans ma ruine ?

DENIS.

Réponds, scélérat !

GELON, *dans la plus profonde consternation.*

Doutez-vous, Seigneur, que le soin de votre sûreté..... ?

DENIS.

Tais-toi, Pythias était innocent, et tu le savais. L'amitié ne s'élève point jusqu'à cet héroïsme entre des cœurs coupables. Nobles amis, soyez libres ; et vous, méchans, allez mourir. Argus, conduisez-les tous deux au supplice.

PYTHIAS.

Arrête, Denis; tu viens de sentir combien il est beau d'être juste.....

DAMON.

Apprends combien il est doux d'être généreux.

DENIS.

Quels hommes êtes-vous donc l'un et l'autre, vous qui embrassez mes genoux pour vos lâches meurtriers? Mais non; il faut qu'ils meurent. C'est la seule chose que je puisse jamais refuser à votre vertu. Va, Gelon, va chercher un ami qui veuille s'immoler pour toi; je ne te fais grâce qu'à ce prix.

DAMON et PYTHIAS.

Ah! seigneur!.....

DENIS.

C'est en vain. Si j'ai déjà versé tant de sang innocent, je ne veux pas qu'il en reste de criminel. Le traître! je viens de lire au fond de son âme. Suis-je donc condamné à ne trouver jamais des cœurs fidèles? C'est de vous seuls, mortels incomparables, que j'attends ce bonheur. Laissez-moi l'espérance d'être un jour le troisième dans votre amitié.

LE SIÉGE

DE COLCHESTER,

Drame.

PERSONNAGES.

Lord FAIRFAX, général de l'armée du Parlement.
Lord CAPELL, gouverneur de Colchester.
ÉDMOND, fils de Fairfax.
ARTHUR, fils de Capell.
Le colonel MORGAN, ami de Fairfax.
Le colonel KINGSTON, ami de Capell.
SURREY, capitaine des gardes de Fairfax.
GARDES et SOLDATS.

La scène se passe dans la tente de Fairfax, devant les murs de Colchester.

PRÉAMBULE.

La guerre civile, dont l'Angleterre fut déchirée sous le règne de Charles Ier, venait de se ralumer pour la seconde fois. Le parlement, par la résolution qu'il avait prise de ne plus présenter d'adresse à ce prince malheureux, détenu alors sous sa puissance dans l'île de Wight, avait porté l'indignation dans le cœur de tous les bons citoyens. L'Écosse, le pays de Galles, quelques villes du nord du royaume et du comté de Surrey, et même dix-sept vaisseaux à la solde parlementaire, s'étaient déclarés pour le roi. Il y avait aussi des mouvemens en sa faveur dans les comtés d'Essex et de Kent, soutenus par le zèle du comte de Norwich, de lord Capell, de sir Charles Lucas, et de sir George Lisle. C'est contre ces derniers que le chevalier Fairfax fut envoyé avec une armée assez nombreuse. Cet habile général n'eut pas beaucoup de peine à triompher de quelques troupes nouvelles et mal disciplinées. Il les défit complètement à Maidstone, dans le comté de Kent; et, poursuivant leurs restes fugitifs, il les obligea, ainsi que les royalistes du comté d'Essex, de se renfermer dans la ville de Colchester, qu'il courut aussitôt investir.

Le siége de cette ville est un des événemens les plus mémorables de ces temps malheureux, par l'opiniâtre résistance de ses défenseurs (1) Malgré les rudes assauts qu'ils eurent à souffrir, malgré la disette affreuse où ils furent bientôt réduits au point qu'il ne leur restait plus pour nourriture que les chevaux de la garnison; ils faisaient encore de brusques sorties, et bravaient toutes les forces des assiégeans, dans l'attente de quelques secours incertains qu'on leur faisait espérer.

C'est dans cette situation que commence l'action du drame que l'on va lire.

Je suis loin de présenter à mes jeunes lecteurs, comme bien authentique, le moyen employé par Fairfax pour contraindre le lord Capell à lui rendre la place (2). Il répugne trop au caractère de franchise

---

(1) Il dura depuis le 18 juin 1648 jusqu'à la fin du mois d'août de la même année. Les murailles et les fortifications de Colchester, élevées par les Romains avec la solidité qu'ils savaient donner à leurs constructions, portent encore des marques terribles de la fureur de ce siége. On y voit de tous côtés les brèches faites par les batteries de l'armée parlementaire. La plupart des églises sont à demi renversées. Je suis entré en 1783 dans celle de Sainte-Marie, qu'on dit bâtie sur les ruines du fort royal, pour y bénir la mémoire des guerriers qui l'avient su défendre avec tant d'intrépidité, et surtout des deux héros (les chevaliers Lucas et Lisle) dont le sang fut si cruellement répandu.

(2) Ce fait est rapporté par Ragnenet dans son histoire de la vie de Cromwell, avec quelques détails qui lui donnent un air de vraisemblance. Comme il ne cite point les sources où il l'a pris, il ne m'a pas été possible de le vérifier. Au reste, ni Clarenton, ni Hume, ni MM. Macaulay, n'en font aucune mention.

et d'humanité que tous les historiens s'accordent à donner à ce général. Cependant comme la facilité de son caractère le rendit toujours l'instrument aveugle des volontés de Cromwell et d'Ireton (1), et que ce dernier fut continuellement auprès de lui durant le siége, on pourrait croire que les suggestions de cet homme féroce le portèrent à une violence étrangère à son cœur, comme elle le rendirent ensuite coupable de la sanglante exécution dont il sera parlé à la fin de ce volume.

Je me suis attaché à peindre, dans toute sa force, le caractère ferme et généreux de Capell, qui ne se démentit dans aucune circonstance de sa vie ni de sa mort. S'il produit sur le cœur de mes jeunes amis l'effet que j'ose m'en promettre, j'espère qu'ils verront avec plaisir à la suite de ce drame quelques détails intéressans sur la fin déplorable de cet homme vertueux.

---

(2) L'un des gendres de Cromwell.

LE SIÉGE DE COLCHESTER,

Drame.

SCÈNE PREMIÈRE.

FAIRFAX, MORGAN.

FAIRFAX, *lisant un papier que Morgan vient de lui remettre.*

L'ATTAQUE de cette nuit nous aurait coûté tant de braves soldats ?

MORGAN.

Oui, mon général, huit cents hommes, et s'il faut l'avouer, l'élite de l'armée.

FAIRFAX.

Encore, si nous avions racheté cette perte par quelque avantage ! mais, après tant d'assauts, Colchester n'en résiste pas moins à nos armes. L'exemple d'Oxford vient d'enfler le cœur des habitans ; et l'opiniâtre Capell.....

MORGAN.

Cet homme seul est pour la ville une sûreté plus forte que ses remparts. C'est en vain que nous les attaquerons, tant qu'il voudra s'obstiner à les défendre.

FAIRFAX.

Il n'a pas long-temps à me braver encore.

MORGAN.

Quoi! milord.....

FAIRFAX.

Si je ne puis vaincre sa résistance, son fils saura la forcer.

MORGAN.

Son fils?

FAIRFAX.

Oui, Morgan. Le jeune Arthur m'ouvrira, dès ce jour, les portes de Colchester. C'est dans ce dessein que je l'ai fait venir de Londres avec mon fils. On vient de m'annoncer leur arrivée.

MORGAN.

Voici Surrey qui revient de la place.

SCÈNE II.

FAIRFAX, MORGAN, SURREY.

FAIRFAX.

Eh bein! Surrey, la trêve est-elle acceptée! Capell a-t-il agréé l'entrevue que je lui ai fait proposer.

SURREY.

Oui, milord. Les hostilités sont suspendues pour

six heures; et, ce matin même, lord Capell doit se rendre sous votre tente.

FAIRFAX.

Pour étaler sans doute à mes yeux son triomphe. Comment vous a-t-il reçu?

SURREY.

D'un air froid, calme et ferme. La constance est empreinte sur son front.

FAIRFAX.

Cet orgueilleux royaliste demeurerait seul inébranlable, tandis que le génie tutélaire d'Albion est dans la terreur! Non, non, il apprendra bientôt à trembler lui-même. Je porterai l'effroi dans la partie la plus sensible de son âme. Surrey faites venir mon fils. (*Surrey sort.*)

SCÈNE III.

FAIRFAX, MORGAN.

MORGAN.

Oserai-je vous demander, milord, quel est votre projet? je ne puis venir à bout de le démêler.

FAIRFAX.

Je le crois; mais il faut vous l'apprendre. Je reçus hier au soir la nouvelle que le duc d'Hamilton, avec une nombreuse armée, s'avance, suivi de Langlade, au secours de la place. C'est pour le prévenir que j'ai hasardé cette nuit un troisième assaut. Vous savez quel en a été le succès; mais l'artifice va me livrer ce que je n'ai pu saisir par la force.

MORGAN.

Comment le jeune Arthur pourra-t-il vous servir dans cette entreprise ?

FAIRFAX.

Je lui représenterai vivement le danger qui menace son père. Ils se verront tous deux dans mon camp. Arthur, tremblant pour des jours si chers, va l'engager à se rendre.

MORGAN.

Le croyez-vous, milord ?

FAIRFAX.

Je l'espère. Celui que l'univers armé n'aurait su vaincre, souvent une seule larme en a triomphé.

MORGAN.

Capell porte dans son cœur la tendresse d'un père; mais il y porte aussi la fermeté d'un héros.

FAIRFAX.

Si les premières armes de la nature ne peuvent le dompter..... Mais j'aperçois mon fils.. Je veux lui parler seul. Allez joindre le jeune Arthur, et n'épargnez aucun moyen pour le faire entrer dans mes vues.

SCÈNE IV.

FAIRFAX, EDMOND.

FAIRFAX.

Embrasse-moi, mon fils.

EDMOND, *se jetant dans ses bras.*

O mon père, que je me trouve heureux de ce que

les soins de la guerre ne m'ont pas effacé de votre souvenir !

FAIRFAX.

Ta joie sera bien plus grande lorsque tu sauras par quel motif je te rappelle auprès de moi.

EDMOND.

Vous me voyez prêt à remplir vos ordres.

FAIRFAX.

Ils seront chers à ton cœur, s'il est sensible à l'amitié.

EDMOND.

Vous me les faites désirer avec une nouvelle impatience.

FAIRFAX.

Tu peux sauver le jeune Arthur du plus grand malheur qu'il ait à craindre.

EDMOND.

Que dites-vous ? Ah ! mon père, je vous en conjure, ne perdons pas un moment.

FAIRFAX.

Milord Capell, par une aveugle opiniâtreté, se précipite dans sa ruine. J'estime trop sa bravoure pour ne pas déplorer son malheur. Le sort de son fils surtout, puisque tu l'aimes, ne peut me devenir étranger. Sauvons-les tous les deux d'une perte inévitable.

EDMOND.

Eh ! quel moyen faut-il employer ? Ah ! s'il est en mon pouvoir, avec quelle ardeur je vais le saisir !

FAIRFAX.

Je dois avoir ce matin une entrevue avec milord.

Je veux lui donner la joie de revoir et d'embrasser son fils. Mais, quand je lui peindrai les malheurs dans lesquels son aveuglement l'entraîne, je désirerais qu'Arthur appuyât, par ses prières, mes représentations.

EDMOND.

Ah! mon père, je crains.....

FAIRFAX.

Quoi donc? qu'il n'en puisse rien obtenir? Va, mon fils, la nature a donné encore plus de pouvoir aux enfans sur leurs pères, que les lois n'en donnent aux pères sur leurs enfans.

EDMOND.

Je connais Arthur. C'est un fils trop respectueux pour oser se permettre de détourner son père de la conduite qu'il se croit obligé de tenir.

FAIRFAX.

Quand la nécessité lui en fait un devoir, c'est la plus forte preuve qu'il puisse lui donner de son respect et de sa tendresse.

EDMOND.

Il ne le croira jamais.

FAIRFAX.

Son intérêt demande qu'on l'éclaire. N'es-tu pas son ami?

EDMOND.

Ah! si je le suis! Il est, après mes parens, ce que j'aime le plus au monde. Dans cet instant même où nos pères combattent l'un contre l'autre, je donnerais mes jours pour sauver les siens.

FAIRFAX.

Loin de condamner ce transport, je l'admire. Il m'annonce que le cœur de mon fils est capable des plus beaux mouvemens de générosité. C'est ainsi qu'on doit sentir l'amitié pour en être digne. Tu mourrais pour ton ami : il faut le sauver. Si sa fortune et sa vie te sont chères, soutiens-moi dans mon projet. Va le chercher, et venez ensemble. Je veux me joindre à toi pour le persuader.

EDMOND.

J'obéis. (*A part.*) Ah! que pourrai-je lui dire!

SCÈNE V.

FAIRFAX, SURREY.

(*Fairfax reste un moment seul et pensif. Surrey s'approche de lui.*)

SURREY.

Milord.

FAIRFAX.

J'allais vous faire appeler, Surrez. Tandis que je vais m'entretenir avec Arthur et mon fils, courez dire à Morgan d'assembler mes troupes, et de les tenir prêtes à se montrer au premier signal.

SURREY, *avec surprise.*

Je vous demande pardon, milord, de ma franchise; mais un tel ordre a de quoi m'étonner.

FAIRFAX.

Je vous comprends. Allez, soyez tranquille. Fairfax, selon l'usage de la guerre, peut chercher à surprendre son ennemi, mais il ne violera point sa parole. La trêve que vous avez su ménager sera religieusement observée. Je veux seulement, lorsque j'exhorterai l'orgueilleux Capell à se rendre, que ses yeux soient frappés de l'aspect d'une armée brillante et courageuse. Cet appareil en imposera peut-être à son obstination.

SURREY.

Mais, milord.....

FAIRFAX, *d'un ton impérieux.*

Allez, ne perdez pas un moment.

SCÈNE VI.

FAIRFAX, EDMOMD, ARTHUR, qui s'avance en saluant respectueusement Fairfax.

FAIRFAX, *le prenant par la main.*

Je me réjouis de vous voir, mon cher Arthur. Je sais votre amitié pour mon fils, et ce sentiment me rend tous vos intérêts bien précieux. Je veux vous en donner un témoignage en vous réunissant aujourd'hui avec votre père.

ARTHUR.

Est-ce que vous voulez m'envoyer dans la place, Milord, pour combattre à ses côtés?

FAIRFAX.

Cette ardeur martiale ne m'étonne point de la part du fils du brave Capell. Mais dans les circonstances présentes, elle ne pourrait tourner qu'à votre malheur.

ARTHUR.

Appelez-vous un malheur de mourir avec mon père et pour notre roi.

FAIRFAX.

Votre père vous est donc bien plus cher que la vie?

ARTHUR.

Daignez faire cette question à votre fils, milord, et vous aurez ma réponse.

FAIRFAX.

Eh bien! sans perdre la vie, vous pouvez la conserver, ou plutôt la rendre à votre père.

ARTHUR.

Ah! dites-le-moi, que puis-je faire pour lui?

FAIRFAX.

La place est hors d'état de se défendre long-temps. Il faut en peu de jours qu'elle soit emportée. Alors, au lieu des lauriers qui couronnent aujourd'hui la tête de Capell, il ne lui restera plus à attendre que la hache des bourreaux.

ARTHUR.

Je conçois les projets de votre cœur généreux. Vous voulez engager les ennemis de mon père à prendre la tête de son fils au lieu de la sienne? Mourir pour son père et pour son roi tout ensemble, quelle glorieuse destinée! (*Il se jette à ses pieds.*) Comment vous rendre assez de grâces de m'avoir jugé digne de la remplir?

EDMOND, *à part, essuyant ses larmes.*

Qu'il va lui en coûter de revenir d'une si noble erreur!

FAIRFAX, *relevant Arthur et l'embrassant.*

Vous me forcez, mon jeune ami, de vous estimer autant que le héros à qui vous devez la naissance. Mais me croyez-vous assez cruel pour exiger un pareil sacrifice?

ARTHUR.

Qu'attendez-vous donc de moi?

FAIRFAX.

Un effort moins funeste pour l'un et pour l'autre. Dans un moment vous verrez ici votre père. Joignez vos instances aux miennes pour le porter à rendre une place que tout son héroïsme ne peut défendre plus long-temps.

ARTHUR.

Moi, milord?

FAIRFAX.

Représentez-lui la proscription terrible du parlement, les flots de son sang prêt à couler sur un échafaud, la douleur de sa veuve, le désespoir de son fils, la confiscation de vos biens. Peignez-lui cet abîme de malheurs où son obstination barbare va tous vous précipiter.

ARTHUR.

Vous daigniez tout à l'heure, milord, me témoigner quelque estime. Ce témoignage venait-il du fond de votre cœur?

FAIRFAX.

En doutez-vous, Arthur?

ARTHUR.

Permettez-moi donc de le mériter, et de regarder votre proposition comme une épreuve où vous voulez mettre ma vertu.

FAIRFAX.

Vous la prouverez assez en arrachant votre père aux horreurs d'une mort cruelle. Quand il vous verra frémir à ses pieds sur le sort qui le menace, pourra-t-il résister à votre amour suppliant ?

ARTHUR.

Si j'avais cette indigne faiblesse, mon père est trop sage pour se décider par les larmes d'un enfant tel que moi.

FAIRFAX.

S'il est sage, il verra qu'elles coulent pour son salut.

ARTHUR.

Mettez-vous à sa place, milord ; chargé de la défense d'une ville, la rendriez-vous aux sollicitations de votre fils ?

FAIRFAX, *embarrassé*.

Demandez à mon Edmond quel pouvoir ont sur moi ses prières. Ingrat ! c'est son attachement pour vous qui me fait trembler pour tout ce qui tient à son ami. Votre père connaît aussi la nature ; il ne sera pas insensible à sa voix.

ARTHUR.

Il n'est sensible qu'à la voix de son devoir. Elle lui apprendra mieux que moi-même ce qu'il doit faire.

FAIRFAX.

Souvenez-vous que vous tenez sa vie dans vos mains.

ARTHUR.

Pardonnez, milord, elle n'est ni dans les miennes, ni dans les vôtres.

FAIRFAX.

Vous voulez donc le perdre?

ARTHUR.

Quand il serait en mon pouvoir de le sauver, c'est mon sang qu'il faut me demander pour offrande, et non une trahison.

FAIRFAX.

Je le reconnais, ce sang, à son orgueil indomptable. Écoutez, Arthur, je ne vous donne qu'un moment pour vous décider. Je reviendrai bientôt vous demander, pour la dernière fois, si vous aimez mieux voir votre père sur un échafaud que sur le char de la fortune. Edmond, demeurez auprès de lui. Essayez si votre tendresse lui fera plus d'impression que ma pitié.

ARTHUR.

Votre pitié, milord, elle est trop généreuse. Je ne vous l'avais pas demandée. (*Fairfax lui lance un regard furieux, et sort sans lui répondre.*)

SCÈNE VII.

EDMOND, ARTHUR.

(*Ils se regardent un moment en silence.*)

ARTHUR.

Eh bien! Edmond, quel parti vas-tu prendre? Pour servir ton père oseras-tu m'engager à trahir le mien?

EDMOND.

Nous nous connaissons assez l'un et l'autre. Va, tu ne me crois pas plus capable d'en avoir l'idée que je ne te crois capable de me la soupçonner.

ARTHUR.

N'écoute pour un moment ni l'amitié, ni la nature. Si tu étais Arthur, que ferais-tu?

EDMOND.

Je voudrais mériter ce nom que tu ennoblis, en égalant ta constance. Ce n'est pas moi qui porterais mon père à une lâcheté.

ARTHUR.

Avec d'autres sentimens, je me croirais indigne de te voir mon ami. Hélas! le seras-tu long-temps encore?

EDMOND.

D'où vient cette injure, Arthur? En quoi l'ai-je méritée?

ARTHUR.

Pardonne, Edmond, ce n'est pas toi que je crains. Mais qui sait si ton père.....?

EDMOND.

Ah! laisse-moi croire qu'il sent autant que moi le prix de ta vertu. Laisse-moi estimer l'auteur de mes jours.

ARTHUR.

S'il allait te défendre de m'aimer?

EDMOND.

Crois-tu donc que je lui pourrais obéir? Ne t'ai-je pas toujours chéri comme un frère? et ses nœuds peuvent-ils se rompre, lorsque tout, au contraire, les resserre dans nos cœurs? Mon père, avec tous ses droits, ne saurait me le commander.

ARTHUR.

Il m'aimait autrefois lui-même. Il se réjouissait de nous voir croître ensemble, compagnons d'exercice et de jeux. Combien de fois nous a-t-il fait promettre de vivre étroitement unis, comme il l'était avec son cher Capell! Tu vois cependant avec quelle fureur il le poursuit aujourd'hui. Ce n'est pas assez de sa ruine; il veut faire sa honte, ne pouvant lui donner la mort.

EDMOND.

S'il s'oubliait jusqu'à cet excès, que le ciel me pardonne une telle pensée! j'oublierais à mon tour que je suis son fils.

ARTHUR, *essuyant ses yeux*.

Faut-il qu'un nom si doux coûte tant de peines à

nos cœurs, Pourquoi ne puis-je penser sans frémir à celui qui me donna la naissance ? Je le sais trop. La ville ne peut se défendre plus long-temps, et le brave Capell est trop fier pour se rendre, s'il ne meurt pas accablé sous les coups de ses ennemis, s'il tombe vivant entre leurs mains, quelle sera sa destinée ? Plus il aura fait éclater de grandeur d'âme et de valeur, plus on voudra se venger de sa gloire en le flétrissant. Le plus vertueux des Anglais sera livré au supplice d'un criminel. Ses ennemis sont trop implacables. Cette tête qu'ils n'ont pu atteindre de leurs armes, ils la feront tomber sous la hache des bourreaux.

EDMOND, *avec feu.*

Non, il ne périra point : je lui connais un libérateur.

ARTHUR.

Et quel est-il ?

EDMOND.

Moi.

ARTHUR.

Toi, cher Edmond ! où t'égarent les vœux impuissans de l'amitié ?

EDMOND.

Elle a plus de force que tu ne le crois. Le temps nous presse ; il ne s'agit plus de délibérer. Me promets-tu d'exécuter ce que je vais te prescrire ?

ARTHUR.

Tout, si l'honneur me le permet.

EDMOND.

Crois-tu qu'il le condamne, puisque je te le propose ?

ARTHUR.

Eh bien! tu n'as qu'à parler, et j'obéis.

EDMOND.

Viens donc, et suis-moi. Nos deux chevaux sont encore devant la tente. Volons en France. Je me remets entre tes mains pour servir d'otage à Capell contre les entreprises de Fairfax.

ARTHUR.

Qui, moi, t'arracher à ton père!

EDMOND.

Il n'a pas craint de te ravir au tien.

ARTHUR.

Non, je ne me rendrai jamais coupable d'une action que je viens de blâmer dans un autre.

EDMOND.

C'est pour l'empêcher de la commettre. Au nom de notre amitié, cher Arthur, c'est pour lui, c'est pour moi que je te le demande. Sauve à mon père d'éternels remords; sauve-moi la douleur de l'en voir tourmenté.

ARTHUR.

Veux-tu me les donner, à moi?

EDMOND.

Que dis-tu? Non, tu n'auras point de reproches à te faire. Mon père lui-même, quand ses premiers transports seront passés, te bénira dans le fond de son âme de lui avoir conservé l'honneur.

ARTHUR.

Qu'exiges-tu de moi? Jamais, Edmond, jamais.

EDMOND, *le saisit par la main et l'entraine.*
Je ne t'écoute plus. Il faut me suivre. Partons.
(*Fairfax paraît suivi de quelques soldats.*)

SCÈNE VIII.

FAIRFAX, ARTHUR, EDMOND, SOLDATS.

FAIRFAX.
Holà, gardes! qu'on les arrête tous deux?

ARTHUR.
Ciel! mon cher Edmond!

FAIRFAX, *à Edmond.*
Fils ingrat! est-ce donc ainsi que tu remplis mes ordres!

EDMOND.
Vous l'avais-je promis?

ARTHUR, *se jetant à ses pieds.*
Ah! milord, si l'honneur vous est cher, ne lui reprochez point sa désobéissance, ou ne l'en punissez que sur moi. C'est mon amitié qui le portait à se soustraire à votre pouvoir.

EDMOND.
Non, non, mon père, ne l'en croyez pas. Sa générosité veut vous surprendre en s'accusant de mes desseins. Je n'avais pas même encore forcé sa résistance. J'oserai vous le dire : vous n'avez aucun droit sur lui. Moi, je vous appartiens : ma liberté, mes jours, sont à vous; je les abandonne à votre co-

lère. Tant qu'elle ne tombera que sur moi seul, vous ne m'entendrez point murmurer.

FAIRFAX.

Tais-toi. Je sais qui je dois punir. Qu'on les enferme chacun dans une partie séparée de ma tente.

ARTHUR.

Ah! laissez-moi du moins partager la prison de mon ami.

EDMOND, *aux gardes.*

Non, vous ne l'arracherez point de mes bras.

FAIRFAX, *aux gardes.*

Qu'on m'obéisse. (*Les gardes les séparent et les entraînent malgré leurs efforts.*)

SCÈNE IX.

FAIRFAX, *après un long silence mêlé d'une grande agitation.*

Verrai-je donc mes projets renversés par mon propre enfant? Son insolente résistance ne fait que m'affermir dans ma résolution. Va, Capell, tu ne seras pas le plus obstiné. Je vais te rendre témoin d'un spectacle qui fera plier devant moi ta roideur. C'est pour ton fils qu'Edmond ose mépriser mon pouvoir. Arthur m'en vengera sur toi-même.

SCÈNE X.

FAIRFAX, SURREY.

SURREY.

Milord, je viens de faire exécuter vos ordres. S'il m'était cependant permis de vous représenter.....

FAIRFAX.

Vos représentations m'importunent. Je n'en ai pas besoin.

SURREY.

Un ami de lord Capell est à la porte, et demande à vous parler.

FAIRFAX.

Qu'il entre. (*Surrey va chercher Kingston, et l'introduit.*)

SCÈNE XI.

FAIRFAX, SURREY, KINGSTON.

KINGSTON.

Milord, le gouverneur de Colchester vous fait demander, par ma voix, s'il peut en ce moment avoir l'honneur de vous entretenir.

FAIRFAX.

Je serai toujours prêt à le recevoir. Je vais me hâter de donner quelques ordres pour que notre conférence ne soit pas interrompue. Surrey, je vous charge de faire à milord les premiers honneurs de

L'AMI DES ADOLESCENS. 243

ma tente. Aussitôt qu'il arrivera, faites-m'en avertir. Je serai chez le colonel Morgan. (*Fairfax et Kingston sortent par deux côtés opposés.*)

SCÈNE XII.

SURREY, seul.

Quel dessein occupe son esprit? Un sombre courroux éclate dans ses regards. Les larmes même de son fils n'ont pu l'attendrir. Aurait-il dévoué le jeune Arthur à sa vengeance? Je ne puis m'empêcher de frémir. Fairfax sans doute est généreux; mais l'égarement universel des esprits, dans ces temps de trouble et de vertige, a déjà fait commettre tant de forfaits! Il ne m'en rendra pas du moins le complice. Je ne lui en déguiserai pas l'infamie, s'il voulait m'y faire tremper : oui, je le sauverai malgré lui-même de tout ce qui peut obscurcir sa gloire.

SCÈNE XIII.

CAPELL, KINGSTON, SURREY.

KINGSTON, *à Capell.*

Voici sa tente, milord.

SURREY, *s'avançant vers Capell, prend avec respect sa main qu'il veut baiser.*

Intrépide défenseur de Colchester, qu'il me soit permis de baiser la main d'un héros!

CAPELL, *la retirant avec modestie.*

Elle ne doit recevoir aucunes marques d'honneur aussi long-temps que celles de mon roi seront flétries par les chaînes. Où est milord Fairfax?

SURREY.

Je me hâte d'aller lui annoncer l'arrivée de son noble ennemi.

SCÈNE XIV.

CAPELL, KINGSTON.

KINGSTON.

Je crois devoir vous dire, milord, que tout ce que je vois ici me paraît étrangement suspect.

CAPELL, *d'un air tranquille.*

En quoi donc, mon ami? Ne vous formez pas de vaines terreurs.

KINGSTON.

Elles vous paraîtront assez fondées, si vous daignez y réfléchir. Fairfax était instruit par ma bouche du moment de votre arrivée. Pourquoi ne pas rester, et vous recevoir lui-même? Pourquoi sortir aussitôt, sous prétexte d'ordres importans à donner? Pourquoi tout son camp enfin se trouve-t-il sous les armes à votre passage?

CAPELL.

Que prétendez-vous conclure de ces vaines apparences?

KINGSTON.

Ne pourraient-elles pas couvrir quelque trahison secrète?

CAPELL.

Kingston, je ne crains rien. Les lois de la guerre sont sacrées à toutes les nations. Le conquérant le plus avide, l'homme de sang le plus féroce, les observent envers les autres, parce qu'ils ont besoin qu'on les observe envers eux-mêmes.

KINGSTON.

Celui qui porte les armes contre son roi peut bien violer sa parole envers de simples sujets.

CAPELL.

Ce n'est pas moi qu'il aurait choisi pour y manquer.

KINGSTON.

Mais, milord...

CAPELL.

Non, je connais Fairfax. J'ai une trop haute idée de son caractère, pour le juger capable d'une bassesse. Le fanatisme de l'indépendance peut avoir égaré son esprit, sans avilir ses sentimens. Quoique des opinions de parti nous divisent, l'amitié nous unissait autrefois. Il est encore jaloux de mon estime; et ce n'est point à mes yeux qu'il s'écartera des voies de l'honneur.

KINGSTON.

Je le souhaite, milord. Mais le voici. (*Capell s'avance vers Fairfax avec une contenance assurée.*)

SCÈNE XV.

FAIRFAX, CAPELL, KINGSTON, SURREY.

CAPELL.

Je ne puis vous donner, milord, une marque plus sûre de confiance qu'en venant dans votre tente accompagné d'un seul ami.

FAIRFAX.

Puisque vous le jugez digne de ce titre, il peut assister à notre entrevue.

CAPELL.

Je n'en récuserait pas un ennemi pour témoin. Je suis prêt à vous entendre.

FAIRFAX.

J'ai à vous proposer, au nom du parlement, tous les avantages qui peuvent répondre à la haute considération dont il est pénétré pour vos vertus.

CAPELL.

Si elles méritent quelque prix, je ne dois le recevoir que de mon souverain, qui l'est aussi du parlement.

FAIRFAX.

Que peut faire pour vous un prince sans États?

CAPELL.

Je soutiendrais peut-être ses intérêts avec moins de zèle si les miens pouvaient y être attachés. C'est lorsque mon ambition n'attend aucune récompense que je me sens plus fier de servir.

FAIRFAX.

Ce sentiment est d'une grande âme. Mais, vous le voyez, une révolution dans le gouvernement est inévitable. Est-il en votre pouvoir de l'arrêter? Que prétendez-vous opposer à un parti triomphant?

CAPELL.

Mon devoir, qui me prescrit de demeurer fidèle à un prince malheureux.

FAIRFAX.

Vous avez déjà fait tout ce qu'on peut attendre d'un homme d'honneur.

CAPELL.

Non, pas tout encore, puisqu'il me reste à le soutenir.

FAIRFAX.

Et par quels moyens vous en flattez-vous? Les murailles de votre place ne sont plus que des monceaux de ruines, vos soldats sont réduits à manquer des derniers alimens.

CAPELL.

Ils ont encore des munitions de guerre, et du courage pour les employer.

FAIRFAX.

Le courage ne peut leur manquer sous vos ordres. Mais, sans la force, à quoi leur servirait-il? Colchester, quoique soutenu de votre bras, ne saurait tarder à se rendre.

CAPELL.

Vous en a-t-il été parlé dans l'assaut de cette nuit?

FAIRFAX.

Si ce n'est pas aujourd'hui, ce sera demain. Mais

demain le parlement vous proscrira comme un ennemi de la république ; au lieu qu'il vous offre aujourd'hui, par mon organe, le titre de duc et le gouvernement d'une place de guerre. (*Capell se retourne, et cache sa tête dans ses mains.*) Pourquoi détournez-vous de moi votre visage ?

CAPELL.

De peur que vous ne le voyez rougir et pour vous et pour ma nation.

FAIRFAX.

Calmez-vous, milord, et discutez ma proposition de sang-froid.

CAPELL.

Doit-elle être l'unique objet de notre conférence ?

FAIRFAX.

Elle est assez importante, puisque votre salut en dépend.

CAPELL, *faisant un mouvement pour se retirer.*

Adieu, milord.

FAIRFAX, *à part.*

Pourquoi faut-il que je sois réduit à me contraindre ? (*Il fait un pas vers lui, et le retien par la main.*) Encore un instant, lord Capell. Croyez-moi, laissez là d'aveugles préjugés de servitude. Irez-vous leur sacrifier les honneurs prêts à rejaillir sur vous et sur votre famille ?

CAPELL.

O nobles Anglais, que vous êtes déchus de votre antique gloire ! Les honneurs se vendent sur le sein d'Albion au poids de l'ignominie.

FAIRFAX.

C'est la patrie qui vous les offre.

CAPELL.

La patrie! étouffez ce nom dans votre bouche, si vous ne savez que le blasphémer.

FAIRFAX.

Osez-vous l'attester vous-même, vous qui servez sous son oppresseur? Votre bras est désormais trop faible pour enchaîner la liberté victorieuse. Les fondemens du trône chancellent. Un jour encore, et ils seront renversés.

CAPELL.

Eh bien, je m'ensevelirai sous leurs ruines.

FAIRFAX.

Le parlement vous en arrachera tout vivant, pour vous condamner à une mort ignominieuse.

CAPELL.

Est-ce m'en délivrer que de me condamner à une vie infâme?

FAIRFAX.

Que sera-t-elle pour vous lorsque l'Angleterre, affranchie d'un joug honteux, ne prononcera votre nom qu'avec horreur; quand vous entendrez votre épouse déshonorée maudire l'instant de votre union; quand votre fils, vous poursuivant jusque sur l'échafaud, des cris du désespoir vous reprochera des jours qu'il lui faudra traîner dans l'indigence et dans l'opprobre?

CAPELL.

O comble inouï d'audace! Est-ce donc vous sujet infidèle, qui voulez m'effrayer par des flétrissures qui ne sont attachées qu'à votre rébellion? Non, non, j'aurai pour moi les regrets de tous les gens de bien. Ma femme et mes enfans béniront ma mémoire. Le ciel sera l'époux de ma veuve et le père de mon fils orphelin.

FAIRFAX.

C'en est trop, vil esclave du despotisme. Puisque l'intérêt de ta vie ne peut t'émouvoir, il est temps de trembler pour une tête plus chère. (*Il appelle.*) Morgan!

SCÈNE XVI.

FAIRFAX, CAPELL, ARTHUR, MORGAN, SURREY, KINGSTON, DEUX SOLDATS.

(*Un rideau se lève au fond de la tente. On voit Arthur enchaîné. Deux soldats sont à ses côtés, lui tenant chacun un poignard sur le sein. Derrière eux est Morgan.*)

CAPELL.

Ciel! que vois-je? (*Il se laisse tomber dans les bras de Kingston.*)

FAIRFAX.

Le connaissez-vous?

CAPELL, *se relevant avec indignation.*

Mon fils en ton pouvoir! Ah! lâche! tu ne le dois pas du moins à tes armes.

FAIRFAX.

Rendez-moi les vôtres, il est à vous. C'est le seul

moyen qui vous reste. Voulez-vous lui sauver la vie?

CAPELL.

Oui, traître par ta mort. (*Il saisit impétueusement son épée pour en frapper Fairfax.*)

MORGAN.

Si vous faites un pas, milord, vous et votre fils vous êtes perdus.

ARTHUR.

Que rien ne vous arrête, mon père! vengez-vous. Je ne crains pas de mourir, je suis votre fils.

CAPELL, *faisant rentrer dans le fourreau son épée à demi-nue, et s'adressant à Fairfax.*

Barbare, je ne te parle point de notre ancienne amitié. Il n'en reste plus entre nous depuis ta révolte criminelle. Je ne veux rien de toi. Mais que t'a fait cette innocente victime?

FAIRFAX.

Il vient de me braver, il n'y a qu'un instant, avec autant de hauteur que son père.

CAPELL.

Entends-le braver encore tes menaces et tes bourreaux. O mon cher Arthur, que ne puis-je t'embrasser, lorsque je te vois si digne de ma tendresse!

KINGSTON, *à Fairfax.*

Eh quoi! milord, voulez-vous souiller à jamais votre renommée par le meurtre d'un enfant?

FAIRFAX.

Ce n'est pas moi qui l'immole; c'est son père

cruel. Il ne doit s'en prendre qu'à sa farouche opiniâtreté. Qu'il me rende une place qu'il ne peut défendre, et je lui rends son fils; sinon il faut qu'il meure pour la terreur de ces esclaves pusillanimes, qui voudraient anéantir la liberté quand elle rétablit son empire.

CAPELL, *d'un ton pathétique à Arthur.*

Mon fils, Dieu, ton prince, et l'honneur!

SURREY, *à part.*

Je ne laisserai point achever cet horrible sacrifice, quand il devrait m'en coûter la vie. (*Il sort.*)

SCÈNE XVII.

FAIRFAX, CAPELL, ARTHUR, MORGAN, KINGSTON, LES DEUX SOLDATS.

(*Capell et son fils se regardent tendrement, se tendant les bras l'un à l'autre.*)

Arthur, mon cher Arthur! que dirai-je à ta mère désolée?

KINGSTON.

Ah, milord! le laisserez-vous ainsi massacrer?

CAPELL.

Que faites-vous, Kingston? Voulez-vous ébranler ma constance, quand il faudrait la soutenir! J'ai bien assez à combattre la nature.

FAIRFAX.

Vous n'avez plus qu'un instant, lord Capell.

CAPELL.

Pourquoi prolonger mon supplice? Laisse-moi sortir. Je ne voudrais pas expirer sous tes yeux.

MORGAN.

Arthur, n'avez-vous rien à dire à votre père?

ARTHUR, *avec fermeté.*

Rien. Il sait tout ce qui se passe dans mon cœur.

MORGAN, *aux soldats.*

Tenez-vous prêts à mon signal.

CAPELL.

Adieu, mon fils. Encore une fois, Dieu, ton prince, et l'honneur! Je ne te survis un moment que pour te venger. (*Il se détourne, et se dispose à partir.*)

FAIRFAX.

Inflexible vertu, que je suis forcé d'admirer malgré moi-même! (*Haut.*) Mais que vois-je.

SCÈNE XVIII.

FAIRFAX, CAPELL, EDMOND, ARTHUR, MORGAN, KINGSTON, SURREY, LES DEUX SOLDATS.

EDMOND, *accourant avec la plus grande précipitation, et jetant ses bras autour du jeune Capell.*

Arthur, ô mon ami! tu ne mourras point sans moi.

FAIRFAX.

Que faites-vous, mon fils?

EDMOND.

Ne me donnez pas d'avantage un nom que je déteste. Assouvissez votre barbarie; vous avez une victime de plus.

FAIRFAX.

Insolent, qui t'a conduit ici?

SURREY.

Moi, milord. J'ai forcé sa prison, et je m'en glorifie.

EDMOND, *à Fairfax.*

Vous êtes le seul qui ne connaissez pas la pitié. (*Aux soldats.*) Ce n'est pas la vôtre dont j'ai besoin. Hâtez-vous de frapper. De quoi tremblez-vous?

ARTHUR, *cherchant à se dégager de ses bras..*

Laisse-moi, cher Edmond. Pourquoi me rendre la mort plus douloureuse.

EDMOND.

Je ne te quitte point. Je ne veux pas survivre à mon ami, quand j'ai perdu celui qui dut être mon père.

CAPELL.

Tu veux m'arracher mon fils: le tien te renonce. Je suis vengé.

EDMOND.

Laisse-moi te serrer plus étroitement encore, mon cher Arthur. Je veux mourir du même coup que toi.

CAPELL.

Tu les vois, Fairfax. Il ne te reste plus qu'à frapper toi-même.

FAIRFAX.

C'en est fait; Capell, je suis vaincu. Edmond,

Je vous retrouve aussi mon père! Ah! ne me dérobez point ces larmes.

ôtez les fers à votre ami, et rendez-le à son père. Mes mains ne sont pas dignes de toucher ce jeune héros. (*Morgan et les deux soldats se retirent.*)

ARTHUR.

Cher Edmond, c'est donc à toi que je dois la vie!

EDMOND.

O mon ami! (*Il lui ôte ses fers, et le conduit à Capell, qui les serre tous deux dans ses bras.*)

ARTHUR.

Mon père!

EDMOND.

Milord.

CAPELL, *les tenant dans ses bras, et les regardant tour à tour avec tendresse.*

Donnez-moi le même nom tous les deux, mes chers enfans. Je ne sais plus lequel de vous est mon fils.

EDMOND, *voyant les yeux de son père baignés de pleurs, se dégage des bras de Capell, et se précipite aux pieds de Fairfax.*

Je vous retrouve aussi, mon père! Ah! ne me dérobez point ces larmes. Milord, Arthur, Surrey, les voyez-vous couler?

FAIRFAX, *le relevant.*

Mon cher Edmond, je n'oublierai jamais que tu m'as sauvé une action honteuse! (*Le présentant à Arthur.*) Aimez-vous toujours, dignes amis, et que le sort vous fasse vivre en des temps plus heureux que vos pères. (*A Capell.*) Vous êtes libres, milord, de rentrer dans la place. Mon admiration vous y suit. Plût au ciel que je fusse aussi digne de votre estime !

ARTHUR, *baisant la main de Capell.*

O mon père, ne nous quittons plus. Je veux aller combattre auprès de vous.

CAPELL.

Tu en as fait assez pour ton parti. Ton nom seul va devenir le plus ferme soutien de Colchester. Quel soldat assez lâche parlerait de se rendre, quand il saura ta constance ?

ARTHUR.

Laissez-la moi soutenir par mes actions. Il faut que je vous suive.

CAPELL.

Non, mon fils ; reçois mes adieux. C'est peut-être, hélas ! pour la dernière fois que je t'embrasse. Mon devoir est d'aller affronter la mort pour mon pays : le tien est de vivre pour le servir mieux un jour, dans la force de ton âge. (*A Fairfax.*) Après ce qui vient de se passer, Fairfax, je n'ai plus rien à craindre de toi. Je te laisse mon fils, pour le renvoyer à sa mère, et je cours t'attendre sur la brêche.

REDDITION DE COLCHESTER.

Cromwell, envoyé par Fairfax pour arrêter la marche de Langlade et d'Hamilton, ayant vaincu successivement ces deux généraux, dont le dernier tomba entre ses mains, le comte de Holland ayant aussi été battu et fait prisonnier par un autre détachement de l'armée parlementaire, les habitans de Colchester, qui ne résistaient plus que par l'espérance de recevoir des secours, se virent enfin réduits à la nécessité de capituler. Ils envoyèrent des députés à Fairfax pour traiter de la reddition de la ville à des termes honorables. Irrité de l'obstination de leur défense, il ne leur proposa d'autre parti que de se rendre à discrétion. Sur cette réponse, on employa deux jours à délibérer dans la place. La première résolution des officiers, était de s'ouvrir, les armes à la main, un passage à travers le camp des ennemis; mais le peu de chevaux échappés à leur faim se trouvait trop faible pour cette entreprise. D'un autre côté les soldats, épuisés de fatigue, étaient hors d'état de soutenir un nouvel assaut. On fut donc obligé d'ouvrir les portes à Fairfax, et de se soumettre aux conditions qu'il lui plairait d'imposer.

Après avoir renvoyé les soldats sans armes et sans bagages, il fit renfermer tous les officiers dans une salle de la ville, avec ordre de lui remettre leurs noms. Ireton, que Cromwell, dans son absence, avait laissé pour inspecteur au domicile général, choisit dans cette liste ses ennemis pour victimes. Sir Charles Lucas, sir George Lisle, et sir Bernar Gascoigne, furent conduits devant le conseil de guerre, où Fairfax leur déclara qu'en punition de leur résistance opiniâtre, et pour l'exemple de ceux qui les voudraient imiter, ils étaient condamnés à recevoir la mort ce jour même au pied des murs du château.

Cette nouvelle ayant été communiquée aux autres prisonniers, Capell chargea un officier de la garde de porter au conseil de guerre une lettre signée des principaux d'entre eux, dans laquelle ils le suppliaient de révoquer sa cruelle sentence, ou de la faire subir à tous les autres, qui rougissaient de s'en voir exceptés. Cette lettre généreuse n'eut d'autre effet que de faire presser le supplice de leurs infortunés compagnons.

Sir Charles Lucas, qui fut passé le premier par les armes, donna le signal à ses bourreaux avec la même liberté d'esprit que s'il eût commandé une décharge à ses propres soldats. Lisle, le voyant tomber, courut à lui, embrassa son cadavre ; et, se relevant ensuite, il regarda fièrement en face les fusiliers, et leur dit d'approcher davantage. Un d'eux lui répondit qu'ils étaient assez proche, et qu'ils ne le manqueraient pas. Amis, leur répliqua-t-il en souriant, je me suis trouvé plus près de vous, et vous m'avez manqué (1).

Après cette expédition sanguinaire, Fairfax, suivi d'Ireton, se rendit dans la salle de la ville pour visiter les prisonniers. En adressant ses civilités au comte de Norwich et à Capell, il crut leur devoir des excuses sur la rigueur que la justice militaire avait exigée de lui. Mais Capell, qui regardait Ireton comme l'unique auteur de cette barbarie, l'accabla des reproches les plus amers, dont celui-ci trouva bientôt l'occasion de se venger.

Le parlement ayant donné ordre de faire conduire le comte de Norwich et lord Capell au château de Windsor, ils s'y virent réunis avec le duc d'Hamilton, pour déplorer ensemble leurs infortunes. Bientôt ils furent transférés à la tour de Londres, dans l'attente de l'arrêt que le parlement allait prononcer sur leur destinée.

Un mois et quelques jours après le meurtre exé-

---

(1) Sir Bernard Gascoigne, ou plutôt Guasconi, gentilhomme florentin, fut épargné par le conseil de guerre, dans la crainte que le grand-duc de Toscane, informé de cette violence, n'usât de représailles envers les Anglais qui se trouveraient dans ses États.

crable de Charles Ier, on forma une nouvelle cour de haute-justice pour juger ces trois seigneurs, ainsi que le comte de Holland, et sir John Owen, qui, dans le soulèvement du pays de Galles en faveur du roi, avait tué de sa main un shérif.

Capell parut avec la plus noble fermeté devant ses juges, et refusa de reconnaître leurs pouvoirs, disant qu'en sa qualité de soldat et de prisonnier de guerre il n'avait rien à démêler avec des gens de robe. Sur quoi Bradshaw, président de la commission, lui répondit, par une allusion insolente et barbare à la sentence du roi, qu'ils avaient bien jugé un homme qui valait mieux que lui. Après quelques débats, où Ireton s'emporta avec toute la violence de son caractère, l'arrêt fut prononcé contre Capell et les autres prisonniers (1). Ils furent condamnés à perdre la tête. On ne leur accorda que trois jours pour régler leurs affaires, et se disposer à la mort.

Milady Capell employa cet intervalle à dresser une supplique qu'elle fit présenter au parlement. Lorsqu'on en fit la lecture, plusieurs personnes s'empressèrent de la soutenir par l'éloge de toutes les vertus que son époux avait fait éclater. Cromwell

---

(1) Lorsque sir John Owen entendit son arrêt, il fit une profonde révérence aux juges, et leur adressa ses remercîmens, disant tout haut que c'était un honneur extrême pour un pauvre gentilhomme gallois de perdre la tête avec de si grands seigneurs, et que sa plus vive crainte avait été de n'être que tout simplement pendu.

lui-même lui donna de si grandes louanges, et fit profession de lui porter tant de respect et d'amitié, que tout le monde pensait qu'il allait se déclarer en sa faveur, lorsqu'il ajouta d'un ton hypocrite que son zèle pour la cause publique l'emportait sur ses affections particulières; qu'il connaissait lord Capell pour le dernier homme de l'Angleterre qui abandonnerait le parti de la couronne; que l'inflexibilité de ses principes, son expérience et sa valeur, le nombre et l'attachement de ses amis, le rendaient le plus redoutable ennemi du parlement; qu'aussi long-temps qu'ils lui laisseraient la vie, à quelque condition qu'il fût réduit, ils le trouveraient *comme un buisson d'épines à leurs côtés;* et il finit en protestant que sa conscience et le bien de l'État lui faisaient un devoir de donner sa voix pour rejeter la supplique.

L'implacable Ireton se livra avec moins de déguisement aux transports de sa haine. Il soutint avec fureur, dans le parlement, la sentence qu'il avait fait rendre dans la haute-cour de justice. Quoiqu'il n'y eût pas un seul homme qui ne fût pénétré d'estime et de vénération pour Capell, et qu'il y en eût bien peu qui eussent contre lui quelque sujet d'animosité personnelle, la justice due à ses vertus, et la pitié dont on se sentait ému pour sa destinée, furent étouffées par la terreur qu'inspiraient ses deux ennemis, et sa proscription fut abandonnée à leurs vengeances.

On avait dressé un échafaud sous les fenêtres du

parlement. Aussitôt que le duc d'Hamilton et le comte de Holland eurent subi leur supplice (1), on fit appeler Capell. Il traversa, d'une marche assurée et d'un air serein, la salle de Westminster, saluant avec gravité toutes les personnes de sa connaissance. Le docteur Morley, son ami, qui ne l'avait pas quitté depuis l'instant de l'arrêt, s'empressait de l'accompagner pour recevoir ses derniers soupirs; mais il fut retenu par les soldats au pied de l'échafaud. Milord prit congé de lui, l'embrassa tendrement, le remercia de ses soins, et ne voulut pas qu'il s'obstinât à le suivre, de peur de l'exposer à la brutalité de ses satellites. S'étant ensuite avancé sur le bord de l'échafaud, il jeta autour de lui des regards tranquilles, et demanda si les autres lords avaient parlé

---

(1) Le comte de Norwich et sir John Owen avaient obtenu leur grâce. Lorsque la pétition du premier fut mise en délibération au parlement, le nombre des voix pour et contre se trouva si parfaitement égal, que sa destinée ne tenant plus qu'au suffrage de l'orateur, celui-ci, qui avait reçu autrefois quelques services du comte, se crut obligé par reconnaissance, de lui sauver la vie.

Sir John Owen, indifférent pour la sienne, n'avait pas même songé à présenter de pétition. Ireton trouva plaisant de faire servir de titre cette négligence même pour réclamer en sa faveur la clémence du parlement. Il crut d'ailleurs, par cette exception, faire une nouvelle insulte aux trois lords, et rendre leur mort plus cruelle, en leur montrant un simple particulier sauvé sans pétition de la rigueur de la sentence, tandis que leurs pétitions avaient été rejetées avec tant de mépris.

au peuple la tête couverte. Comme on lui répondit qu'ils avaient ôté leur chapeau, il donna le sien à garder à l'un de ses gens. Alors, d'une voix libre et ferme, il dit qu'il venait perdre la vie pour une action dont il ne pouvait avoir de regret; qu'ayant été nourri dans des principes d'attachement pour la constitution de son pays, de fidélité pour son prince, et de dévouement pour sa religion, il n'avait jamais violé sa foi envers aucune de ces trois puissances; qu'il était maintenant condamné à mourir contre toutes les lois de l'État, et que cependant il se soumettait à cette inique sentence.

Il s'étendit ensuite sur les louanges du roi que l'on venait d'immoler, en priant le ciel de pardonner ce crime à la nation aveuglée. Il finit en recommandant vivement de reconnaître dans le fils de Charles un légitime souverain. Enfin, après une courte et fervente prière, il tendit la tête au coup fatal qui priva l'Angleterre du plus vertueux citoyen qui lui fût resté.

PERSONNAGES.

M. le comte DE SAINT-ÉLOI, colonel.
M. DE VERNEUIL, capitaine,
VERSAC,
SAINT-ALBAN, } lieutenans.
Le chevalier DE NEUVILLE,
GERCY, sous-lieutenant.
GERMAIN, valet-de-chambre de Gercy.
MARTIAL, ancien soldat.
SA FEMME ET SES ENFANS.
M. DUBOIS, tailleur.
M. DUPRÉ, sellier.
M. DENIS, maquignon.

La scène est dans une ville de garnison.

LES JEUNES OFFICIERS
A LA GARNISON.

ACTE PREMIER.

SCÈNE PREMIÈRE.

(La scène représente la chambre de Gercy. Il est dans un fauteuil. Ses bras sont étendus sur une table, et sa tête repose sur ses mains. Il dort.)

GERCY, GERMAIN.

GERMAIN.

Dans quel état le voilà! Quel sommeil agité! Ah! mon jeune maître, vous qui donniez de si belles espérances! Tous les officiers sont depuis une heure sur la place d'armes. Jamais il ne sera prêt pour l'exercice. Quand il devrait se fâcher encore, il faut que je l'éveille. *(Il le tire doucement par le bras.)* M. de Gercy! M. de Gercy!

GERCY, *dormant toujours.*

Sept et le va.

GERMAIN.

Il croit être encore à son maudit pharaon. M. de Gercy! mon cher maître!

GERCY.

Paroli.

GERMAIN, *le secouant de nouveau.*

C'est bien de paroli qu'il s'agit! c'est de l'exercice : voulez-vous le manquer ?

GERCY, *à demi réveillé.*

Laisse-moi donc tranquille. J'aurai tout le temps.

GERMAIN.

Non, vous ne l'aurez pas. Voilà la manœuvre commencée. Entendez-vous le tambour ?

GERCY, *se relevant tout à coup en frottant ses yeux, et regardant le jour avec étonnement.*

Quelle heure est-il donc ?

GERMAIN.

Onze heures.

GERCY.

Onze heures? Ah ! malheureux ! Pourquoi ne m'avoir pas plus tôt réveillé ?

GERMAIN.

Bon! j'ai crié vingt fois à vos oreilles, vous ne m'avez répondu que par des injures. Je ne vous ai jamais vu si violent que lorsque vous dormez.

GERCY.

Il fallait me réveiller malgré moi.

GERMAIN.

Oui, de l'humeur dont vous étiez, vous m'auriez passé votre épée au travers du corps.

GERCY.

Que va dire M. de Verneuil? Après tout, ce n'est que le premier exercice que je manque.

GERMAIN.

Il y a bien de quoi se vanter de cette exactitude. Depuis un mois que vous êtes au service, en manquer un, c'est beaucoup. M. votre père n'en manquait pas deux en six mois. Combien souvent il lui est arrivé de traîner sa fièvre sous les armes! c'était un homme lui! toujours le premier à son devoir.

GERCY.

Eh bien! vas-tu me gronder?

GERMAIN.

Je voudrais en avoir le droit. Je n'ai, par malheur, que des représentations à vous faire. Oh! je ne vous les épargnerai pas. Vous en ferez ce que vous voudrez; mais, tant que je serai à votre service, il ne sera pas dit que vous vous soyez perdu faute d'un avis raisonnable.

GERCY.

Je vous prie, monsieur Germain, une fois pour toutes, de ne plus trancher avec moi du précepteur. Vous devriez savoir que vous ne l'êtes pas.

GERMAIN.

Ah! si je l'étais, je ne vous aurais pas laissé passer la nuit dehors. Et où l'avez-vous passée? Si c'était au bivouac, je n'en dirais mot. Comme vous voilà fait! Vous ne seriez pas revenu si pâle de la tranchée.

GERCY, *avec humeur.*

Te tairas-tu?

GERMAIN.

Je n'ai plus qu'un mot. L'exercice est fini, et vous n'y étiez pas.

SCENE II.

VERSAC, GERCY, GERMAIN.

VERSAC.

Comment donc, Gercy ! je t'ai cherché de l'œil dans tout le bataillon. Tu n'étais pas ce matin à l'exercice ?

GERCY.

Il est vrai, Versac. J'ai bien du regret d'y avoir manqué.

VERSAC.

Tu as sans doute envoyé faire tes excuses au colonel.

GERCY.

Je n'en ai pas eu le temps.

VERSAC.

Comment cela ? Tu ne t'es seulement pas couché, à ce qu'il paraît.

GERCY.

Sais-tu qu'il était cinq heures du matin lorsque je suis rentré ; j'étais si brisé de fatigue, que je n'ai pas eu la force d'ôter mes habits. Je suis tombé tout assoupi sur cette table, où j'ai sommeillé jusqu'à ce moment, sans me douter, qu'il fût grand jour.

VERSAC.

C'est que tu n'est pas encore fait à notre manière de vivre. Tu n'auras pas plutôt passé cinq ou six nuits comme la dernière, que les veilles ne te coûteront plus rien.

CERCY.

En attendant, je me sens la tête bien pesante ce matin.

VERSAC.

Laisse-nous faire ; nous te travaillerons une santé de fer. Vois comme je suis dispos. Il faut s'accoutumer de bonne heure à la fatigue. Un jeune officier doit savoir passer au besoin deux ou trois nuits sur pied, et faire son service le troisième jour comme si de rien n'était.

GERMAIN, *à part.*

Voilà de bonnes leçons qu'on donne à mon jeune maître !

VERSAC.

A propos, est-ce que tu ne t'es pas bien amusé cette nuit chez Saint-Alban ?

CERCY.

Oui, assez.

VERSAC.

Comme tu dis cela froidement ! Excellente chère, des histoires folles, du jeu ; que faut-il de plus pour mener une joyeuse vie ?

CERCY.

Oui, tu as raison.

VERSAC.

Vois pourtant, si nous t'avions laissé vivre à ta manière d'ours ! Te souviens-tu comme tu faisais d'abord le philosophe ? Tu te serais enterré tout vivant avec tes livres et tes mathématiques. C'est bien de la science qu'il faut à un jeune officier ! Elle n'est-

bonne tout au plus que pour l'artillerie et le génie. Mais nous, quel besoin en avons-nous pour notre service ? N'a-t-on pas des amis ou la guerre pour s'avancer ? Le plaisir, voilà notre devise. Manier adroitement ses armes et son cheval, supporter sans fatigue la danse, la table et le jeu, que doit savoir de plus un militaire ?

GERCY.

Il me semble que tu rends nos devoirs bien faciles.

VERSAC.

C'est qu'on simplifie les choses avec du bon sens. Tiens, tu débutais mal avec tes singularités. Te voilà maintenant dans la bonne voie. Tu n'as plus qu'à suivre nos traces.

GERMAIN, *à part, en haussant les épaules.*

En effet, c'est le droit chemin de l'honneur.

VERSAC.

Vois le chevalier de Neuville comme il brille dans le régiment. Eh bien ! c'est le jeu qui soutient sa dépense. Tu n'as pas mal fait tes affaires cette nuit, à ce que j'ai vu. Mais tu es loin encore de les avoir faites aussi bien que lui.

GERCY.

Comment donc ?

VERSAC.

Il n'est que lui seul au monde pour ces aubaines-là. Je ne sais comment il a découvert qu'il passait dans cette ville un officier chargé d'or pour aller faire des hommes sur la frontière. Il s'est trouvé sur son passage, il lui a raflé au piquet la moitié de ses recrues.

GERCY.

Et combien?

VERSAC.

Deux cents louis. Il lui donne ce matin sa revanche. Je t'engage à venir voir cette partie. Tous nos camarades y seront. Je parie qu'il va gagner au recruteur jusqu'à sa monture. Cela sera plaisant. Tu seras des nôtres, n'est-ce pas ?

GERCY

Non, je me sens fatigué.

VERSAC.

C'est pour cela même. Tu as besoin de te récréer un peu. Viens nous joindre. Tu t'amueras, je t'assure.

GERCY.

Je suis sensé malade. Il ne faut pas que je sorte.

VERSAC.

Bon! qui le saura? Je me charge de faire porter les excuses.

GERCY.

Mais, mon ami, cependant.....

VERSAC.

Prends-y garde, Gercy. Tu te perds d'honneur. Tes camarades vont te prendre pour un enfant qui s'effraie de tout.

GERCY.

Eh bien! comme tu voudras.

VERSAC.

Tu me le promets, au moins.

GERCY.

Tu le veux donc absolument?

VERSAC.

Je ne te quitte pas sans en avoir ta parole.

GERCY.

Soit : je te la donne.

VERSAC.

Il ne te faut qu'une demi-heure pour t'arranger. Adieu, jusqu'au revoir.

SCÈNE III.

GERCY, GERMAIN.

GERCY.

Allons, Germain, viens me coiffer.

GERMAIN.

Comment! monsieur, vous êtes à merveille; je ne vois rien à faire à votre toilette. Vous déshabiller une fois tous les deux ou trois jours, c'est vous épargner un grand embarras, et me faciliter extrêmement mon service.

GERCY.

Te voilà bien. Tu es toujours à gronder.

GERMAIN.

Ah! mon cher maître, est-ce pour mon plaisir? Vous qui jusques à présent avez mené une conduite si réglée, pourquoi voulez-vous en changer pour vous perdre?

GERCY.

Me perdre? tu n'y penses pas, Germain.

GERMAIN.

C'est parce que j'y pense que je vous le dis. Coyez-vous qu'après avoir servi pendant vingt ans, je ne connaisse pas mieux que vous ce qui arrive à de jeunes officiers? Prenez-y garde. Ils vous feront donner dans tous leurs travers.

GERCY.

Sois tranquille, Germain. Va, je ne les crains pas.

GERMAIN.

Tant pis, il faudrait vous en défier. On n'a pas d'expérience à votre âge; et l'on s'abandonne à qui se met en tête de nous conduire. Voyez ce qui vous arrive à vous-même. Vous étiez le premier à condamner la dissipation et l'oisiveté de leur vie : aujourd'hui c'est la vôtre qu'on vous fait trouver ridicule. On va jusqu'à vous faire croire que vous vous êtes bien amusé dans leurs parties nocturnes dont vous ne parliez auparavant qu'avec dégoût.

GERCY.

Je serai toujours libre de m'en retirer, si je m'y déplais.

GERMAIN.

Non, mon cher maître; pour peu que vous tardiez encore, vous ne le serez plus. Ils vous engageront si bien dans leurs filets, qu'il ne vous sera pas possible d'en sortir. Ils commençaient à respecter votre résistance : ils l'ont vaincue une fois, c'en est assez pour la vaincre toujours. Ils ont déjà vu qu'il suffisait de quelques mauvaises railleries pour vous faire changer de résolution : ils ne vous les ménageront plus. Vous serez forcé malgré vous-même, par une mauvaise honte, de les suivre comme ils voudront vous mener. Et qui sait s'il ne vous feront pas descendre par degrés jusque dans les derniers dérangemens.

GERCY.

Voilà bien des reproches pour une faute, si même c'en est une.

GERMAIN.

Eh! c'est la première qui les entraîne toutes. Qui vous aurait dit, il y a quinze jours que vous passeriez une nuit entière au jeu, vous n'auriez pas voulu l'en croire. Vous l'y avez pourtant passée : vous êtes revenu épuisé de fatigue; vous avez dormi toute la matinée sur une table comme un homme pris de vin ; vous manquez à votre service; vous êtes obligé d'inventer un mensonge pour vous excuser, et tout cela ne vous paraît rien. Combien faudra-t-il désormais que vos fautes soient grandes pour vous effrayer?

GERCY.

Tu ne sens pas que tu me fatigues par tes remontrances?

GERMAIN.

Elles me coûtent bien plus qu'à vous.

GERCY.

Songe, en ce cas, à nous les épargner désormais à l'un et à l'autre; comme si je devais, à mon âge, me laisser tenir à la lisière par un vieux radoteur!

GERMAIN.

Voilà, monsieur, la première dureté que vous me

dites. Elle est sortie bien légèrement de votre bouche. Je crains qu'elle ne puisse jamais sortir de mon cœur.

GERCY.

Mais aussi pourquoi venir m'attrister de tes discours chagrins?

GERMAIN.

Vous savez s'ils l'avaient jamais été jusqu'à ce jour. Je ne vous disais rien qui ne fût plein du plaisir que me donnait votre bonne conduite. Comment aurais-je pu vous montrer de l'humeur, en vous voyant vous porter au bien par un penchant si naturel? Je vous en atteste vous-même. Vous m'en avez vu souvent verser des larmes de joie.

GERCY.

Oui, Germain, je sais que tu m'es attaché.

GERMAIN.

Vous ne le savez pas encore assez, mon cher maître. Daignez m'écouter un moment. Je suis dans un âge où l'on peut sans honte chercher le repos, après avoir mené une vie aussi laborieuse que la mienne. Grâces aux bontés de monsieur votre père, je pouvais vivre dans l'aisance avec ma famille. Eh bien! ce repos, cette aisance, ma femme et mes petits enfans, j'ai tout sacrifié pour vous suivre. En voyant que monsieur votre père, forcé de quitter le service par les suites de sa blessure, ne pouvait vous accompagner, je me suis dit: Ta femme l'a nourri; tu es son second père; il est si confiant et si bon! on peut se servir de ses qualités même pour le tromper, il a besoin de toi. A cette pensée, je n'ai vu que vous seul dans le monde. Je me suis séparé de tout ce que j'avais de plus cher pour m'attacher à vos pas. Fait-on toutes ces choses sans aimer?

GERCY.

Je te remercie de ton attachement, et je veux que tu te ressentes de mon bonheur. (*Tirant sa bourse.*) Tiens, prends ces deux louis.

GERMAIN, *reculant d'un pas.*

Qui, moi, les prendre! Vous me connaissez bien! Je donnerais tout ce que je possède pour que ce maudit or ne fût pas allé dans vos mains. Que le ciel me préserve de le recevoir jamais dans les miennes!

GERCY.

Crois-tu que je ne l'ai pas gagné d'une manière honnête?

GERMAIN.

Que m'importe, je n'y toucherai pas plus qu'à un fer brûlant. Je me reprocherais toute ma vie d'avoir été en quelque sorte le complice de votre ruine.

GERCY.

Ainsi donc tu refuses une marque de mon attachement?

GERMAIN.

Ah! mon cher maître, je vous aimais bien plus quand vous n'aviez pas de ces cadeaux à me faire.

GERCY.

Mais prends donc. Ce n'est qu'une bagatelle.

GERMAIN.

Voilà bien ces prodigues joueurs, qui jettent l'or

par les fenêtres, parce qu'il ne leur coûte rien à gagner! Vous me présentez aujourd'hui deux louis; demain vous ne serez peut-être pas en état de me payer mes gages.

GERCY.

Je ne reprendrai pas cet argent après te l'avoir offert.

GERMAIN.

Et moi, croyez-vous que je le prenne après l'avoir refusé?

GERCY.

Que veux-tu donc que j'en fasse à présent?

GERMAIN.

Puisqu'il vient de mauvaise source, il faut tâcher du moins de le purifier par quelque bonne action. Tenez, il y a ici un vieux soldat retiré, à qui monsieur votre père a donné de quoi faire les fonds d'un petit établissement. Ces deux louis peuvent lui être fort utiles. Voulez-vous que je les lui porte de votre part?

GERCY.

Oui, c'est à merveille. Viens me coiffer, et tu pourras ensuite aller chez lui.

GERMAIN.

J'aimerais mieux ne lui porter que six francs, et que ce fût de vos économies. Il faut que cet or soit bien impur, puisque je frémis de m'en servir, même pour faire du bien.

FIN DU PREMIER ACTE.

ACTE II.

SCÈNE PREMIÈRE.

GERCY, GERMAIN.

GERMAIN.

Vous me permettez donc, monsieur, d'aller à présent porter ces deux louis au brave Martial?

GERCY.

Je te l'ai déjà dit, c'est avec grand plaisir ; mais ne va pas au moins lui confier qu'ils me viennent du jeu.

GERMAIN.

Je m'en serais bien gardé, sans que vous eussiez besoin de m'en avertir. Je le connais. Il n'en aurait pas voulu plus que moi.

GERCY.

Eh bien! va donc. Que tardes-tu maintenant?

GERMAIN.

Je n'ose vous le dire; mais si vous daigniez m'accorder une grâce?

GERCY.

Voyons. Que veux-tu de moi?

GERMAIN, *d'un air suppliant.*

Ne sortez pas, mon cher maître, je vous en conjure, pour suivre ce monsieur de Versac. J'ai de tristes pressentimens dans l'esprit. Il vous arrivera quelque malheur.

GERCY.

Quoi ! pour aller voir une partie où je ne suis pas intéressé !

GERMAIN.

Qu'importe ? Tenez, voici vos livres, occupez-vous un peu. Vous savez bien que c'est le temps que vous donnez ordinairement au travail, et qui vous semble toujours passer si vite.

GERCY.

Je me sens la tête trop pesante pour travailler. Il faut que je prenne un peu l'air.

GERMAIN.

C'est l'air du jeu que vous voulez prendre.

GERCY.

Quelle folie !

GERMAIN.

Vous en prendrez aussi la fureur, je vous le prédis.

GERCY, *avec impatience*.

Allons, pars. Ne m'importune plus.

GERMAIN.

Pourquoi faut-il que je vous obéisse ? Non, je ne puis vous le cacher, je ne m'éloigne qu'avec regret. A quoi me réduisez-vous ? Hélas ! c'est la première fois que les pas me coûtent pour aller au secours d'un honnête homme.

SCÈNE II.

GERCY seul.

Enfin, m'en voilà heureusement délivré. L'attachement de cet homme commence à me devenir insupportable. Il voudrait, je pense, me clouer sur mes livres. Oh! oui, je saurais bien travailler en ce moment! J'ai l'esprit dans une inquiétude..... (*Il tire sa bourse.*) Vingt louis d'or gagnés dans une nuit! Voilà ce qui s'appelle un joli commencement de fortune! Pour peu que le sort continue à me bien traiter, je me vois en passe d'éclabousser tous mes camarades; oui, le chevalier de Neuville lui-même. Des bijoux, de beaux chevaux, une voiture élégante! Versac avait raison. Tout cela vaut mieux que ces plaisirs monotones de l'étude. On ne connaît guère le monde en restant enseveli dans son cabinet. Je suis jeune. Eh bien! il faut faire comme ceux de mon âge. J'étudierai, s'il le faut, quand la saison des plaisirs sera passée. Allons, allons. (*Il est prêt à partir. On frappe. La porte s'ouvre.*) (*A part.*) Ciel! c'est M. de Verneuil!

SCÈNE III.

DE M. VERNEUIL, GERCY.

M. DE VERNEUIL.

Bonjour, Gercy. J'étais chez le colonel, lorsqu'on

est venu lui apporter vos excuses. Je viens savoir comment vous vous trouvez.

GERCY.

Je vous rends mille grâces, monsieur, de cette attention obligeante. Je me sens mieux maintenant.

M. DE VERNEUIL.

Qui a donc pu vous causer cette indisposition? Je crains que l'ardeur de l'étude ne vous emporte un peu trop loin.

GERCY.

Non, monsieur; je puis vous assurer que ce dérangement ne vient point d'un excès de travail.

M. DE VERNEUIL.

A la bonne heure. Tous les excès sont dangereux à votre âge. Par exemple, je sais de jeunes officiers qui ont passé la nuit à table et au jeu. Parmi ceux qui ont pu se trouver à l'exercice, je vous assure que la plupart avaient un air défait et une contenance abattue. Ils ont fort mal manœuvré. J'aurais été bien aise que vous eussiez pu les voir. Que pensez-vous d'une pareille conduite?

GERCY, *avec embarras.*

Monsieur.....

M. DE VERNEUIL.

Qu'avez-vous donc, Gercy? Je vous trouve aujourd'hui un air bien embarrassé en ma présence. Vous savez pourtant que je suis votre ami.

GERCY.

Oui, monsieur, et cette amitié m'est infiniment précieuse.

M. DE VERNEUIL.

Je suis flatté de l'opinion que vous en avez. Elle m'encourage à vous presser de vous ouvrir à moi, si vous avez quelque chose sur le cœur dont le poids vous gêne.

GERCY.

Ce n'est rien du tout.

M. DE VERNEUIL.

Quoi! rien, absolument rien? Il faut vous en croire sur votre parole. Me la donnez-vous?

GERCY, *d'un air confus.*

Mais, monsieur...

M. DE VERNEUIL.

Je craindrais de vous paraître indiscret, si je devenais plus pressant. Adieu, mon ami. (*Il fait quelques pas pour sortir.*)

GERCY, *courant à lui et le retenant.*

Ah! M. de Verneuil...

M. DE VERNEUIL.

Je vois que j'ai besoin d'encourager votre confiance. Voyons. Qu'est-ce qui vous manque? Ce n'est pas l'argent? Ma bourse est à votre service dans toutes les occasions; mais vous n'en avez pas besoin aujourd'hui. Vous avez gagné la nuit dernière.

GERCY.

Quoi! vous savez...

M. DE VERNEUIL.

Croyez-vous que je puisse ignorer la moindre chose qui vous intéresse?

GERCY.

Je n'ai donc rien à vous apprendre.

M. DE VERNEUIL.

J'oublierai tout pour ne le tenir que de votre bouche.

GERCY.

Épargnez-moi de grâce, cet aveu. Je crains trop vos reproches.

M. DE VERNEUIL.

Des reproches, mon cher Gercy ? Non, je n'userai de ce droit de l'amitié que dans ce qui pourrait toucher essentiellement ou votre honneur ou votre devoir. Mais, pour des imprudences et des fautes légères, j'ai été jeune comme vous; j'ai eu, comme vous, mes faiblesses; je ne recevrai la confidence des vôtres qu'avec de l'indulgence et de la douceur.

GERCY.

Ah ! mon respectable ami, vous gagnez entièrement mon cœur par cette bonté. Oui, je ne vous cacherai rien de ce qui m'arrive pour m'être une fois écarté de vos sages conseils.

M. DE VERNEUIL.

Asseyons-nous, et contez-moi vos aventures.

GERCY.

Je fus invité hier au soir chez un de mes camarades. Avant de se mettre à table on fit quelques tours de pharaon. Je refusai constamment de prendre part au jeu. Mais, après le repas, je fus si vivement sollicité de me mettre de la partie, que je ne pus résister à toutes ces instances. Je commençai par hasarder très-peu de chose sur une carte. Le hasard me servit. Je puis vous protester que ce ne fut pas l'ardeur du gain qui me fit chercher à profiter de cette veine heureuse. Je ne voulais que ménager la fortune pour ne rien mettre du mien dans cette partie, et me retirer du jeu comme j'y étais entré. Le sort m'accabla malgré moi de ses faveurs; et ce matin à cinq heures, lorsque nous nous sommes séparés, je me suis trouvé, à ma grande surprise, vingt louis de plus dans ma bourse.

M. DE VERNEUIL.

Et c'est aux dépens de vos camarades que vous vous êtes enrichi! Vous les aimez, vous cherchez dans toutes les occasions à leur rendre service, et vous vous couvrez de leurs dépouilles! Il en est sans doute quelques-uns parmi eux à qui cette perte cause de vifs regrets, et peut-être de l'embarras.

GERCY.

C'est la première pensée qui m'est venue à l'aspect de cet or.

M. DE VERNEUIL.

Un sentiment si honnête est-il resté long-temps dans votre cœur? Ne trouvez pas mauvais, mon ami, que je vous presse de m'exposer avec la plus grande franchise l'impression qu'a faite sur vous cette première faveur de la fortune.

GERCY.

Je ne saurais vous en rendre un compte bien exact. Le sommeil n'a guère tardé à me surprendre; mais je ne puis vous dissimuler que, dans les songes où il m'a plongé, mon imagination ne se peignit avec transport les plaisirs que je pouvais espérer de ma nouvelle richesse : je ne m'étais jamais vu tant d'argent à la fois, et je commençais à ne plus rougir du moyen qui me l'avait procuré. Vous le dirai-je? Il me tardait d'aller solliciter encore de nouveaux dons de la fortune. Des habits riches, une voiture brillante, des bijoux précieux, tous ces objets se présentaient en foule à mon imagination enchantée. J'ai brusqué durement l'honnête Germain, qui voulait m'arracher à ces rêveries, pour me presser de me rendre à l'exercice, où je n'ai pu me trouver. Un de mes camarades, que je ne nommerai point, est venu me replonger dans mes premières illusions par ses peintures séduisantes. Elles flattaient plus que jamais mon esprit au moment où vous êtes entré; et sans vous, peut-être, mon respectable guide...

M. DE VERNEUIL.

Embrassez-moi, Gercy. Combien votre candeur me touche! Il serait bien cruel pour moi de voir corrompre un si heureux naturel.

GERCY.

Oui, j'ose le dire, toutes mes pensées, tous mes sentimens me portent vers l'honneur; mais la facilité de mon caractère m'épouvante moi-même. Si vous saviez combien il m'est pénible d'avoir tous les jours à essuyer les railleries piquantes de mes camarades, sur ce qu'ils appellent dans ma conduite une affectation de me singulariser!

M. DE VERNEUIL.

Eh quoi! si c'est ce singulariser à leurs yeux que

de suivre son goût pour l'étude, de remplir exactement ses devoirs, n'auriez-vous pas bien plus à rougir de leur ressembler davantage? Craindriez-vous donc leurs fades plaisanteries plus que vos propres reproches? Et faut-il vous départir de vos principes par d'indignes ménagemens? Prenez-y garde, mon ami, c'est dans notre état surtout qu'il importe d'établir d'abord son caractère d'une manière inébranlable. Attachez-vous à vivre en bonne intelligence avec vos camarades, en leur témoignant de l'intérêt et de l'affection. Sacrifiez quelquefois vos goûts à leurs plaisirs, en ce qui ne blesse ni la décence ni l'honneur. Mais sachez aussi vous défendre avec fermeté de leurs invitations insidieuses, lorsque vous sentirez au fond de votre cœur que sa délicatesse les condamne. La résistance qu'ils auront éprouvée de votre part, en deux ou trois occasions, vous débarrassera bientôt de leurs importunités. Loin de chercher plus long-temps à vous entraîner dans leurs écarts, ils les déroberont à vos yeux; et vous les forcerez à l'estime de votre caractère, dès qu'ils le verront s'élever noblement au-dessus de leur opinion.

GERCY.

Je n'en passerai pas moins à leurs yeux pour un homme intraitable et sauvage. Ils ne conçoivent rien à mon goût pour la retraite, et je suis persuadé que c'est par intérêt pour moi qu'ils cherchent à m'associer à leurs amusemens.

M. DE VERNEUIL.

Craignez, mon jeune ami, d'être plus long-temps

la dupe de leurs perfides insinuations. Les croyez-vous assez aveugles pour ne pas démêler la différence qui distingue la sagesse de la folie? C'est parce que votre conduite les condamne, qu'ils travaillent à vous en faire changer. Il n'est pas jusqu'à leurs supérieurs qu'ils ne voudraient voir dans le désordre, pour vivre avec plus de licence, autorisés par des exemples qui sembleraient les justifier.

GERCY.

Mais, monsieur, c'est donc avec des monstres, et non avec des hommes, que je suis destiné à passer ma vie?

M. DE VERNEUIL.

Non, mon cher ami; il ne faut peut-être pas tant les condamner que les plaindre. Le dérangement de leur conduite vient moins de leur faute que de celle de leurs parens. On est resté trop long-temps prévenu de l'erreur qu'il suffisait à de jeunes militaires d'avoir des membres sains, et de l'adresse dans les exercices, pour remplir leur état. On a cru tout faire pour leur éducation en leur remplissant la tête d'idées ambitieuses d'avancement et de fortune. C'est avec des principes vagues de conduite qu'on les envoie, dans l'âge le plus susceptible, par sa faiblesse, de recevoir toutes les mauvaises impressions, au milieu d'autres jeunes gens déjà corrompus par la dissipation et le désœuvrement de leur vie. A Dieu ne plaise que je veuille vous faire entendre que tous les jeunes officiers soient victimes de cette dépravation! C'est au contraire le plus bel éloge de l'esprit d'honneur qui anime la milice française, que d'y voir éclater un si petit nombre de ces scènes scandaleuses qu'on semblerait avoir sujet d'en appréhender. Mais cependant, malgré la vigilance des chefs, combien de sujets infectés faut-il que les corps militaires repoussent, chaque année, de leur sein! Combien de familles publiquement déshonorées, ou ruinées en secret par les déportemens de leurs enfans? Voudriez-vous donner cette douleur à la vôtre?

GERCY.

Ah! monsieur! moi qui ne respire que pour tâcher de l'illustrer!

M. DE VERNEUIL.

C'est par votre intérêt, autant que par le sien, que je vous conjure de veiller sur vous-même. Les charmes de l'étude, le goût des choses honnêtes, le bon témoignage que vous pouviez rendre de vos sentimens, ont suffi jusqu'à présent à votre bonheur. Croiriez-vous y ajouter encore en adoptant le genre de vie de quelques-uns de vos camarades? Que leurs éclats bruyans ne vous en imposent pas. Toutes ces joies turbulentes n'annoncent pas des hommes vraiment heureux. Eh! pourraient-ils l'être, ensevelis, comme ils le sont, dans une stupide ignorance, étrangers à toutes les jouissances de l'esprit, livrés à l'indignation de leurs supérieurs, accablés des mépris du soldat, et qui pis est encore, écrasés de leurs propres mépris? Voyez le dégoût et l'ennui qui les rongent dans les intervalles de leurs plaisirs tumultueux. Ils ne peuvent vivre un seul instant avec eux-mêmes : ils n'ont point d'ennemi qui leur reproche plus vivement leur indignité. Humiliés au seul aspect d'un officier de mérite, ils le fuient avec autant de soin qu'il en prend à les éviter. C'est avec ceux qui leur ressemblent le plus qu'ils sont réduits à vivre, non pour goûter auprès d'eux les plaisirs de l'amitié, si doux entre des cœurs qui s'estiment, mais pour chercher à se dépouiller les uns les autres dans un jeu meurtrier, ou se plonger ensemble en des orgies scandaleuses. Suivez ces malheureux dans le reste de leur déplorable existence. Voyez-les d'abord, dans les tourmens d'une basse jalousie, solliciter par toutes sortes de voies un avancement incertain, ou attendre d'une longue suite d'années une marque de distinction qui va les flétrir, parce qu'ils n'ont pas su l'honorer. Voyez ensuite les uns, après avoir consumé leur patrimoine en d'obscures dissipations, se répandre dans les grandes villes pour y mendier le vil personnage de parasites et de complaisans, ou même d'infâmes délateurs; les autres, conduits par une sombre misanthropie au fond de leurs terres, y traîner sur leurs pas le désordre et la corruption. Indignes, à leurs propres yeux, de l'estime de leurs concitoyens, ils ne cherchent qu'à s'en faire craindre par leurs violences. Ils tyrannisent leurs vasseaux comme ils tyrannisaient leurs soldats; et ils finissent par traîner une vieillesse précoce, chargée d'ennuis, d'infirmités, de mépris et de malédictions.

GERCY.

Ah! monsieur, quel affreux tableau vous venez de m'offrir! Si moi-même j'allais un jour...

M. DE VERNEUIL.

Non Gercy; vos sentimens et mon amitié vous préserveront, je l'espère, de ce malheur. Les objets que je viens de vous retracer ont dû sans doute vous causer de l'effroi; mais il en est aussi de bien propres à vous inspirer de la confiance. Parmi les officiers de notre régiment, je pourrais vous en citer plusieurs dignes de vous servir de modèle. Mais s'il en était un surtout qui eût su consacrer à d'utiles études tous les instans que lui laissaient les devoirs de la société et les fonctions de son état; si cet homme, par la noblesse de ses sentimens, et les grâces de son esprit, par des vertus aussi brillantes que solides, fût également parvenu à se faire honorer de ses supérieurs, chérir de ses camarades, et respecter de tous ceux qui obéissaient à ses ordres; si, après s'être distingué par sa valeur et sa prudence à la guerre, et par son exactitude à ses devoirs dans la paix, il se fût retiré auprès d'une épouse respectable, pour s'occuper uniquement avec elle de l'instruction et du sort de ses enfans; s'il avait le bonheur de vivre dans la plus douce union avec ses voisins, d'entretenir la paix entre ses vassaux, de les aider de ses moyens et de ses lumières, de servir encore l'État après l'avoir défendu, en l'enrichissant de nouvelles cultures; si cet homme enfin...

GERGY.

C'en est assez, monsieur. Quel autre que mon père pourrais-je reconnaître à ces traits ?

M. DE VERNEUIL.

Oui, mon ami ; c'est lui-même en effet que je viens de vous peindre. Vous voyez que je ne cherche point à surprendre votre enthousiasme par des peintures exagérées de la vertu. Je ne crains que d'avoir affaibli les traits qui devaient vous représenter, dans toute leur énergie, cet homme respectable. C'est le même sang qui coule dans vos veines : qui pourrait vous empêcher de suivre ses pas dans la carrière qu'il vous a tracée ? Les sentimens de vénération et d'amitié qu'il a su inspirer à tout ce qu'il y a d'officiers estimables dans notre corps, les disposent en votre faveur à la plus tendre bienveillance : les souvenirs et les regrets que son départ a laissés dans les premières maisons de la ville vous en ouvrent l'entrée malgré votre jeunesse. Tout semble se réunir pour vous faciliter vos devoirs et vous les faire aimer. Ah ! Gercy, je vous en conjure, ne tournez pas ces heureux moyens contre vous-même.

GERCY.

Non, monsieur, j'ose vous le promettre. Je puis répondre de moi dans tout ce qui tient à l'honneur ; mais je suis jeune, facile, sans expérience. J'ai besoin d'un guide et d'un appui. Ne m'abandonnez pas. Tenez-moi lieu d'un père.

M. DE VERNEUIL.

Vous savez que j'en ai pour vous toute la tendresse. J'ai vu s'éloigner mon meilleur ami. Je sens tous les jours plus vivement sa perte. Que je le retrouve en son fils, ou plutôt qu'il devienne le mien. Ne vous effrayez point de la différence de nos âges. Elle ne me rendra point un censeur austère de votre conduite. Non, ne le craignez pas. Je veux vous soutenir dans vos travaux, et partager vos plaisirs. Tout me sera facile pour me rapprocher de vous. Venez, Gercy, venez sur mon sein. Embrassez un ami tendre et sincère, que vous trouverez au besoin dans tous les momens, dans toutes les circonstances de votre vie. (*Gercy, muet de joie et de tendresse, se jette dans les bras de M. de Verneuil, qui le serre étroitement contre son cœur.*) Adieu, Gercy; je vous laisse dans les sentimens que vous m'avez témoignés. Rappelez-vous sans cesse tout ce qui vient de se passer entre nous.

GERCY.

Ah! monsieur, je m'en souviendrai toute ma vie.

M. DE VERNEUIL, *prêt à sortir et revenant sur ses pas.*

Mais j'oubliais de vous dire que je reçois en ce moment des nouvelles de votre père. Vous savez qu'il m'avait chargé de veiller sur votre équipage, et de répondre en son nom à vos fournisseurs. Il m'envoie une lettre de change pour les satisfaire. Tenez, la voici, prenez-la.

GERCY.

Moi, monsieur, que je la prenne?

M. DE VERNEUIL.

Oui, Gercy, je le veux. C'est ici une des occasions où l'amitié peut exercer son empire.

Adieu Gercy; je vous laisse dans les sentimens que vous m'avez témoignés.

GERCY.

Mais puisque vous avez bien voulu répondre pour moi de cette somme, vous avez le droit d'en faire vous-même l'emploi.

M. DE VERNEUIL.

Non, mon ami, je suis bien aise de pouvoir vous donner cette marque de confiance. D'ailleurs, il faut qu'un jeune officier connaisse le prix de tout ce qui convient à son état. Le soin que vous prendrez de vous acquitter avec exactitude vous donnera de la considération, et deviendra en même temps pour vous un engagement à n'y manquer jamais. La lettre de change est payable à vue. Envoyez-en tout de suite chercher le montant. Moi, je vais de ce pas chez vos fournisseurs pour régler leurs mémoires. Vous n'aurez plus qu'à les acquitter.

GERCY.

Il faut se soumettre à tout ce que vous exigez de moi.

M. DE VERNEUIL, *avec amitié.*

Adieu, Gercy.

SCÈNE IV.

GERCY seul.

Oh! l'excellent homme! comme en lui la vertu paraît aimable! et qu'il sait la rendre facile! Avec quels ménagemens il m'a repris de ma faute! Il semblait, aux expressions de sa tendresse, que je n'eusse jamais été plus digne de son amitié. Et toi, mon père, toi dont il vient de me retracer si vivement la noble image, oui, je veux te ressembler, je veux ressembler à ton ami. Non, je ne serai pas indigne de vous avoir pris l'un et l'autre pour modèles.

SCÈNE V.

GERCY, GERMAIN.

GERMAIN.

Ah! mon cher maître, si vous saviez le plaisir que je viens de goûter! Je voudrais, pour tout ce que je possède au monde, que vous eussiez pu assister à cette scène touchante.

GERCY.

Qu'est-ce donc, Germain?

GERMAIN.

Ce brave Martial à qui je viens d'apporter vos deux louis, comme il a paru transporté! Ce n'était point la valeur de la somme qui le touchait. Oh! monsieur, ne le croyez pas; c'était le plaisir de recevoir de vous cette marque d'attachement. Ah! s'écriait-il, je n'avais pas attendu ses bienfaits pour l'aimer. N'est-il pas le fils d'un homme pour qui je donnerais ma petite fortune et ma vie? Elles sont bien à lui-même, s'il en a besoin. Oh! oui, sans doute, je lui appartiens tout entier, moi et tous les miens encore. Il m'a quitté brusquement à ces mots, pour courir appeler sa femme et ses enfans. Il est revenu avec eux, il leur a montré ce qu'il tenait du fils de son premier bienfaiteur. Ce n'a pas été sans peine qu'il est venu à bout de leur expliquer l'affaire. Il ne pouvait parler, tant il était oppressé par sa joie. Je l'ai laissé pleurant de tendresse. Mais vous le verrez bientôt : il va venir, il ne m'a demandé que le temps de s'arranger un peu, et de prendre son ancien habit de soldat. Ah! mon cher maître! non, non, tous les plaisirs où l'on veut vous entraîner ne vous paraîtront jamais aussi doux que celui d'obliger un brave homme si sensible et si reconnaissant.

GERCY, *avec émotion.*

Oui, Germain, qu'il vienne, je veux le voir. Puisqu'il fut l'objet des bienfaits de mon père, c'en est assez pour me le rendre cher.

GERMAIN.

Oh! je vous reconnais. Avec le sang qui coule dans vos veines, je n'attendais pas de vous d'autres sentimens. Mais je viens de trouver M. de Verneuil sur l'escalier; il sortait de chez vous sans doute. C'est cet homme-là que vous devez écouter : il n'y a que de bonnes choses à recueillir de sa bouche.

GERCY.

Il vient de me remettre une lettre de change qu'il a reçu de mon père, pour payer mon équipage.

GERMAIN.

Ah! tant mieux. J'avais ces dettes-là sur le cœur.

GERCY.

Il faut aller de ce pas toucher l'argent chez le banquier.

GERMAIN.

Donnez, monsieur, j'y cours.

GERCY.

Tâche de revenir bien vite pour prévenir l'arrivée des mémoires. On doit me les présenter aujourd'hui.

GERMAIN.

Je n'aurais pas de jambes qu'il me viendrait, je crois, des ailes pour ce message. O mon cher maître! nous voilà maintenant sans inquiétudes. Nous allons arranger toutes nos petites affaires. Reposez-vous sur moi, je gouvernerai votre bourse avec tant d'économie, que nous serons en état de parer à tout, et de vivre avec plus d'honneur que tous vos camarades au milieu de leurs folles dépenses. Mais je perds ici le temps à vous marquer ma joie. Donnez, donnez, mon cher maître, je cours chez votre banquier. (*Il prends la lettre de change, et sort avec précipitation.*)

SCÈNE VI.

GERCY seul,

Oui, c'en est fait; ce que je viens de sentir au fond de mon cœur a décidé ma destinée. J'ai vu de trop près l'abîme affreux où j'allais me précipiter peut-être sans retour. (*Il va prendre un de ses livres.*) O vous qui avez fait jusqu'ici le bonheur de ma vie, vous que j'étais sur le point de sacrifier à des plaisirs frivoles et dangereux, je reviens à vous avec joie! Éclairez mon esprit, épurez mon âme. Je vous donne à régler toutes mes pensées et tous mes sentimens. (*Il entend du bruit à la porte*) Mais qui vient déjà m'interrompre? C'est Versac. Que me veut cet importun?

SCÈNE VII.

VERSAC, GERCY.

VERSAC.

Eh bien donc, Gercy, comme te voilà tranquille! Il sied fort mal de se faire attendre. Tu ne songes pas que nos camarades s'impatientent? Allons, viens, suis-moi.

GERCY.

Non, Versac, j'ai changé de dessein. Je ne veux pas sortir.

VERSAC.

Comment donc! ne m'en as-tu pas donné ta parole?

GERCY.

Il est vrai. Mais tes importunités me l'ont arrachée dans un moment de faiblesse. J'ai fait mes réflexions dans l'intervalle. Je reste chez moi.

VERSAC.

Tu n'y penses donc pas, Gercy, je te promets que tu auras du plaisir.

GERCY.

Et si j'en trouve ici davantage?

VERSAC, *d'un air sérieux.*

Écoute donc. Ce n'est pas de ton plaisir seulement qu'il s'agit.

GERCY.

Que veux-tu dire?

VERSAC.

Je croyais n'avoir pas besoin de l'expliquer.

GERCY.

Mais qu'est-ce donc enfin ?

VERSAC.

Tu sais bien que tu nous as gagné cette nuit. C'est moi qui ai le plus souffert dans la perte commune ; et tu ne dois pas ignorer qu'un homme d'honneur n'a jamais refusé la revanche.

GERCY.

Ah! j'entends maintenant. C'était donc au jeu que tu voulais m'entraîner, sous prétexte de me procurer de l'amusement ?

VERSAC.

C'était une tournure honnête que j'employais.

GERCY.

Je suis fâché qu'elle te devienne inutile.

VERSAC.

Elle ne le sera pas, je t'en réponds. Je m'en rapporte à toi-même. Tu connais assez les lois de l'honneur.

GERCY.

Je ne vois pas en quoi l'honneur est intéressé dans cette affaire. Est-ce moi qui vous ai sollicités cette nuit à jouer ? N'est-ce pas vous, au contraire, qui m'y avez en quelque sorte forcé, malgré ma répugnance ?

VERSAC.

Qu'importe ? tu as joué, tu as notre argent; il faut nous donner le moyen de nous racquitter.

GERCY.

Et si je vous gagnais encore, il me faudrait donc jouer toute ma vie ?

VERSAC.

Je ne dis pas cela. Mais nous, si nous t'avions gagné, nous ne t'aurions pas refusé l'occasion de réparer ta perte.

GERCY, *avec fierté.*

Je ne vous l'aurais pas demandée.

VERSAC.

Chacun a sa manière de penser. Il nous la faut, à nous.

GERCY.

Non, non, je sais un moyen plus court. J'ai eu vingt louis de profit. Comme je ne me suis pas mis au jeu pour les gagner, je n'ai pas de regret à m'en défaire : les voici. Je consens volontiers à regarder notre partie comme un badinage. Que chacun de ceux qui ont perdu reprenne le sien.

VERSAC.

Tu ne sens pas que tu nous insultes par cette proposition ?

GERCY.

Ce n'est sûrement pas mon dessein. Mais enfin que faut-il faire ?

VERSAC.

Je te l'ai dit : nous donner notre revanche. Quand tu nous offres d'une autre manière notre argent, tu dois bien savoir que nous ne le prendrons pas. Veux-tu nous laisser croire que tu ne songes qu'à profiter de notre malheur ?

GERCY.

C'en est assez. Je cours vous satisfaire. Mais, je dois vous en prévenir, je n'emporte que les vingt louis que je vous gagne : ne vous attendez pas que je hasarde un écu du mien.

VERSAC.

Nous n'en demandons pas davantage.

GERCY.

Allons. C'est moi qui te presse maintenant de me suivre. Je fais des vœux pour que la fortune vous ait bientôt favorisés. (*ils sortent.*)

FIN DU SECOND ACTE.

ACTE III.

SCÈNE PREMIÈRE.

GERMAIN, portant sous le bras un gros sac d'argent.

Voici donc enfin de quoi satisfaire nos fournisseurs. Ils ne seront pas plus joyeux que moi de voir solder leurs mémoires. Je n'osais plus passer que la tête basse devant leur porte. Ce sont eux maintenant qui me feront des courbettes pour que je leur conserve notre pratique. Mais où est allé mon jeune maître? Il me semblait disposé à passer le reste de la journée dans son appartement. Oh! c'est apparemment M. de Verneuil qu'il sera allé voir. A la bonne heure : tant qu'il sera avec ce digne officier, je suis tranquille sur son compte. Mais n'est-ce pas Martial que j'aperçois?

SCÈNE II.

GERMAIN, MARTIAL, qui n'ose avancer au-delà de la porte.

MARTIAL.

Oui, c'est moi, Germain. Puis-je entrer.

GERMAIN.

Pourquoi non, mon ami? Un brave homme comme toi est fait pour se montrer partout.

MARTIAL.

C'est que je ne suis pas seul. Ma femme et mes enfans attendent sur l'escalier.

GERMAIN.

Comment donc! Cours les chercher tout de suite.

MARTIAL.

Mais sais-tu si ton jeune maître voudra nous recevoir tous à la fois? J'ai peur que la visite de tant de gens ne l'importune.

GERMAIN.

Que dis-tu? Au contraire; plus vous serez, et plus il doit sentir de plaisir à vous voir; autant de bouches de plus qui le bénissent. Il ne tardera pas à rentrer, et il sera charmé, je t'assure, de vous trouver à son retour.

MARTIAL.

Allons, sur ta parole je vais chercher ma petite famille.

GERMAIN.

Va, va, mon vieux camarade.

SCÈNE III.

GERMAIN seul.

Oh! quelle joie pour M. de Gercy d'apprendre, par notre première lettre, que son fils a bien reçu son protégé! C'est un article dont je me charge. Voici une entrevue qui doit opérer de fort bonnes choses. On ne peut jamais assez mettre d'honnêtes gens en présence de la jeunesse. Rien ne lui inspire un plus vif désir de leur ressembler. Mon jeune maître y est porté par son heureux naturel; mais la vue du brave Martial et de sa famille doit l'enflammer encore davantage. Ah! leur reconnaissance est si vive, si tendre et si douce, qu'elle ferait aimer le bien à l'homme le plus méchant.

SCÈNE IV.

GERMAIN, MARTIAL, SA FEMME ET SES ENFANS.

GERMAIN.

Entrez, madame, entrez, mes chers enfans. Vous êtes ici chez vos amis.

LA FEMME DE MARTIAL.

Ah! monsieur Germain, vous avez bien de la bonté.

MARTIAL.

Nous ne sommes pas si honorablement reçus chez les autres officiers de la garnison.

LA FEMME DE MARTIAL.

Oui, ils nous méprisent, parce que mon mari n'était qu'un soldat

GERMAIN.

Tant pis pour eux. Un vétéran comme lui est l'égal de tous les militaires, pourvu qu'ils soient gens d'honneur toutefois ; car autrement votre mari est de cent piques au-dessus.

MARTIAL.

O mon brave Germain ! on voit bien que tu as pris la manière de penser de M. de Gercy.

GERMAIN.

Il est vrai ; je me fais honneur de partager tous les sentimens de mon ancien maître.

MARTIAL.

Ah ! quel homme c'était ! Et que tu es heureux de pouvoir répondre à son attachement ! Il sait que tu lui as sacrifié ton repos pour suivre son fils. Il ne peut penser à toi, que le souvenir de ta reconnaissance ne se présente aussitôt à son esprit. Mais, moi, qu'ai-je fait encore pour lui prouver combien je l'aime ? Hélas ! il ne m'est attaché que par ses propres bienfaits.

GERMAIN.

N'est-ce donc rien que cela ? Il sait que tu ne les aurais pas acceptés d'un autre. Le voilà payé.

MARTIAL.

Oh ! non, il ne l'est pas. Il ne connaît pas assez peut-être tout ce que je serais prêt à faire pour lui.

GERMAIN.

Tu lui fais injure, Martial. Je te réponds, moi, qu'il en est sûr comme s'il l'avait éprouvé.

MARTIAL.

Allons, voilà qui me console. Hélas ! sans ce digne homme que serais-je devenu ? Forcé de renoncer au service, le corps épuisé de sang et déchiré de blessures, aurai-je pu, à mon âge, prendre un nouveau métier? J'aurais donc été réduit à mendier mon pain! Cette seule idée me fait encore frémir. M. de Gercy vint à moi avant que j'eusse même pensé à implorer ses secours. C'est lui qui me fit les avances nécessaires pour établir mon petit commerce. Il m'a depuis recommandé à tous ses amis ; il a fait mon mariage : grâce à lui, je me vois une femme que j'aime, des enfans qui viennent tous à bien. Mes affaires sont dans le meilleur état. Il semble que sa protection ait attiré sur moi toutes les grâces du ciel. Ah! que le ciel le lui rende dans ses enfans!

GERMAIN.

Tes vœux sont déjà remplis. Mon jeune maître est plein de sentimens honnêtes, et je te garantis qu'il sera comme son père.

MARTIAL.

Il ne manquerait donc plus rien à mon bonheur. Voici mon fils aîné, que je destine à servir quelques années sous lui. Lorsque M. de Gercy me fit l'honneur de le nommer : « Martial, me dit-il, nous » sommes de vieux amis, je veux que nos enfans » le soient à leur tour. » Ah! il ne tiendra pas à moi que cela n'arrive. Depuis que le jeune M. de Gercy est au régiment, je mène tous les jours mon fils à la parade pour le lui montrer. Je l'y ai conduit encore ce matin. J'ai été bien inquiet de ne pas voir ton maître dans le bataillon; et j'accourais ici pour savoir s'il était malade, lorsque tu es venu chez moi m'apporter ce petit cadeau de sa part. Graces au ciel, je suis bien au-dessus du besoin d'une pareille somme; mais ce don me venait de son cœur, et je l'ai reçu avec joie. Il me siérait bien mal de le refuser, lorsque je dois à son père tout ce que je suis. Ce serait dire que je dédaigne à présent ses secours. Oh! non, non; je n'ai plus rien à faire que de me laisser accabler de ses grâces. Plus il sait que je suis à mon aise, et moins je dois rougir d'accepter ce qu'il me donne. Que ne sait-il aussi dans quel sentiment je le reçois!

GERMAIN.

Va, sois tranquille : s'il ne le sentait pas de lui-même, ce n'est pas moi qui le lui laisserais ignorer.

MARTIAL.

Ah! je te remercie. Mais, cependant, mon ami, ton maître est jeune. Il ne connaît pas encore assez le prix de l'argent. Je pouvais recevoir sans inquiétude les présens de son père, parce que je savais l'ordre qu'il mettait dans ces dépenses, et que ce qu'il me donnait était de son superflu; mais à l'âge de ton jeune maître on n'en connaît pas. Toutes les petites fantaisies paraissent des besoins. Je serais au désespoir si, pour avoir écouté un premier sentiment de générosité, il s'était imposé pour moi quelque privation dont il pût avoir du regret.

GERMAIN.

Non, non, calme tes scrupules. Il ne pouvait employer d'une autre manière cette petite somme. Elle ne le gêne point. Jamais nous n'avons été si bien en fonds. Il nous est venu ce matin de l'argent, que voici, pour payer son équipage. D'ailleurs il faut dire, à sa louange, qu'il n'est personne dont la conduite ait été, jusqu'à ce jour, aussi rangée que la sienne.

MARTIAL.

Ah! tant mieux, tant mieux. Il serait bientôt perdu s'il prenait, comme les autres jeunes officiers, le goût de la dépense, et surtout celui du jeu. Combien j'en ai vu se pervertir par cette funeste passion!

GERMAIN.

Va, ne crains rien. Il en est plus loin que jamais, depuis l'entretien qu'il vient d'avoir tout à l'heure sur ce sujet avec M. de Verneuil.

MARTIAL, *avec joie.*

Est-il bien vrai, Germain?

GERMAIN.

Oui, sans doute; et je ne crains pas te le garantir.

MARTIAL.

O mon ami, si tu savais quel bien tu me fais par ces paroles! J'en atteste le ciel, mes propres enfans ne me sont pas plus chers que ceux de mon digne bienfaiteur. Je me suis accoutumé à les confondre ensemble dans ma pensée. Si ton jeune maître avait eu une mauvaise conduite, il m'aurait fait mourir de chagrin. Mais, quand je le vois digne du sang qui l'a fait naître, je sens toute la joie de son père, et la mienne encore. Ah! qu'il vienne, qu'il vienne! j'ai besoin de le voir. Il faut que je lui dise combien je suis heureux de ses vertus.

GERMAIN.

J'entends, ce me semble, du bruit sur l'escalier.

MARTIAL.

Oh! c'est lui, c'est lui, mon cœur me le dit. Allons, ma femme, mes enfans. C'est le fils de notre dieu tutélaire. Je donne tout mon amour, pour aujourd'hui, à celui qui lui témoignera le mieux son respect et sa tendresse. (*Martial, sa femme et ses enfans s'avancent précipitamment vers la porte au-devant de Gercy, pour le recevoir.*)

SCÈNE V.

GERCY, GERMAIN, MARTIAL, SA FEMME ET SES ENFANS.

GERCY, *entrant d'un air égaré, et le chapeau enfoncé sur les yeux.*

O ciel! où fuir? où me cacher?

GERMAIN.

Qu'est-ce donc, mon cher maître? D'où vient le trouble où je vous vois?

GERCY, *brusquement.*

Laisse-moi, laisse-moi. Tes questions m'importunent.

MARTIAL.

O mon cher monsieur! je vous en conjure, dites-nous ce que vous avez. Vous nous portez la mort dans le cœur, par l'effroi de la situation où vous êtes.

GERCY, *durement à Martial.*

Que faites-vous ici?

GERMAIN.

Comment, monsieur, vous brusquez ce brave homme?

GERCY.

Oh! non, non, Martial daigne me pardonner, mais ta présence m'accable. Je ne mérite pas de paraître devant d'honnêtes gens. Il ne me faut plus devant les yeux que des monstres comme moi.

LA FEMME DE MARTIAL.

O ciel! que vous est-il donc arrivé?

GERCY.

Ne me demandez point ce que je voudrais me cacher à moi-même. Que ne puis-je me dérober à la nature entière! Je ne lui dois inspirer maintenant que de l'horreur.

MARTIAL.

Qui? vous, monsieur? Non, je vous connais. Cela n'est pas possible. Jamais le fils d'un homme tel que M. de Gercy...

GERCY.

N'achève point. Ton estime comble mon opprobre. Tu vois un malheureux indigne du jour. La probité, l'honneur, la conscience et la nature, tout ce qu'il y a de plus sacré sur la terre, il ne m'a fallu qu'une heure pour le violer, et pour devenir le plus vil des hommes.

GERMAIN.

Quoi! monsieur de Gercy...

GERCY.

Ah! ne m'appelle plus de ce nom que je déshonore. O ciel! plonger dans l'embarras un digne ami, ou enfoncer le couteau dans le cœur de mon père! Ce n'est plus qu'à cette horrible alternative que je suis réduit.

GERMAIN.

Qu'ai-je entendu? Vous dont j'exaltais en ce même instant la sagesse devant ces braves gens, vous auriez été capable...

GERCY.

Oui, Germain, accable-moi de reproches. Je ne suis pas même digne d'inspirer la pitié. Les barbares! Je ne demandais qu'à leur rendre ce que je leur avais gagné sans le vouloir. J'implorais contre moi la fortune pour me débarrasser plus promptement d'un gain qui m'importunait, et que je méprisais. Elle n'a que trop bien servi mes vœux, la cruelle! Enveloppé de tous côtés à la fois, embarrassé dans leurs enjeux compliqués, ma tête s'est perdue, et je me suis vu dépouillé, non-seulement de tout ce que j'avais, mais encore de cette somme qui devait m'être si sacrée. Cours, Germain, porte cet argent à Versac. Que ses complices et lui se partagent leur proie.

GERMAIN.

Qu'osez-vous, dire, monsieur? Cet argent est-il à vous pour en disposer?

GERCY.

Je ne le sais que trop, malheureux que je suis!

Mais hâte-toi de m'obéir. Profite de mon égarement pour exécuter mes ordres. N'attends pas que ma raison soit revenue pour me contraindre à les désavouer.

GERMAIN.

Non, monsieur, n'y comptez pas. Ma fidélité même m'oblige de vous désobéir. Cet argent n'est qu'un dépôt entre vos mains. Il vous a été remis par M. de Verneuil, pour satisfaire à des engagemens dont il répond. Et vous iriez trahir sa confiance pour de perfides joueurs !

GERCY.

Et que veux-tu que je devienne ? Ne sais-tu pas combien les dettes du jeu sont sacrées entre nous ? O lois funestes, qu'un faux honneur m'impose !

GERMAIN.

Ne les accusez pas, monsieur. Il ne faut vous en prendre qu'à vous seul. Ces lois étaient établies pour vous empêcher de risquer au-delà de ce que vous pouviez perdre. Vous le savez mieux que moi-même. Voilà ce qu'il fallait entendre dans votre cœur, au lieu de vous exposer à vous avilir par d'indignes regrets.

LA FEMME DE MARTIAL.

O monsieur Germain ! vous voyez son désespoir. Ne l'accablez pas, je vous en supplie.

MARTIAL.

Oui, ma femme a raison. Nous n'avons pas de temps à perdre en vains reproches. Il faut agir, et non se désoler.

CERCY.

Hélas! que puis-je faire?

MARTIAL.

Ce n'est pas vous, monsieur. Vos engagemens ne regardent plus que moi seul.

CERCY.

Quoi! tu voudrais...

MARTIAL.

Quand mon sang est à vous, ma petite fortune vaut-elle qu'on en parle?

CERCY.

Ah! que dis-tu, Martial? Non, non, je te le défends...

MARTIAL.

Vous avez perdu tous vos droits, et moi, je viens d'acquérir tous les miens.

CERCY.

De quels droits oses-tu parler?

MARTIAL.

De ceux que me donnent les innombrables bienfaits qu'a répandus sur moi votre père, et ce que vous-même avez fait pour moi ce matin.

CERCY.

A quelle nouvelle humiliation je me vois réduit!

MARTIAL.

Que parlez-vous d'humiliation? Je devais donc me tenir humilié des secours de votre père? Ah! bien loin d'en rougir, j'étais fier au contraire de les recevoir, parce que je m'honorais de son amitié. Mon cœur me disait que je pourrais quelque jour lui en témoigner ma reconnaissance. Cette occasion est venue, et je ne la céderais pas au prix de mon sang.

GERCY.

O digne Martial! et que prétends-tu faire?

MARTIAL.

Il ne vous convient pas de l'apprendre. Vous ne le saurez que lorsque tous vos embarras seront finis.

GERCY.

Ne suis-je donc pas assez dégradé? Veux-tu me faire perdre jusqu'au dernier sentiment d'honneur?

MARTIAL.

L'honneur, monsieur? Ce n'est pas à un vieux soldat qu'on peut en apprendre les lois. Le vôtre ne m'est pas moins cher que le mien, et je saurai nous le conserver à tous deux.

GERCY.

Ah! je t'en conjure, laisse-moi supporter tout le poids de mon crime. Je ne mérite que trop d'en être accablé.

MARTIAL.

Et moi donc, que ne mériterais-je pas en vous abandonnant de sang-froid? Je connais un nom pour votre faute; je n'en connaîtrais pas pour mon indignité.

GERCY.

Homme généreux, mais cruel, que me demandes-tu?

MARTIAL.

Rien, rien; pas même votre aveu. Je n'en ai pas

besoin, et je dois vous servir malgré vous. Les momens sont trop chers : il faut empêcher que cette affaire n'éclate, ou vous êtes perdu. Passez un moment dans ce cabinet pour y recueillir vos esprits, tandis que nous allons ici prendre des mesures pour vous sauver. (*Il entraine Gercy vers le cabinet, l'y fait entrer, et tire la porte après lui.*)

SCÈNE VI.

MARTIAL, SA FEMME ET SES ENFANS, GERMAIN.

MARTIAL.

Ma femme, mes chers enfans, écoutez-moi. Vous voyez la situation affreuse où se trouve le jeune M. de Gercy. Vous êtes-vous bien pénétrés de tout ce que nous devons à son père ? Sentez-vous quelle eût été ma destinée sans ses bienfaits ? Si j'ai pu jusqu'à présent vous mettre à l'abri du besoin ; si j'ai pu vous procurer des secours dans vos maladies ; si j'ai pu fournir aux dépenses de votre éducation, c'est à lui seul que j'en suis redevable. Eh bien ! ce digne homme va mourir de douleur s'il apprend ce qui vient d'arriver à son fils. En lui en dérobant la connaissance, il ne tient qu'à nous de lui conserver la vie, comme il nous l'a conservée. Nous n'avons qu'à choisir, ou d'être ingrats pour sauver une petite aisance que le ciel nous retirerait bientôt dans sa malédiction, ou de faire notre devoir en les sacrifiant de nous-mêmes. Je pourrais prendre mon parti sans vous consulter. Je pourrais juger tout seul s'il faut donner ou la vie ou la mort à notre bienfaiteur. J'aime mieux vous en abandonner le jugement. Mais songez aussi que c'est de ma vie ou de ma mort que vous allez décider.

LA FEMME DE MARTIAL.

O mon ami! peux-tu douter de ma résolution?

MARTIAL.

Et vous, mes enfans, et vous?

LES ENFANS.

O mon papa! plutôt souffrir, plutôt mourir que d'être méchans.

MARTIAL.

Je n'attendais pas d'autres sentimens de ma famille; et je vous en aime plus que jamais. Allez, mes amis, allez attendre à la maison que je puisse vous exprimer toute ma tendresse.

SCÈNE VII.

MARTIAL, GERMAIN.

GERMAIN.

O mon cher Martial, l'admiration où je suis de la générosité vient de tenir jusqu'à présent ma langue enchaînée dans le silence. Mais non, je ne puis le souffrir; il ne faut pas que la faute de mon maître te coûte le bien de tes enfans.

MARTIAL.

Qu'appelles-tu leur bien? il n'est ni à eux ni à

moi. Il appartient toujours à mon bienfaiteur; et c'est à lui que je le rend dans la personne de son fils.

GERMAIN.

Toi, qui es un si bon père, ne songes-tu pas que tu te dois d'abord à ta famille?

MARTIAL.

M. de Gercy n'avait-il pas la sienne lorsque j'ai reçu ses bienfaits?

GERMAIN.

Quoi! tu perdrais dans un moment le fruit de dix années de travail et d'économie?

MARTIAL.

Il me serait bien plus affreux de perdre le fruit de cinquante ans d'honneur.

GERMAIN.

Je connais l'honneur comme toi; et c'est peut-être t'exagérer à toi-même ce qu'il te demande.

MARTIAL.

Écoute, Germain, ne crois pas que je me laisse emporter à l'orgueil de m'acquitter d'une manière éclatante envers M. de Gercy. Ah! je l'aime trop pour ne pas lui sacrifier jusques à mon amour-propre. Le sang-froid, qui est le partage d'un vieux guerrier, m'a laissé voir d'un coup d'œil cette affaire dans toutes ses suites. Pour peu qu'elle éclate, ton jeune maître perd tout à coup l'estime qu'il avait acquise et celle qu'un jour il doit mériter; sa faute, qui tient à la noblesse même de ses sentimens, ne sera envisagée dans le monde que comme l'action d'un joueur forcené. Flétri par la honte, et croyant n'avoir plus rien à perdre, il se plongera dans tous les excès de ses camarades pour éviter leurs railleries, ou s'engagera dans mille querelles pour les repousser. Et si cette aventure allait jusqu'aux oreilles de son père! O Germain, toi qui le connais, conçois-tu quelle serait sa douleur? Au lieu des espérances qu'il a fondées sur son fils pour l'illustration de sa famille, il ne verrait plus en lui que sa ruine et son opprobre. Et moi, qui n'existe que par ses grâces, je le livrerais à ce désespoir! Non, non, mon ami; la misère, la mort, rien ne peut m'effrayer autant qu'une si horrible perspective.

GERMAIN.

Oui, sans doute, Martial, il faut lui épargner cette désolation. Mais monsieur de Verneuil.....

MARTIAL.

Ah! Germain, qu'il ignore aussi toute cette affaire. Ton jeune maître en a de trop justes reproches à craindre, pour que je l'expose à sa sévérité.

GERMAIN.

Tu ne le connais pas. S'il est sévère pour lui même, il n'a pour les autres que de l'indulgence et de la douceur.

MARTIAL.

N'importe. Il n'est pas père comme moi. Comment saurait-il ce qu'on doit pardonner à l'imprudence de la jeunesse?

GERMAIN.

Tu peux du moins le lui faire sentir. Va le trouver, Martial, et.....

MARTIAL.

Qu'ai-je besoin de lui, lorsque je peux agir par

moi-même? Si je voyais ton maître roulant dans un abime, irais-je chercher M. de Verneuil pour le sauver?

GERMAIN.

Il est plus en état de faire ce sacrifice.

MARTIAL.

Il ne le doit pas autant que moi.

GERMAIN.

Mais, tu le sais, il en a contracté l'engagement.

MARTIAL.

J'en ai un plus ancien et plus sacré. Il n'a répondu que sur sa bourse, et moi j'offre tous les jours dans mon cœur à M. de Gercy, moi, mes enfans, mon sang et ma vie, tout ce que j'ai, tout ce que je suis. Voilà les garans de ma reconnaissance; voilà le gage d'une dette bien plus sacrée, et je veux l'acquitter. Va, Germain, va rejoindre ton maître. Craignons de le laisser tomber dans le désespoir. Sensible comme il l'est à l'honneur, cette première faute lui sera une leçon éternelle. Elle vaut mieux peut-être pour lui que dix ans de sagesse sans épreuve. Adieu Germain. Je prends cet argent. Ses dettes du jeu vont être payées; et je sais comment satisfaire à tous ses autres créanciers. (*Germain veut lui répondre. Martial ne lui en donne pas le temps, et il sort. Germain lève les bras au ciel, et passe dans le cabinet où est son maître.*)

FIN DU TROISIÈME ACTE.

ACTE IV.

SCÈNE PREMIÈRE.

GERCY, GERMAIN.

GERCY *sort de son cabinet et s'avance une lettre à la main.*

Oui, c'en est fait, ma résolution est prise ; et cette lettre apprendra tout à mon père.

GERMAIN.

Oh ! monsieur, quel coup affreux vous allez lui porter !

GERCY.

Mon cœur en est déchiré d'avance, mais l'honneur me dit qu'il ne me reste plus d'autre parti.

GERMAIN.

Hélas ! il est bien cruel.

GERCY.

Eh ! qui le sent mieux que moi ? Je n'aurai pas un moment de repos jusqu'au départ de cette lettre funeste. Mes inquiétudes et mes remords la suivront vers la maison paternelle. Et quel moment que celui où je me dirai : C'est à présent qu'elle arrive dans ma famille, pour y porter la désolation !

GERMAIN.

Je ne puis moi-même en soutenir la pensée.

GERCY.

Je me représente les domestiques se disputant à qui recevra le premier cet écrit des mains du courrier pour le présenter à mon père; ce père tendre se refusant de goûter tout seul la joie qu'il s'en promet, et courant la partager avec sa femme et ses enfans. Déjà la famille entière est rassemblée dans la salle du château. Tous, le cœur palpitant, le plaisir dans les yeux, et le sourire sur les lèvres, attendent en silence les chères nouvelles. La lettre fatale est déployée, on en commence la lecture, et bientôt toute cette joie est changée en consternation. Ce fils, ce frère adoré, n'est plus qu'un objet de mépris et d'horreur. Les domestiques se dispersent, mes sœurs pâlissent, ma mère s'évanouit, mon père indigné déchire la lettre, et la malédiction échappe peut-être de sa bouche..... Non, Germain, jamais ce tableau ne s'effacera de mon esprit, ni dans la veille, ni dans le sommeil.

GERMAIN.

Oh! monsieur, je vous en conjure, ne vous livrez pas ainsi au désespoir. M. de Gercy se souviendra toujours qu'il est votre père.

GERCY.

N'ai-je pas oublié que j'étais son fils?

GERMAIN.

Votre repentir et sa tendresse vous auront bientôt rendus l'un à l'autre.

GERCY.

Oh! si je pouvais concevoir cette espérance! Oui, mon père, en voyant ma faute, tu verras du moins mes regrets, tu verras ma confiance en ton amour. J'aurai fidèlement observé la promesse que je te fis en nous séparant, de t'instruire sans réserve de toute ma conduite. Je me serai livré à tes reproches, plutôt que de mettre dans l'embarras ton ami le plus cher, ou l'homme généreux que tu as comblé de tes bienfaits.

GERMAIN.

Mais, monsieur, si Martial avait déjà exécuté son projet! J'ai fait ce que j'ai pu pour l'en détourner, je l'ai trouvé inébranlable et peut-être.....

GERCY, *avec feu.*

Cours le trouver. Je crains qu'il n'ait pris pour un aveu l'irrésolution où j'étais dans mon égarement. Dis-lui qu'il me causerait la peine la plus sensible s'il s'obstinait davantage à vouloir se perdre pour me sauver une honte que j'ai méritée.

GERMAIN.

Oui, monsieur, j'y vole.

GERCY.

Fais-lui bien sentir que sa reconnaissance n'en est pas moins satisfaite envers son bienfaiteur, et que ma lettre est pleine de tous les sentimens qu'il a fait éclater. Je devais sans doute cette consolation à mon père pour tous les chagrins que je lui cause. S'il a le malheur d'avoir à se plaindre de son fils, qu'il apprenne en même temps qu'il lui reste encore des amis qui sacrifieraient tout à la crainte de lui causer la moindre douleur. Cette peinture des sentimens du brave Martial, je l'ai vivement tracée; et mon père, en m'en voyant si bien pénétré, sentira peut-être que je n'ai pû porter une atteinte à son cœur qu'en m'oubliant moi-même.

GERMAIN.

O mon cher maître! qui ne serait touché de vos regrets! Je ne sais plus si cette lettre ne causera pas à M. de Gercy autant de joie que de chagrin. Je cours parler à Martial, et je reviens tout de suite auprès de vous.

SCÈNE II.

GERCY seul.

O moment funeste! Mes créanciers vont venir. Qu'aurai-je à leur répondre? Ils doivent maintenant savoir que j'ai reçu de l'argent pour les satisfaire. Il faudra donc leur avouer le coupable usage que j'en ai fait, et solliciter un répit qu'ils me refuseront peut-être, ou qu'ils ne m'accorderont qu'avec mépris. Dans quelle affreuse situation me suis-je plongé par une seule erreur! Je me suis ôté jusqu'au droit de recourir à l'amitié de M. de Verneuil. De quel front oserais-je me présenter devant lui, après avoir si indignement abusé de sa noble confiance! Qui sait même s'il pourrait me donner les secours que j'irais implorer? Ah! il connaissait trop bien mon père pour avoir cru devoir se tenir prêt à remplir sa garantie! Pourquoi faut-il qu'il ait aussi daigné se fier à moi

SCÈNE III.

GERCY, VERSAC.

VERSAC.

Comment donc, Gercy, je viens te faire compliment sur ton exactitude. Il y a plaisir de jouer avec toi. On n'attend pas après son argent.

GERCY.

Puisque vous l'avez reçu, monsieur, que me voulez-vous encore?

VERSAC.

Te faire une visite d'amitié.

GERCY, *sèchement*.

C'est beaucoup d'honneur pour moi, et je ne l'attendais pas, assurément.

VERSAC.

Est-ce que tu es fâché? Je te croyais plus ferme pour soutenir un moment de mauvaise fortune. Tout est oublié après le jeu, et l'on n'en reste pas moins bons amis qu'auparavant.

GERCY.

Mais, auparavant, notre liaison n'était pas, je crois, bien intime.

VERSAC.

Voici une occasion qui peut la resserrer. C'est une folie de se rebuter pour un caprice du sort. Une autre fois tu seras plus heureux, et tu pourras aisément réparer tes pertes. Nous ne sommes pas si rétifs que toi, et nous te donnerons ta revanche aussitôt que tu auras reçu de l'argent, ou aujourd'hui même s'il t'en reste encore.

CERCY.

Non, non, je vous en tiens quittes, et je ne vous la demanderai jamais.

VERSAC.

Mais, tant pis. Voilà le mal. J'ai commencé, comme toi, par perdre quelque chose, et j'aurais été bien dupe de m'en tenir à ce premier essai.

CERCY.

Le mien me suffit.

VERSAC.

Je te passe cette idée dans un premier mouvement d'humeur. Mais j'espère qu'un peu de réflexion te rendra bientôt plus avisé. C'est comme si un général se retirait pour avoir eu quelque désavantage dans une escarmouche, tandis qu'il peut encore tenir la campagne.

CERCY, *d'un air d'ironie.*

La comparaison est tout-à-fait exacte.

VERSAC.

Beaucoup plus que tu ne penses.

CERCY.

Vous regardez apparemment le jeu comme de notre métier autant que la guerre?

VERSAC.

Il en est au moins l'image. C'est une école où

l'on peut apprendre comment il faut tantôt serrer de près son ennemi, tantôt se replier sur soi-même; exagérer tour-à-tour ses forces, et les dissimuler; céder un petit terrain pour en reprendre davantage; avoir l'air d'offrir le combat lorsque l'on songe à la retraite; et ne livrer enfin bataille qu'avec la certitude de la victoire.

GERCY.

Voilà un détail fort savant : vous n'y avez oublié que les embuscades.

VERSAC.

Écoute donc; elles ont aussi leur mérite.

GERCY.

Je ne vois désormais rien de mieux à faire pour nos rois que d'aller prendre leurs généraux autour d'un tapis vert. Cela doit vous donner des espérances pour votre avancement.

VERSAC.

J'aime à voir que tu sais manier la plaisanterie.

GERCY.

Elle pourrait aller trop loin. Je me borne à vous dire encore sur le même ton, que vous me paraissez un ennemi trop redoutable, et que toute mon étude, à l'avenir, sera de veiller sur mes possessions, sans prétendre jamais rien empiéter sur les vôtres, ni même songer à regagner celles que j'ai perdues.

VERSAC.

Va, va, l'esprit de conquête ne manquera pas de venir, avec les renforts que tu attends. (*La porte de l'antichambre s'ouvre, et l'on y voit paraître M. Dubois, M. Denis, et M. Dupré, qui n'osent encore s'avancer.*)

VERSAC, *les apercevant.*

Mais j'aperçois un parti ennemi qui s'avance pour te piller. C'est mon devoir de t'aider à repousser ses attaques.

GERCY.

Parlez mieux, s'il vous plaît, de ces honnêtes gens. J'ai des affaires à régler avec eux, et je serais bien aise d'être seul.

VERSAC.

Non, non, je ne te quitte pas : je veux t'apprendre à te débarrasser de ces importuns.

GERCY.

Vous êtes trop bon, M. de Versac; je ne vous charge pas de ce soin.

VERSAC.

Tu as beau dire. Il faut apprendre à vivre à ces coquins; ce sont eux qui nous ruinent. Comme si notre argent n'était pas à nous pour nous divertir, tandis que nous avons des parens pour payer nos mémoires.

SCÈNE IV.

GERCY, VERSAC, M. DUBOIS, M. DENIS, et M. DUPRÉ.

VERSAC, *s'avançant vers eux, malgré Gercy qui le retient.*

Eh bien! messieurs, que voulez-vous? A peine avez-vous livré vos dernières fournitures, et vous voilà déjà prêts à nous rompre la tête de vos importunités.

M. DUBOIS.

Nous n'avons pas affaire à vous, monsieur, Dieu merci.

VERSAC.

Qu'entendez-vous par là? Est-ce que vous n'avez pas été payés de tout ce que vous m'avez fourni?

M. DENIS.

Ce n'a pas été sans avoir attendu assez long-temps.

VERSAC.

Vous êtes faits pour cela.

M. DUPRÉ.

Nous n'avons pas cette crainte avec M. de Gercy. Il est aussi exact que son digne père. M. de Verneuil vient de régler nos mémoires; et il nous a prévenus que nous pouvions venir en recevoir le montant.

GERCY, *avec embarras*.

Vous me voyez au désespoir, messieurs. Mais dans ce moment, par malheur.....

M. DENIS.

Eh bien?.....

GERCY.

Il me serait impossible de vous satisfaire.

M. DUBOIS.

Et pourquoi donc, M. de Verneuil ne vous a-t-il pas remis ce matin une lettre de change?

GERCY.

Il est vrai.

M. DUBOIS.

Est-ce que vous ne l'avez pas encore envoyé recevoir?

GERCY.

Je vous demande pardon.

M. DUBOIS.

On a donc refusé de l'acquitter?

GERCY.

Elle a été payée tout de suite.

M. DUBOIS.

En ce cas, qu'est-ce qui vous empêche de nous payer nous-mêmes?

VERSAC.

Mais voilà des gens bien curieux!

GERCY.

Non, M. de Versac, leurs questions sont justes; je dois y satisfaire; et, quelque honte qu'il m'en coûte, je n'aurai d'autre réponse que la vérité. Oui, messieurs, cette lettre de change vous était destinée, et je suis assez malheureux pour en avoir fait l'usage le plus criminel.

M. DENIS.

Quoi! monsieur, vous l'auriez perdue au jeu?

GERCY.

Je ne puis en disconvenir. En jouant hier, pour la première fois, au pharaon, j'avais gagné quelque louis à M. de Versac et à ses amis. Ils m'ont demandé ce matin leur revanche. Mon dessein n'était pas de hasarder cette somme. Elle était restée entre les mains de mon valet de chambre. La fureur du jeu m'a emporté malgré moi, et je l'ai perdu sur ma parole.

M. DUBOIS.

Qu'importe, monsieur? Vous nous deviez au moins la préférence pour le paiement.

VERSAC.

Doucement, s'il vous plaît. Si vous aviez été un peu mieux élevés, vous sauriez que les dettes d'honneur, telles que celles du jeu, doivent toujours être payées les premières.

M. DENIS, *à Gercy*.

Mais, puisque M. de Versac est un de ceux qui vous ont gagné, et qu'il est de vos amis, ne pourrait-il pas attendre quelque temps, et vous laisser solder nos mémoires?

VERSAC.

Voilà une fort belle idée, en vérité. Je ne paierais pas avec cet argent mes propres dettes; et vous voulez que je paie les siennes! Allons donc, vous n'y pensez pas.

M. DUBOIS.

Je me doutais de la réponse. Dans le temps même où M. de Versac était cousu d'or, n'avons-nous pas été obligés d'avoir recours à son père pour être payés?

VERSAC.

Eh bien! que ne vous adressez-vous de même au père de Gercy?

GERCY.

Cette démarche serait inutile, messieurs. Je viens de lui écrire pour l'instruire de ma faute. Le courrier part demain. Je ne vous demande que d'attendre son retour.

M. DUPRÉ.

A quoi bon ce délai? Puisque M. de Verneuil a répondu pour vous, il nous paiera sur-le-champ.

GERCY.

Oh messieurs! je vous en conjure, ne vous adressez point à lui. Je serais trop honteux qu'il fût obligé de remplir un engagement qu'il n'a contracté que par une juste confiance en mon père, et dont j'ai si criminellement abusé.

M. DUBOIS.

Que voulez-vous, monsieur? Nous avons pris nous-mêmes des engagemens sur sa parole. Nous aurons demain à payer, et nous avons compté sur cette rentrée.

GERCY.

Oh messieurs! voulez-vous me réduire au désespoir?

M. DUBOIS.

Nous en sommes bien fâchés; mais M. de Verneuil pourrait nous faire le reproche de ne l'avoir pas averti. Il pourrait se croire libre à notre égard; ou du moins, croyant la dette acquittée, il pourrait disposer d'une autre manière de la somme qu'il aurait mise en réserve pour nous payer à votre défaut. Il ne faut pas compromettre notre créance; et d'ailleurs, je vous l'ai dit, nous sommes pressés, et nous ne pouvons pas attendre.

GERCY.

Quoi! vous seriez assez cruels! et je me serais abaissé vainement à vous supplier?

VERSAC.

En vérité, j'admire ta patience. Gercy. Tu es trop bon. Il nous faut jeter ces drôles-là par la fenêtre.

M. DUBOIS.

Que dites-vous, monsieur? et de quel droit osez-vous nous insulter?

GERCY.

M. de Versac, vous devriez considérer que vous êtes chez moi, et que vous n'y devez offenser personne.

VERSAC.

Tu crois donc, par tes ménagemens, obtenir quelque chose de leur dureté?

GERCY.

Non, monsieur, je ne leur demande plus rien. Ils sont libres d'user de tous leurs droits. Mais ni vous, ni moi, n'avons celui de leur faire des outrages.

VERSAC.

C'est bien avec ces gens-là qu'il faut se piquer de délicatesse. Si ce n'était à ta considération, je leur aurais déjà coupé les oreilles.

M. DUBOIS.

Je ne m'épouvante point de cette bravade; mais elle ne restera pas impunie, et je vais de ce pas en porter mes plaintes à votre colonel.

VERSAC.

Eh bien! allez.

GERCY.

h !messieurs, que prétendez-vous faire?

M. DUBOIS.

Nous n'avons déjà que trop supporté ses hauteurs.

Si nous étions encore insensibles à cet affront, nous en recevrions tous les jours de pareils de ses camarades. Il faut qu'ils apprennent s'ils doivent traiter avec indignité des gens qui n'ont d'autre tort que de leur avoir fait des avances. (*A M. Denis et à M. Dupré.*) Venez, messieurs, suivez-moi.

M. DENIS.

Oui, allons chez le colonel.

M. DUPRÉ.

C'est un homme de bien, qui saura nous faire rendre justice. (*Ils sortent.*)

SCÈNE V.

GERCY, VERSAC.

GERCY.

Félicitez-vous, monsieur de Versac. Vous devez être bien satisfait de vous-même. C'était peu de m'avoir mis dans la nécessité de commettre une action honteuse; grâces à vos soins, elle va recevoir toute la publicité que vous lui avez souhaitée.

VERSAC.

Est-ce qu'il faut s'épouvanter pour un peu de bruit? Il semblerait, à t'entendre, que cela ne fût jamais arrivé qu'à toi seul. Regarde la moitié de nos camarades.

GERCY.

Je ne croyais pas mériter d'être jamais associé à leur renommée.

VERSAC.

Il ne tiendrait qu'à moi de te faire, au nom du corps, une querelle sur cette épigramme. Mais je veux t'apprendre, par mon exemple, comment il faut savoir se mettre au-dessus de tous les propos.

GERCY.

Non, monsieur, gardez vos leçons, je m'en reconnais indigne. Je vous avais déjà témoigné que je désirais être seul. Vous m'auriez épargné bien des chagrins par un peu de complaisance.

VERSAC.

A la bonne heure. Je ne prétends point te gêner. De bons amis doivent se pardonner entre eux de petits accès d'humeur. Adieu, Gercy, je viendrai te revoir quand la tienne sera passée.

GERCY.

Je vous serais obligé de vouloir bien attendre que je vous en fasse avertir. (*Versac s'éloigne, et sort en haussant les épaules et en ricanant.*)

SCÈNE VI.

GERCY seul.

Va, malheureux, que tout soit rompu entre nous! C'est toi qui m'as précipité dans cet abîme effroyable. Le lâche! malgré ma froideur, mes dédains et mes reproches, il m'adressait encore les expressions de la bienveillance et de la familiarité. Je lui en ai dit assez pour exciter le plus vif ressentiment dans une âme élevée, et il n'y a répondu que par d'indignes plaisanteries. Oui, je le vois à présent, il n'aspirait qu'à me rendre aussi méprisable que lui-même. Avec qui donc pourrais-je vivre désormais? Entouré de gens corrompus, je me fais autant d'horreur qu'ils m'en inspirent. Du moins, avant mon crime, j'avais un ami plein d'honneur. Aujourd'hui je me trouve réduit à le fuir, comme le plus terrible instrument de mon supplice. Ciel! n'est-ce pas lui que je vois? (*Il s'éloigne, et cache sa tête dans ses mains.*)

SCÈNE VII.

M. DE VERNEUIL, GERCY.

M. DE VERNEUIL.

Eh bien! Gercy, pourquoi vous détournez-vous à mon aspect?

GERCY.

Ah! monsieur, n'abaissez point jusqu'à moi vos regards. Je suis indigne de paraître à vos yeux. Si vous saviez...

M. DE VERNEUIL.

Je sais tout; je ne viens point vous accabler de votre faute. Elle est assez grande pour que vous en sentiez de vous-même toute l'énormité. Je ne vous fais qu'un reproche, c'est de me l'avoir laissé apprendre par un autre que vous, et de n'avoir pas témoigné plus de confiance à votre ami.

GERCY.

Eh! devais-je espérer que vous daigneriez encore vous intéresser à moi?

M. DE VERNEUIL.

Ne vous ai-je pas dit que j'étais tout à vous? Ce n'est sûrement pas dans la position où vous êtes que je l'oublierai.

GERCY.

Ah! de grâce, n'ajoutez pas à mes tourmens, en me comblant de ces témoignages de votre tendresse.

M. DE VERNEUIL.

Vous ne la connaissez pas encore. Je voulais vous devoir le plaisir de vous en voir faire l'épreuve. Instruit de votre faute, je vous attendais. Vous n'êtes pas venu, me voici.

GERCY.

O mon généreux protecteur!

M. DE VERNEUIL.

J'aurais craint de vous compromettre, en retardant plus long-temps. Je viens vous sauver la honte de rougir devant vos créanciers.

GERCY.

Hélas! il est trop tard, et je ne peux plus profiter de vos grâces.

M. DE VERNEUIL.

Comment donc? Achevez de m'apprendre...

GERCY.

Ils sont venus. Un de mes camarades s'est trouvé ici à leur arrivée. Il les a maltraités. Ils sont allés se plaindre au colonel, et ils l'auront sûrement instruit de ce qui me regarde moi-même.

M. DE VERNEUIL.

Oh! que me dites-vous? (*Il va se jeter dans un fauteuil, sur un côté de la scène.*)

SCÈNE VIII.

M. DE VERNEUIL, GERCY, GERMAIN.

GERMAIN, *à Gercy, sans apercevoir M. de Verneuil.*

Je n'ai pu trouver Martial. Il n'est rentré chez lui que pour un moment; et sa femme ignore ce qu'il est devenu. Mais, mon cher maître, que s'est-il donc passé en mon absence? En traversant la place d'armes, j'ai vu de loin le colonel entouré de vos créanciers. Il leur parlait très-vivement. Il est entré chez l'un d'eux, qui demeure sur la place. Il a signé des ordres. Un soldat en est chargé, et le voici qui vient sur mes pas. (*On voit entrer un soldat.*)

SCÈNE IX.

M. DE VERNEUIL, GERCY, GERMAIN, UN SOLDAT.

LE SODLAT.

M. de Gercy, je vous apporte un ordre du colonel pour garder les arrêts. Il viendra lui-même vous parler ici dans une heure.

GERCY.

O ciel!

LE SOLDAT.

En voici d'autres, que je vais porter à M. le chevalier de Neuville, à M. de Versac et à M. de Saint-Alban.

M. DE VERNEUIL.

C'en est assez. M. de Gercy obéira. Allez, mon ami, laissez-nous.

SCÈNE X.

M. DE VERNEUIL, GERCY, GERMAIN.

M. DE VERNEUIL.

Ah! malheureux Gercy!

GERCY.

Ce n'est pas moi qu'il faut plaindre. Je suis un monstre indigne de toute pitié. Mais, mon père, mon père! après une humiliation aussi publique, que pensera-t-il de son fils?

M. DE VERNEUIL.

Que va-t-il penser de moi-même? Je n'aurai donc été chargé de remplir ses devoirs auprès de vous que pour vous voir périr sans vous sauver. Ah! Gercy, Gercy, que ne veniez-vous aussitôt vous jeter dans mon sein! J'avais déjà les bras ouverts pour vous recevoir. Toute cette disgrâce aurait été prévenue. Cruel! était-ce à vous de vous défier de mon amitié?

GERCY.

Je vous la rends trop funeste. Abjurez-la, monsieur. Vous, dont l'âme est si noble, par quel sentiment pouvez-vous tenir à un homme qui vient de se dégrader ?

M. DE VERNEUIL.

Par l'assurance de le voir se relever de sa chute. Oui, Gercy, vous m'êtes encore plus cher par vos remords.

GERCY.

Que ne peuvent-ils me délivrer par leur violence, d'une vie trop odieuse pour la supporter !

M. DE VERNEUIL.

Non, mon ami ; ne laissez point abattre votre courage. L'honneur même vous fait une loi de vivre pour expier un funeste égarement. Je souffre d'être obligé de vous abandonner un instant à vous-même dans votre désespoir. Mais il faut que je me rende chez le colonel. Il est de toute nécessité que je lui parle avant qu'il se rende chez vous. Je veux chercher à adoucir sa justice sévère. Ah ! Gercy, Gercy, que n'a-t-il mon cœur pour vous juger !

FIN DU QUATRIÈME ACTE.

ACTE V.

SCÈNE PREMIÈRE.

LE COLONEL, M. DE VERNEUIL, GERMAIN.

(Germain ouvre les deux battans de la porte pour faire entrer le colonel dans le salon.)

LE COLONEL, *à Germain, après avoir tourné les yeux de tous côtés.*

Est-ce que votre maître n'est pas ici?

GERMAIN.

Je vous demande pardon, monsieur le comte, il est dans ce cabinet. Hélas! de quelle tristesse il est accablé! Il avait écrit une lettre à son père; il vient de lui en écrire une seconde, après l'avoir recommencée vingt fois. J'étais debout dans un coin. Je voyais les larmes couler le long de ses joues et tomber sur son papier. Il n'y a jamais eu de douleur aussi profonde que la sienne.

LE COLONEL.

Retournez auprès de lui. Qu'il ne vienne point encore. Je le ferai appeler lorsqu'il en sera temps.

GERMAIN.

Oui, monsieur le comte. Je vais l'avertir de se tenir prêt à vos ordres. (*Il passe dans le cabinet.*)

SCÈNE II.

LE COLONEL, M. DE VERNEUIL.

M. DE VERNEUIL.

Vous l'avez entendu, mon colonel? Oserai-je vous renouveler encore mes supplications?

LE COLONEL.

Non, monsieur de Verneuil, Cette affaire a fait trop de bruit pour être assoupie. Le mal en est venu à un excès que je ne dois plus tolérer. Je vois la plupart des jeunes officiers de mon régiment se livrer à des parties ruineuses, et négliger leurs exercices et leurs devoirs. Je vois tous les jours s'élever entre eux des querelles; je les vois contracter des dettes, et outrager ceux qui leur rappellent leurs engagemens. Je viens de recevoir des plaintes très-vives; et je veux profiter de cette occasion pour faire éclater une sévérité qui réprime les coupables, et qui arrête ceux qui pourraient le devenir.

M. DE VERNEUIL.

Ah! mon colonel, ne confondez pas avec eux le jeune Gercy.

LE COLONEL.

J'ai entendu avec plaisir ce que vous m'avez dit pour le justifier. Mais, après les conseils et les exemples qu'il a reçus dans sa famille, il mérite peut-être plus de reproches qu'un autre.

M. DE VERNEUIL.

Sa faute, vous le savez, ne tient point d'un oubli de l'honneur. Elle ne tient qu'à l'inexpérience et à l'impétuosité de son âge.

LE COLONEL.

C'est pour cela même qu'il a besoin d'une leçon plus forte pour le frapper.

M. DE VERNEUIL.

Ah! de grâce, ménagez son âme sensible. Souvenez-vous de l'estime et de l'amitié que vous aviez pour son père.

LE COLONEL.

Ces sentimens sont toujours chers à mon cœur. Gercy lui-même m'inspire un très-vif intérêt. Je crois lui en donner en ce moment une preuve, en venant chez lui, au lieu de le mander chez moi. J'ai voulu éviter l'éclat, et ne pas lui donner de témoins de sa honte. Mais, après ces ménagemens, je dois à ma justice de lui laisser exercer toute sa rigueur.

M. DE VERNEUIL.

Ah! si vous aviez vu comme moi ses regrets et ses remords!

LE COLONEL.

Quels qu'ils soient, il faut leur creuser une trace encore plus profonde dans son âme. Mais voici ses coupables séducteurs que j'ai fait appeler ici. C'est par eux que je dois commencer. (*On voit paraître dans l'antichambre le chevalier de Neuville, Versac et Saint-Alban. Le colonel leur fait signe d'avancer.*)

SCÈNE III.

LE COLONEL, M. DE VERNEUIL, le chevalier DE NEUVILLE, VERSAC ET SAINT-ALBAN.

LE COLONEL.

Monsieur le chevalier de Neuville, ne sentez-vous rien qui vous fasse craindre de paraître en ma présence ?

LE CHEVALIER DE NEUVILLE.

Moi, mon colonel ?

LE COLONEL.

Oui, vous-même, monsieur. Et, puisque vous semblez l'ignorer, je vais vous en instruire. Il est passé dans cette ville un officier à qui ses supérieurs avaient confié de l'argent pour aller lever des recrues sur la frontière. Vous êtes allé à sa rencontre; et vous vous êtes engagé avec lui dans une partie de jeu dont il a été la victime. Croyez-vous qu'il soit bien louable d'entraîner un de vos pareils dans le deshonneur, en lui faisant violer le dépôt dont il était chargé ?

LE CHEVALIER DE NEUVILLE.

Mais, mon colonel, je ne l'ai pas forcé à cette partie. Il la désirait autant que moi.

LE COLONEL.

Je suis mieux instruit, monsieur. Mais qu'importe. Si cette séduction n'est pas votre ouvrage, deviez-vous jouer avec un homme qui se déshonorait en entrant au jeu? (*Se tournant vers Saint-Alban et Versac.*) Pour vous, messieurs, je ne vous demande point quels étaient vos motifs en cherchant à faire perdre à M. de Gercy le goût qu'il avait pour son devoir. Il ne vous conviendrait pas plus de me les dire qu'à moi de les apprendre. Je vous demanderai seulement comment il a pu perdre une somme aussi forte avec vous?

VERSAC.

Mais, mon colonel, c'est par le caprice de la fortune. Les chances entre nous étaient égales.

LE COLONEL.

Non, messieurs : vous me permettrez de vous le dire, elles ne l'étaient pas. Vous avez une longue habitude du jeu, M. de Gercy n'en est qu'à son apprentissage. Vous en connaissez toutes les finesses, il a le bonheur de les ignorer. Vous avez joué de sang-froid, il ne pouvait jouer qu'avec passion. Vous aviez donc sur lui des avantages réels, dont vous avez abusé. Qu'avez-vous à répondre?

SAINT-ALBAN, *avec embarras.*

Mon colonel...

LE COLONEL.

Ce silence est votre arrêt, et je l'attendais pour vous condamner; mais auparavant je dois vous dire, messieurs, combien il me paraît étrange qu'avec une pension aussi modique que celle que vous recevez de votre famille, vous puissiez mener un train aussi fastueux. D'où vous viennent ces voitures élégantes, ces chevaux, ces bijoux, ces habits magnifiques?

Quels sont vos moyens pour subvenir à toutes ces dépenses? Vous ne pouvez les fonder que sur les ressources du jeu. Mais si ces ressources ne sont pas infaillibles, comme je dois le croire, comment osez-vous compromettre sur des espérances trompeuses et votre honneur et la sûreté de ceux envers qui vous contractez des engagemens? Je me suis borné jusqu'à ce jour aux avis et aux représentations. J'ai choisi les voies les plus douces pour ramener l'ordre dans le régiment que j'ai l'honneur de commander. Ces moyens ont été inutiles; et je saurai en employer de plus efficaces. C'est un exemple que je dois aux chefs des autres corps. Vous servirez à l'établir. Allez, messieurs; rendez-vous à vos arrêts, et ne manquez pas, je vous prie, de les garder exactement, jusqu'à ce que le ministre, à qui je vais rendre compte de votre conduite ait prononcé sur votre destinée. (*Versac est prêt à s'éloigner, avec le chevalier de Neuville et Saint-Alban. Le colonel le retient.*) Demeurez, monsieur de Versac.

SCÈNE IV.

LE COLONEL, M. DE VERNEUIL, VERSAC.

VERSAC.

Qu'exigez-vous encore de moi?

LE COLONEL.

Je veux vous rendre témoin d'un devoir qu'il me reste à remplir pour vous.

VERSAC.

Pour moi, mon colonel? (*On voit paraître MM. Dubois, Denis et Dupré.*)

SCÈNE V.

LE COLONEL, M. DE VERNEUIL, VERSAC, M. DUBOIS, M. DENIS, M. DUPRÉ.

LE COLONEL.

Venez, messieurs. Vous avez été insultés par M. de Versac. Vous demandez une réparation de cet outrage. Elle vous est due. (*Il ôte son chapeau.*) C'est moi qui vous en fais des excuses, que je vous prie d'agréer.

M. DUBOIS.

Oh! monsieur le comte, ce n'est pas de vous que nous prétendions les recevoir.

LE COLONEL.

J'ai voulu les rendre plus éclatantes. (*A Versac.*) Après cet exemple que je donne, monsieur, vous devez penser que je ne souffrirai pas à l'avenir qu'on insulte impunément d'honnêtes citoyens. Je vous prie de vous pénétrer de cette leçon, et vouloir bien en faire part à vos camarades. Je ne vous retiens plus. (*Versac se retire avec des marques de confusion et de dépit.*)

SCÈNE VI.

LE COLONEL, M. DE VERNEUIL, M. DUBOIS, M. DENIS, M. DUPRÉ.

M. DE VERNEUIL.

Ah! mon colonel, je vous en conjure pour la dernière fois; après ces actes sévères de justice, que votre rigueur se laisse enfin désarmer.

LE COLONEL.

Je sais, monsieur, ce que mon devoir m'impose. Allez, je vous prie, chercher notre jeune ami. (*M. de Verneuil passe dans le cabinet où Gercy est retiré avec Germain.*)

SCÈNE VII.

LE COLONEL, M. DUBOIS, M. DENIS, M. DUPRÉ.

LE COLONEL.

Je vous avais priés, messieurs, d'apporter vos mémoires.

M. DUBOIS.

Nous les avons, monsieur le comte.

LE COLONEL.

Voudriez-vous bien me les confier? (*Chacun d'eux lui remet son mémoire.*)

SCÈNE VIII.

LE COLONEL, M. DE VERNEUIL, GERCY, GERMAIN, M. DUBOIS, M. DENIS, M. DUPRÉ.

(*Gercy s'avance lentement, conduit par M. de Verneuil. Il paraît saisi de honte et plongé dans la douleur.*)

LE COLONEL.

Approchez, monsieur de Gercy. Et vous, Germain, tenez-vous dans l'antichambre, et empêchez que l'on vienne nous interrompre. (*Germain se retire.*)

SCÈNE XI.

LE COLONEL, M. DE VERNEUIL, GERCY, M. DUBOIS, M. DENIS, M. DUPRÉ.

LE COLONEL.

Monsieur voici des mémoires que l'on vous a présentés ce matin. Vous aviez reçu la somme qu'il vous fallait pour y satisfaire. Pourquoi ne les avez-vous pas acquittés?

GERCY.

Vous le savez déjà, mon colonel : que puis-je vous dire de plus?

LE COLONEL.

Je voudrais apprendre de votre bouche s'il est quelque chose qui puisse servir à vous justifier.

N'auriez-vous pas une partie de votre faute à rejeter sur d'autres que vous?

GERCY.

Non, mon colonel; je suis le seul coupable, et je n'accuse personne.

LE COLONEL.

On m'a dit cependant que vous aviez été entraîné dans cette partie par des sollicitations insidieuses, où l'on avait eu l'art d'intéresser votre honneur.

GERCY.

C'était à moi de voir s'il était compromis. Emporté par la fougue d'un sang impétueux, je me suis rendu criminel. Accablez-moi de vos justes reproches; et puissent-ils me faire sentir mon égarement plus vivement encore que ne l'ont fait mes remords, pour que j'en conçoive une nouvelle horreur!

LE COLONEL.

Mais, monsieur, si M. votre père venait à être informé de cette aventure?

GERCY.

Il doit l'être, sans doute; et c'est de moi qu'il va l'apprendre. Voici la lettre où je l'en instruis. Daignez la recevoir, pour y ajouter vous-même tout ce que vous croirez nécessaire. Vous y verrez si je lui déguise ma faute. En implorant ses secours, je ne veux pas qu'ils puissent dérober quelque chose à son aisance ni aux droits de mes sœurs. Je le conjure de ne les regarder que comme une avance sur la pension qu'il veut bien me faire pour mes besoins.

Deux ou trois années passées dans les privations ne sont rien pour moi. Que mon crime s'expie, et je n'aurai pas de regret à la perte même de mes jours.

M. DUBOIS.

Oh! M. le comte, rendez-nous, s'il vous plaît, nos mémoires. Nous ne voulons point affliger M. de Gercy.

M. DE VERNEUIL.

Que dites-vous, messieurs? Oubliez-vous que j'ai répondu de ses engagemens, et que je veux y satisfaire? (*La porte de l'antichambre s'ouvre tout-à-coup, et l'on voit entrer Martial, s'échappant des bras de Germain, qui cherche en vain à le retenir.*)

SCÈNE X.

LE COLONEL, M. DE VERNEUIL, GERCY, MARTIAL, GERMAIN, M. DUBOIS, M. DENIS, M. DUPRÉ.

MARTIAL.

Non, mon capitaine, ce n'est pas à vous, c'est à moi que ce droit appartient.

LE COLONEL.

Que vois-je, Martial? Et que veux-tu, mon ami?

MARTIAL.

Ce que je veux?—Ah! mon colonel, je me jette à vos pieds, et j'implore votre justice.

LE COLONEL.

Eh bien! parle; mais, relève-toi d'abord.

MARTIAL.

Non, non, je reste à vos genoux. Si vous avez toujours paru content de mon service, c'est en ce moment que j'en demande la récompense.

LE COLONEL.

Voyons, je t'écoute.

MARTIAL.

J'ai été le premier instruit du malheur du jeune M. de Gercy. Je ne suis déjà que trop à plaindre de n'avoir pu empêcher que cette affaire ne vînt à votre connaissance et à celle de M. de Verneuil. N'achevez pas de me jeter dans le désespoir.

LE COLONEL.

Comment donc?

MARTIAL.

Vous savez tout ce que je dois à son digne père. Je ne veux pas être ingrat; non; je ne le serai pas. (*Il se relève, et se tournant vers M. de Verneuil.*) O M. de Verneuil, M. de Gercy est votre meilleur ami, je le sais; mais il est plus pour moi, il est mon bienfaiteur. Vous avez eu mille fois occasion de lui témoigner votre amitié. Voici la seule où j'aie pu, jusqu'à présent, lui prouver ma reconnaissance. Ne cherchez pas à me la ravir.

M. DE VERNEUIL.

Mais y penses-tu, Martial?

MARTIAL.

Oh! si j'y pense! (*A M. Dubois.*) Tenez, monsieur, voici la somme que je viens de me procurer pour satisfaire à vos demandes. Prenez-la, prenezlà, je vous en conjure. Cet or appartient à M. de Gercy. Il ne me vient que de ses bienfaits, et c'est par mes mains qu'il vous le présente.

M. DUBOIS.

Non, s'il vous plaît, nous ne le prendrons pas.

MARTIAL.

Oh! pourquoi me refusez-vous?

LE COLONEL.

Eh bien! Gercy, vous voyez l'intérêt qu'inspire le souvenir des vertus de votre père. Il se répand sur vous-même, tout coupable que vous êtes. Vos créanciers oublient pour vous leurs droits. Deux hommes sensibles et vertueux se disputent le plaisir de vous obliger. Moi-même, qui venais vous juger avec rigueur, je n'ai pu sentir, à votre aspect, que la plus tendre indulgence. Ah! si ce qui vient de se passer ne vous rendait digne du sang dont vous avez le bonheur de sortir, je ne verrais plus en vous que le dernier des hommes.

GERCY.

Oh! n'en doutez pas; cette leçon me sera présente tous les jours de ma vie.

MARTIAL.

Oui, mon colonel, j'ose vous en répondre pour lui, sur la foi d'un vieux guerrier. Mais, de grâce, ne différez pas à m'accorder ce que je vous demande. Songez que, si je ne fus qu'un soldat, mon devoir m'élève en ce moment au-dessus de ce que je suis.

LE COLONEL.

Écoute, Martial : dans une autre occasion, je ne

rougirais pas d'accepter au nom de M. de Gercy, tes offres généreuses. Les bienfaits et la reconnaissance rendent à mes yeux tous les hommes égaux; mais dans cette affaire, un autre a pris un engagement formel, et tu sens que ce serait une injustice de le dépouiller de ses droits. (*En se tournant vers MM. Dubois, Denis et Dupré.*) Messieurs, voici vos mémoires que je remets entre les mains de M. de Verneuil, il aura soin de vous satisfaire, et vous pouvez vous retirer.

M. DUBOIS.

Il suffit, M. le comte. (*MM. Dubois, Denis et Dupré sortent.*)

SCÈNE XI.

LE COLONEL, M. DE VERNEUIL, GERCY, MARTIAL, GERMAIN.

MARTIAL.

C'en est donc fait. Vous m'avez tous fait perdre le plus beau moment de ma vie.

GERCY.

Non, mon cher Martial, tu ne l'auras pas perdu. Mon père va savoir le grand sacrifice que tu as voulu faire pour lui. Tu n'avais que son amitié, et je te donne à jamais la mienne.

MARTIAL.

Oh! vous devez sentir si je l'accepte avec tous les transports de mon cœur. (*Gercy lui saute au cou et l'embrasse.*)

M. DE VERNEUIL, *tendant la main à Martial.*

Que ne dois-je pas aussi te rendre pour le plaisir dont je viens de te priver? je n'ai qu'un seul dédommagement à t'offrir. Je veux que tu me comptes désormais au nombre de tes meilleurs amis.

MARTIAL, *lui donnant la sienne.*

Eh bien! M. de Verneuil, à la pareille. (*Se tournant vers le colonel.*) Excusez, mon colonel; mais, vous le voyez, il ne me reste plus à gagner que vous.

LE COLONEL, *avec un sourire.*

Je t'entends, Martial. Tu viens de me faire connaître de quel prix sont les sentimens d'un brave homme comme toi, et je te les demande. Je me charge, en retour, de l'éducation et de la fortune de tes enfans. Je n'aurai qu'un vœu à former, c'est qu'ils te ressemblent.

MARTIAL, *lui prenant la main, et la couvrant de baisers.*

O mon colonel, vous venez tout à l'heure de me percer le cœur de désespoir, et maintenant vous me faites mourir de joie.

LE COLONEL.

M. de Gercy, après la leçon mémorable de tous les événemens de cette journée, je n'ai plus rien à vous dire. Quels discours pourraient vous frapper aussi vivement? Vous venez de vous convaincre, par votre expérience, qu'il ne suffit pas d'avoir des qualités estimables et des sentimens élevés; que ces avantages même n'en sont que plus dangereux, sans un ferme caractère, que rien ne puisse ébranler dans ses principes. Jouissez du plaisir de posséder des amis éprouvés. Cherchez à vous rendre digne de leur estime. Cultivez surtout cette vive ardeur que vous aviez pour l'étude. Le temps n'est plus où un militaire pouvait se passer d'instruction. Aujourd'hui qu'il voit les lumières se répandre dans toutes les classes de la société, n'aurait-il pas à rougir d'être seul dépourvu de connaissances? Il importe, pour la considération dont il doit jouir dans le monde, qu'on ne le regarde plus comme un instrument aveugle de carnage, mais comme un membre éclairé de l'état, qui sait également lui consacrer ses veilles dans la paix, et son sang dans la guerre.

FIN DU TOME PREMIER.

www.ingramcontent.com/pod-product-compliance
Lightning Source LLC
Chambersburg PA
CBHW050758170426
43202CB00013B/2475